외대역사문화연구총서 17
고대 동아시아 최대의 충돌, 고구려-수 전쟁

정동민 지음

저자 정 동 민

· 1978년 충남 홍성 출생
· 한국외국어대학교 사학과 졸업(문학박사)
· 경기대학교, 한국교통대학교 강사
· (현) 한국외국어대학교 역사문화연구소 HK연구교수

- 주요 저서

『동북공정 이후 중국의 고구려사 연구 동향 - 분석과 비판 2007~2015』(공저, 역사공간, 2017)
『중국 소재 고구려 유적과 유물 Ⅶ·Ⅷ·Ⅸ·Ⅹ』(공저, 동북아역사재단, 2020)
『THE BORDERLANDS OF CHINA AND KOREA』(공저, LEXINGTON BOOKS, 2020)

- 주요 논문

「재갈을 통해 본 高句麗와 前燕의 교류양상」(『역사문화연구』 39, 2011)
「遭遇와 衝突로 高句麗 後期를 이해하다」(『先史와 古代』 65, 2021)
「4세기 후반 高句麗의 南方 接境과 廣開土王의 對百濟戰 水軍 運用」(『한국고대사탐구』 38, 2021)

외대 역사문화 연구총서 17
고대 동아시아 최대의 충돌, 고구려-수 전쟁

2022년 3월 24일 초판 1쇄 인쇄
2022년 3월 31일 초판 1쇄 발행

지은이 ■ 정동민
펴낸이 ■ 정용국
펴낸곳 ■ (주)신서원
서울시 서대문구 냉천동 260 동부센트레빌 아파트 상가동 202호
전화 : (02)739-0222·3 팩스 : (02)739-0224
신서원 블로그 : http://blog.naver.com/sinseowon
등록 : 제300-2011-123호(2011.7.4)
ISBN 978-89-7940-349-7 93910
값 25,000원

신서원은 부모의 서가에서 자녀의 책꽂이로
'대물림'할 수 있기를 바라며 책을 만들고 있습니다.
잘못된 책이 있으면 연락주세요.

역사문화 연구총서 17

고구려-수 전쟁

― 고대 동아시아 최대의 충돌

정동민 지음

高句麗

고구려-수 전쟁은 대규모의 병력이 동원되었던 동아시아의 최강국 간 충돌이었는데, 특히 612년 전쟁에서 수군이 동원하였다는 1,133,800명은 『수서隋書』의 찬자가 일찍이 듯이 그 유례를 찾아볼 수 없었던 대병력이었다.

隋

신서원

· 일러두기 ·

1. 중국의 행정 지명과 자연 지형의 명칭은 중국어 발음으로 표기하였다. 다만 역사서에 보이는 지명과 유적의 명칭은 학계의 관행에 따라 한국 한자음으로 표기하였다.

2. 저자는 2020년도 국사편찬위원회『三國史記』高句麗本紀 6~10卷 역주 사업에 공동으로 참여하였고, 그 결과물이 국사편찬위원회 한국사데이터베이스의『三國史記』에 반영되어 있는데, 저자가 서술한 일부 내용을 본서에 반영하였다.

머리말

 초등학교 2학년 때였던 것 같다. 친구들과 놀던 중 한 명이 고구려의 시조 주몽이 알에서 태어났다는 말을 했고, 믿을 수 없었던 저자는 거짓말하지 말라면서 그 친구와 말다툼을 했다. 그 때 친구가 고구려 건국신화가 담겨 있는 역사책을 보여 주었고, 그 책을 시간가는 줄 모르게 읽었던 기억이 난다. 언제부터 역사에 빠져들었는지 기억할 수 없지만, 지금 생각해보면 이때 즈음이 아닐까 싶다.

 어릴 적부터 역사를 좋아했다. 그래서 중·고등학생 시절 내내 사학과로의 진학에 대해 추호의 의심도 없었고 결국 사학과에 입학하였다. 대학 시절 비록 성적은 좋지 못했지만 사학 공부를 계속하고 싶다는 생각에 대학원 진학을 희망하였고 한국외국어대학교 대학원에 지원하였다. 한국외국어대학교에 지원한 이유는 과학사를 전공하고 싶었기 때문이었다. 하지만 과학사를 전공하시는 교수님께서 당시 정년을 앞두고 계셨기 때문에 과학사를 공부하기가 쉽지 않았다. 이와 같은 상황 때문에 전공에 대한 고민을 거듭하고 있던 시절, 저자의 고민을 알고 계셨던 당시 학과주임교수님께서 저자에게 신경을 많이 써 주시고 좋은 조언도 해주셨다. 그러면서 너무나 자연스럽게 그 분을 지도교수로 배정 신청하였고, 결국 고구려사를 전공하게 되었다.

대학원에 진학해서야 비로소 인연을 맺은 고구려는 과학사를 전공하고자 하였던 저자에게 시간적, 공간적 그리고 정서적으로 너무나 먼 나라였다. 그렇기 때문에 제대로 고구려사 공부를 할 수 있을지 그리고 석사학위논문을 통과해서 졸업이나 할 수 있을지 스스로 많은 의구심이 들었다. 하지만 주변 분들의 많은 도움에 힘입어 석사학위논문은 물론 박사학위논문을 제출하는, 저자의 입장에서 보았을 때 그야말로 쾌거를 이룩했다.

본서가 바로 2017년 8월에 제출한 박사학위논문인 「고구려·수 전쟁 연구」를 수정·보완한 것이다. 학위논문 내용을 학술지에 게재하는 과정에서 적지 않은 부분을 수정·보완하였다. 그럼에도 불구하고 출판 과정에서 또다시 많은 부분을 수정·보완하였는데, 이를 겪으면서 역사 연구는 정말 끝이 없고 만족도 없으며 심오하다는 것을 다시 한 번 깨닫게 되었다. 아직도 내용상 불만스러운 부분이 많고 여러모로 부족한 책이지만, 고구려-수 전쟁을 이해하는 데 조금이나마 도움이 되기를 바란다.

저자가 이렇게 책도 내고 고구려사를 계속해서 공부할 수 있었던 것은 많은 분들의 도움이 있었기 때문이다. 먼저 지도교수인 여호규 선생님께서는 언제나 진정한 연구자로서의 열정과 자세를 보여주시면서, 제자에게는 학문적으로 따뜻한 그리고 세심한 가르침을 아끼지 않으셨고 정신적 그리고 경제적인 부분까지 세세히 신경을 써주시며 기댈 수 있는 버

팀목과 길잡이가 되어 주셨다. 정말로 선생님께는 평생도록 갚지 못할 은혜를 입었다.

　김길식, 나영남, 이성제 선생님께서는 본서의 바탕이 되었던 박사학위논문을 지도해주셨다. 사실 너무나 부족한 학위논문임에도 불구하고 앞으로 보완·수정할 수 있다는 믿음 속에서 심사하고 통과시켜 주신 것 같은데, 그 믿음에 부응하지 못해 송구스러울 뿐이다. 강현숙, 백종오, 김종은 선생님은 10년이라는 긴 시간 동안 〈중국소재 고구려 유적·유물〉 자료정리 사업을 함께 하면서 유적과 유물을 바라보는 데 많은 가르침을 주셨다. 이정빈 선생님은 같은 고구려-수 전쟁사를 연구하면서 논문과 학술회의를 통해 또 많은 가르침을 주셨다. 그리고 문동석, 정호섭 선생님은 따뜻한 격려와 조언을 보내 주셨다. 모두 이 지면을 빌어 진심으로 감사드린다.

　연구자로 성장하는 데 기반을 쌓았던 한국외국어대학교 대학원 사학과의 관계자분들에게도 감사하다는 말씀을 드리고 싶다. 김상범, 노명환, 반병률, 이근명, 이영학 선생님께서는 대학원에 들어온 후부터 지금까지 항상 관심과 가르침을 주시고 배려를 아끼지 않으시며 저자를 지켜봐주셨다. 김기효, 서상현, 이경미, 이세진, 이수기, 이숙화, 임동현, 조석연 선·후배님은 대학원 시절의 즐거운 순간 그리고 힘겨운 순간을 모두 함께 하며 많은 힘이 되어 주셨다. 또한 부족한 연구자임에도 HK+〈접경인문학〉연구단에 참여시켜 주신 차용구, 손준식 선생님, 부족한 동료를 도와주시고 챙겨주셨던 고가영, 박지배, 이형규, 조규훈, 라영순, 민후기, 박선영, 박현귀, 반기현, 이유정, 이춘복, 임경화, 전우형 선생님 그리고 부족한 사수를 믿고 따라준 나유정, 문영철, 안연수, 우소연, 박승미 등에게도 감사의 인사를 드리고자 한다.

이와 같이 많은 분들의 도움이 있었기 때문에 고구려사 공부를 계속할 수 있었지만, 가족의 지원이나 배려가 없었다면 애초부터 시작도 할 수 없었을 것이다. 아버지가 어릴 적 돌아가셔서 홀로 집안을 이끄셔야 했던 어머니(임길엽)는 형편이 그다지 넉넉하지 않은 상황에서도 사학을 공부하고 싶다는 아들의 선택을 반대 없이 묵묵히 응원해 주셨고 40년 넘게 함께 살며 지극 정성으로 보살펴 주셨다. 그리고 형님(정동선)은 아버지를 대신한 가장으로서 경제적 지원을 해주었다. 당신들의 사랑과 보살핌이 없었다면 지금의 저자는 결코 존재하지 않았을 것이다. 인생의 동반자인 아내(정연주)는 공부를 핑계로 가정에 소홀하고 경제적으로도 크게 이바지하지 못함에도 사랑이라는 이름으로 타박과 불평 없이 남편을 이해하고 지지해주었다. 그리고 장인어른(정광종)과 장모님(김옥자)은 못난 사위를 친자식처럼 대해주시며 뭐든 아낌없이 내어주셨다. 모두에게 평소에 하지 못했던 말, 미안하고 사랑한다는 말을 전하고 싶다.

내 이름을 내건 책 출판이라는 저자의 소망을 이루게 해준 한국외국어대학교 역사문화연구소와 신서원의 정용국 사장님 그리고 정말 많은 교정을 요청했음에도 흔쾌히 받아주시면서 원고를 편집해주신 정서주 선생님께도 감사드린다. 마지막으로 天上에서 저자와 우리 가족을 지켜보고 계실 아버지(故 정덕해)와 누이(故 정영숙), 그리고 잠도 제대로 잘 수 없는 그 바쁜 와중에도 후배의 박사학위논문 작성 모습이 안쓰러워 자신의 일을 미루고 도와주었던 故 육성수 선배 영전에 이 책을 바친다.

2022년 1월
경안천이 흐르는 모현의 왕산에서
정동민

목차

머리말 5

• 서론 ··· 13

•1부•
6세기 후반 동아시아의 국제 정세와 598년 고구려-수 전쟁의 발발

1장 • 580~590년대 동아시아 국제 정세 변동과 고구려의 요서 공격 ············ 23
   1. 수의 돌궐 공략과 요서를 둘러싼 고구려와 수의 갈등 ················· 23
   2. 고구려-수 관계의 악화와 고구려의 요서 공격 ························ 33

2장 • 598년 고구려-수 전쟁의 발발과 전개 ······································ 42
   1. 수군의 군단 편성과 조직체계 ·· 42
   2. 수군의 진군 경로와 내부 갈등 ··· 48

•2부•
7세기 초 고구려와 수 사이의 전운과 수군의 편성

1장 • 7세기 초 동아시아 국제 정세의 변동과 수의 고구려 원정 준비 ············ 63
   1. 고구려의 대수對隋 대비와 수양제의 고구려 원정 결심 ··············· 63
   2. 수의 고구려 원정 준비 ·· 68

2장 • 수의 원정군 편성 ··· 75
   1. 수군의 군단 구성과 병력 ··· 75
   2. 수군의 병종 구성 ··· 92
   3. 수군의 지휘체계 ··· 101

• 3부 •
612년 고구려-수 전쟁의 발발과 고구려의 대수對隋 전략·전술

1장 • 성곽전의 전개와 고구려의 방어·무기체계 정비 ·················· 111
   1. 고구려군과 수군 간 성곽전 ····························· 111
   2. 고구려의 성 방어체계 작동과 원사무기의 활약 ·················· 123

2장 • 성곽전의 고전에 따른 수군의 전략 변경과 고구려의 대응 ·········· 138
   1. 수군의 별동대 편성 ································ 138
   2. 수 별동대에 대한 고구려의 대응 전술 ····················· 148

• 4부 •
613·614년 고구려-수 전쟁의 발발과 양국의 전략

1장 • 수양제의 대고구려전 전략 수립 ·························· 157
   1. 수의 군단 편성과 효과驍果의 투입 ························ 157
   2. 수군水軍의 2군 편성과 군 지휘부에 대한 편의종사권 부여 ············ 169
   3. 대對요서 영향력 확대에 따른 최전방 군수물자 보급기지의 설치 ········· 173
   4. 수양제의 전략에 담긴 이면裏面 ·························· 177

2장 • 613·614년 고구려-수 전쟁의 전개와 고구려의 대응 ·············· 180
   1. 전쟁의 전개 양상과 외교 교섭을 통한 강화講和 ················· 180
   2. 고구려-수 전쟁의 종전과 국제 정세의 변화 ··················· 189

• 결론 ································ 193

• 보론 •
고구려 중장기병에 대한 소고小考

머리말 ··· 203

Ⅰ. 중장기병 관련 유물과 고분벽화 ······························ 205
1. 전마구와 개마모형 ·· 205
1) 마주 ǀ 2) 마갑 ǀ 3) 개마모형
2. 고분벽화 속 중장기병 ·· 215
1) 행렬도에 보이는 중장기병 ǀ 2) 전투도·공성도에 보이는 중장기병
3) 무사도에 보이는 중장기병

Ⅱ. 중장기병의 기원 ·· 234
1. 중장기병의 도입 시점 ·· 234
2. 중장기병의 계통 ·· 239

Ⅲ. 중장기병의 시기별 모습과 변화 ····························· 245
1. 지역별 특징과 변화 양상 ····································· 245
2. 시기별 특징과 변화 양상 ····································· 250
1) 기사의 투구와 갑옷 ǀ 2) 마주와 마갑

Ⅳ. 중장기병의 운용과 전술 변화 ······························· 264
1. 중장기병 도입 초기의 운용 ·································· 264
2. 중장기병의 전투편대 구성과 전술 변화 ···················· 268

Ⅴ. 맺음말 ·· 273

•별첨• 중국 랴오닝성 선양 석대자산성 출토 철제화살촉 속성 일람표 ·········· 275

참고문헌 ·· 287
찾아보기 ·· 298
외대 역사문화 연구총서를 간행하며 ································· 307

서론

고구려는 기원 전후한 시기 압록강 중상류유역에서 예맥족濊貊族에 의해 건국되었다. 삼국 가운데 가장 먼저 국가적 성장을 이룩한 고구려는 동아시아의 국제 정세에 탄력적으로 대응하면서 4세기 이후에 본격적으로 대외 확장을 추진하였는데, 5세기 대에 이르러서는 만주滿洲 중남부지역과 한반도 중북부지역에 걸친 광대한 영토를 차지하고 독자적인 천하관을 확립하며[1] 중국대륙의 남조南朝와 북조北朝 그리고 북방 유목세력인 유연柔然과 더불어 동아시아를 대표하는 국가로 자리매김하였다.

그런데 6세기 중반에 이르러 동아시아의 국제 질서는 급변하였다. 북중국에서는 534년에 북위北魏가 동위東魏와 서위西魏로 분열되었고, 550년에는 동위가 북제北齊, 557년에는 서위가 북주北周로 교체되었다. 남중국에서는 557년에 양梁을 대신하여 진陳이 성립하였고 북아시아 초원에서는 552년에 유연이 멸망하고 돌궐突厥이 대두되었는데, 이러한 국제 정세

---

[1] 여호규, 「고구려의 기원과 문화 기반」, 『고구려의 정치와 사회』, 동북아역사재단, 2007, 20쪽.

속에서 요서遼西에 거주하던 제종족이 제국諸國 사이에서 주목을 받았다.

6세기 후반에 이르면 북주가 577년에 북제를 멸망시킴으로써 북중국을 통일하였지만 581년 양견楊堅이 북주정권을 탈취하면서 수隋를 건국하였다. 수는 589년에 진을 멸망시킴으로써 300여 년간 분열되었던 중국대륙을 통일하고 초강대국으로 변모하였는데, 동아시아에서 기존의 다원적인 세력을 인정하지 않고 중국 중심의 일원적인 국제 질서를 추구하였다.[2] 이로써 동아시아의 강대국으로서 독자적인 세력을 구축하고 있었던 고구려와 수의 충돌이 불가피하였는데, 결국 우호와 대립을 반복하던 관계 속에서 양국은 598년, 612년, 613년, 614년 등 모두 4차례에 걸쳐 전쟁을 벌였다.

고구려-수 전쟁은 대규모의 병력이 동원되었던 동아시아의 최강국 간 충돌이었는데, 특히 612년 전쟁에서 수군이 동원하였다는 1,133,800명은 『수서隋書』의 찬자가 언급한 바 있듯이 그 유례를 찾아볼 수 없었던 대병력이었다.[3] 그리고 전쟁 당사국인 고구려와 수는 물론 주변 제세력에게도 많은 영향을 미치며 동아시아의 국제 질서를 뒤흔들었던 사건이기도 하였다. 이에 종래 많은 연구자가 관심을 갖고 다방면에 걸쳐서 고구려-수 전쟁을 검토하였는데, 그 연구 동향을 살펴보면 크게 두 유형으로 분류할 수 있다.[4]

첫 번째 유형은 당시 국제 정세와 연관시켜 전쟁의 원인, 영향, 전쟁 당사국 간의 관계 혹은 주변 세력들과의 관계 등을 다룬 연구이다. 이러한 유형의 연구는 전쟁의 원인이나 배경 그리고 양국의 관계뿐 아니라

---

2 이성제, 『高句麗의 西方政策 硏究』, 국학자료원, 2005, 171쪽.
3 『隋書』卷4 帝紀4 煬帝下 大業 8년 정월.
4 임기환, 「7세기 동북아 전쟁에 대한 연구동향과 과제-고구려와 수, 당의 전쟁을 중심으로」, 『역사문화논총』 8, 신구문화사, 2014, 10쪽.

당시 동아시아 국제 정세를 이해하는 데 크게 기여하였다.[5] 두 번째 유형은 군사사적 관점에서 군단 편성, 무기체계, 방어체계, 전략·전술 등을 다룬 연구이다. 이러한 유형의 연구는 전쟁사 연구의 핵심 주제로서 고구려-수 전쟁의 전개 양상을 이해하는 데 크게 기여하였다.[6]

---

[5] 이와 관련한 연구는 아래와 같다. 山崎宏,「隋朝官僚性格」,『東京敎育大學敎文學部紀要』 6, 東京大學出版部, 1965 ; 이병도,『韓國古代史研究(수정판)』, 박영사, 1985 ; 서인한,『高句麗 對隋·唐戰爭史』, 국방부 군사편찬위원회, 1991 ;『韓民族戰爭通史(1)』, 국방군사연구소, 1994 ;『한국고대 군사전략』, 국방부 군사편찬연구소, 2005 ;『동북아의 왕자를 꿈꾸다』, 플래닛미디어, 2009 ; 堀敏一,『中國と古代東アジア-中華的世界と諸民族』, 岩波書店, 1993 ; 楊秀祖,「隋煬帝征高句麗的几个問題」,『通化師院學報』1996-1, 1996 ;『高句麗軍隊與戰爭研究』, 吉林大學出版社, 2010 ; 劉心銘,「隋煬帝·唐太宗征高麗論略」,『解放軍外國語學院學報』2000-2, 2000 ; 苗威,「試論隋與高句麗戰爭」,『延邊大學學報』2000-3, 2000 ; 여호규,「6세기말~7세기 초 동아시아 국제질서와 고구려 대외정책의 변화」,『역사와 현실』46, 한국역사연구회, 2002 ; 김선민,「隋 煬帝의 軍制改革과 高句麗遠征」,『東方學志』119, 연세대학교 국학연구원, 2003 ; 신형식,『고구려사』, 이화여자대학교 출판부, 2003 ; 이성제,『高句麗의 西方政策 硏究』; 김창석,「고구려-수 전쟁의 배경과 전개」,『동북아역사논총』15, 동북아역사재단, 2007 ; 王春强,「隋唐五代時期幽州地區戰爭與軍事研究」, 首都師範大學 碩士學位論文, 2007 ; 임기환,「국제질서의 변동과 수·당과의 전쟁」,『고구려의 정치와 사회』, 동북아역사재단, 2007 ;「7세기 동북아 전쟁에 대한 연구동향과 과제-고구려와 수, 당의 전쟁을 중심으로」; 姜明勝,「隋唐與高句麗戰爭原因及影向探析」, 延邊大學 碩士學位論文, 2008 ; 金金花,「試析隋朝與高句麗關系由"和"到"戰"變化的原因」,『黑龍江史志』2009-3, 2009 ; 劉軍,「地緣政治視野下的隋唐征高句麗之戰」,『黑龍江史志』2009-2, 2009 ; 윤병모,「고구려의 對隋戰爭과 遼西攻略」,『軍史』72, 국방부 군사편찬연구소, 2009 ; 이동준,「隋煬帝의 高句麗 원정과 군사전략」,『學林』30, 연세사학연구회, 2009 ; 이정빈,「고구려-수 전쟁의 배경연구」, 경희대학교 박사학위논문, 2013 ;『고구려-수 전쟁 : 변경 요서에서 시작된 동아시아 大戰』, 주류성, 2018 ; 김택민,「麗·隋 力學關係와 戰爭의 樣相」,『東洋史學研究』127, 동양사학회, 2014 ; 董健,「試析隋朝首次東征高句麗之原因」,『通化師范學院學報』2015-11, 2015 ; 張艷,「朝貢關系下隋唐對高句麗戰爭的原因分析」,『周口師范學院學』2015-6, 2015. 이 외의 연구 성과는 여호규,「6세기말~7세기 초 동아시아 국제질서와 고구려 대외정책의 변화」, 2~4쪽을 참고하기 바란다.

[6] 이와 관련한 연구는 아래와 같다. 이병도,『韓國古代史研究(수정판)』; 淺見直一郞,「煬帝の第一次高句麗遠征軍-その規模と兵種」,『東洋史研究』44-1, 1985 ; 김복순,「고구려 대수·당 항쟁전략 고찰」,『軍史』12, 국방부 군사편찬연구소, 1986 ; 서인한,『高句麗 對隋·唐戰爭史』;『韓民族戰爭通史(1)』;『한국고대 군사전략』;『동북아의 왕자를 꿈꾸다』; 楊秀祖,「隋煬帝征高句麗的几个問題」;『高句麗軍隊與戰爭研究』; 韓昇,「隋煬帝伐高麗之謎」,『滾川師院學報』1996-1, 1996 ; 劉心銘,「隋煬帝·唐太宗征高麗論略」; 온창일,『한민족전쟁사』, 집문당, 2001 ; 임용한,『전쟁과 역사-삼국편』, 혜안, 2001 ;『한국고대전쟁사(2)』, 혜안, 2012 ; 熊義民,「隋煬帝第一次東征高句麗兵力新探」,『曁南學報』2002-4, 2002 ; 김선민,「隋 煬帝의 軍制改革과 高句麗遠征」; 耿鐵華, 박창배 역,『중국인이 쓴 고구려사(상)』, 고구려연구재단,

고구려-수 전쟁에 대한 국제 관계사적 관점의 연구와 군사사적 관점의 연구 모두 상당히 진전되어 있다고 볼 수 있다. 하지만 군사사적 관점의 연구가 상대적으로 저조한 편이며 세밀하게 분석한 연구 성과도 많지 않다. 이에 따라 고구려-수 전쟁의 전개 양상을 폭넓게 이해하는 데 다소 어려움이 있으며, 나아가 고구려-수 전쟁이 당시 국제 정세에 미친 영향을 구체적으로 검토하는 데 있어서도 한계로 작용하고 있다. 이에 저자는 군사사적 관점에서 군대 편성, 무기 및 병종兵種체계, 진군 노선, 전략과 전술 등을 검토하여 전쟁의 구체적인 전개 양상을 최대한 규명해 봄으로써 고구려-수 전쟁을 새롭게 이해해 보고자 한다.

본서에서는 선행 연구 성과를 감안하면서 아래와 같은 방법을 통해 고구려-수 전쟁을 살펴보고자 한다. 먼저 『수서』 본기本紀나 『자치통감資治通鑑』 등의 한정된 자료에서 벗어나 기존 연구에서 간과하였던 문헌 자료를 최대한 집대성하여 종합적인 고찰을 시도해 보고자 하는데, 특히 인물 개개인의 행보가 담겨 있는 열전列傳이나 묘지명墓誌銘을 주목해보고자 한다.

주지하듯이 고구려-수 전쟁과 관련한 역사서의 기록들은 대부분 소략하고, 병력 동원 수나 병종 구성만을 언급하는 경우가 많아 전쟁에 대한

2004 ; 寧志新 · 喬鳳岐, 「隋煬帝首征高句麗軍隊人數考」, 『河北師範大學學報』 2004-1, 2004 ; 김성남, 『전쟁으로 보는 한국사』, 수막새, 2005 ; 김영수, 「612년 여·수 전쟁과 고구려의 첩보전」, 『민족문화』 30, 한국고전번역원, 2007 ; 김창석, 「고구려-수 전쟁의 배경과 전개」 ; 서영교, 『고구려, 전쟁의 나라』, 글항아리, 2007 ; 王春强, 「隋唐五代時期幽州地區戰爭與軍事研究」 ; 임기환, 「국제질서의 변동과 수·당과의 전쟁」 ; 姜明勝, 「隋唐與高句麗戰爭原因及影向探析」 ; 侯波, 「隋煬帝攻伐高句麗」, 『世界博覽』 2008-10, 2008 ; 이동준, 「隋煬帝의 高句麗 원정과 군사전략」 ; 이종학, 『한국군사사연구』, 충남대학교 출판부, 2010 ; 曹柳麗, 「隋煬帝唐太宗征高句麗的軍事後勤建設比較研究」, 江西師範大學 碩士學位論文, 2013 ; 拯救夢想, 「隋唐皇帝御駕親征爲何屢屢失敗」, 『時代靑年』 2013-9, 2013 ; 김택민, 「麗·隋 力學關係와 戰爭의 樣相」 ; 呂蕾, 「隋煬帝征伐高句麗失敗原因及其影響硏究」, 『蘭台世界』 15, 2014 ; 董健, 「楊諒東征高句麗失敗原因探析」, 『東北史地』 2015-4, 2015.

자세한 양상을 파악하기 쉽지 않다. 하지만 소략한 기사라 할지라도 동일한 사건이나 상황에 대해 한 정사 안에서도 본기, 예의禮儀, 열전 별로 다른 기록을 전하는 경우가 많다. 그리고 개인의 묘지명에는 역사서에 기록되어 있지 않은 내용이 담겨 있기도 하다. 그렇기 때문에 각 사건별 혹은 상황별로 상이한 그리고 새로운 기록을 모아 세밀히 분석하고 나름의 의미를 부여할 수 있다면 그 동안 보지 못했던 고구려-수 전쟁의 모습을 파악할 수 있을 것이며, 아울러 사료의 부족으로 인하여 612년 고구려-수 전쟁에 비해 다소 미진했던 598년, 613년, 614년 고구려-수 전쟁에 대한 군사사적 규명도 어느 정도 이루어질 수 있을 것으로 여겨진다.

다음으로 고고 자료를 최대한 반영하여 문헌 자료를 보완하고자 한다. 문헌 자료가 한정되어 있는 상황에서 유적 발굴을 통해 계속 축적되고 있는 고고 자료는 전쟁에 대한 새로운 면모를 파악하는 데 매우 중요하다고 볼 수 있는데, 특히 전쟁 수행에 있어 기본적인 요소 가운데 하나라고 할 수 있는 무기·무장武裝에 대한 연구는 고고 자료에 의지해야 하는 측면이 강하다.

본서에서 주목하고자 하는 고고 자료는 고구려의 고분벽화이다. 고구려의 고분벽화는 당대의 모습을 생생하게 담고 있기 때문에 시각적으로 고구려의 생활상을 이해하는 데 더할 나위 없는 귀중한 자료라고 볼 수 있는데, 고구려군의 모습이나 전투 상황이 담겨 있는 벽화는 당시 고구려군의 무기와 갑주甲冑, 병종 구성, 전투 수행 등을 파악하는 데 매우 유용하다.

고분벽화 이외에 고구려 유적에서 출토된 무기와 갑주 등도 주목해보고자 하는데, 특히 성곽에서 출토된 무기와 갑주는 성곽전을 살펴보는 데 유용하다고 볼 수 있다. 무기와 갑주는 전술하였듯이 전쟁 수행에 있어 기본적인 요소 가운데 하나로 전투와 직접적인 관련이 있는 유물이다. 고구려는 주변 세력과의 계속되는 충돌 속에서 군사조직 혹은 전투 양상의 변화에 맞추어 무기와 갑주를 개량함으로써 살상력과 전투력을 극대화시켰을 것으로 추정된다. 즉, 출토된 무기나 갑주의 분석을 통해 전쟁 당시 고구려군의 무기와 갑주의 특징을 명확하게 파악할 수 있다면 전투 양상에 따른 고구려군의 대응 방식을 규명할 수 있을 것이다.

반면 수의 무기 및 갑주와 관련해서는 도용陶俑을 주목해보고자 한다. 수는 그 존속 기간이 매우 짧았기 때문에 무기나 갑주의 변화가 거의 없었다고 여겨진다.[7] 그렇다면 무기나 갑주를 갖추고 있는 수대의 보·기병 도용에는 고구려-수 전쟁 당시 수군의 모습이 그대로 담겨 있다고 볼 수 있을 것이다.

본서에서는 상기와 같은 연구 자료와 연구 방법을 토대로 다음과 같은 논의를 진행하고자 한다.

1부에서는 고구려와 수 양국의 4차례 전쟁의 시초로서 전체 전쟁의 맥락을 이해하는 데 매우 중요하다고 볼 수 있는 598년 고구려-수 전쟁에 대해 그 전반을 살펴보고자 한다. 우선적으로는 580~590년대의 동아시아 국제 정세 속에서 598년 고구려의 요서 공격과 곧바로 전개된 수의 고구려 원정 배경에 대해 규명해 보고자 하는데, 이와 관련하여 당시 고구려와 수의 접경공간이라고 할 수 있는 요서의 상황을 주목하고자 한다. 다음으로는 수군의 군대 편성 그리고 원정에 참전한 인물의 행보를 통해 수군이 고구려 원정에서 실패한 요인을 규명해 보고자 한다.

2부에서는 수양제隋煬帝가 고구려 원정을 결심하게 된 배경 그리고 원

---

[7] 隋는 文帝가 北周의 靜帝로부터 양위를 받아 건국한 581년부터 煬帝가 宇文化及에 의해 시해되고 양제에 이어 즉위한 恭帝가 李淵에게 양위했던 618년까지 3대에 걸쳐 38년간 존속하였다.

정을 준비하는 과정에서 이루어진 군단 편성, 조직체계, 병종 구성 등 612년 고구려-수 전쟁 개전開戰 이전의 수군에 대한 모습을 살펴보고자 한다. 특히 군단 편성의 경우에는 각 사료마다 다른 내용을 전하고 있어서 사료 간의 상충되는 문제를 해결해야 하는 과제를 안고 있는데, 전쟁에 참전한 인물의 행적을 감안하면서 이와 같은 문제를 해결해 보고자 한다.

고구려-수 전쟁의 전개 과정을 정확하게 규명하기 위해서는 개전 이전의 전쟁 준비상황도 살펴보아야 한다. 하지만 자료의 한계로 인하여 고구려를 살펴보지 못하였다. 다만 수군의 준비 상황에 맞추어 고구려가 대응하였을 것이라는 점을 감안하면 수군의 상황을 파악하는 것만으로도 전쟁의 전개 과정을 규명하는 데 적지 않은 도움이 되지 않을까 싶다.

3부에서는 612년 고구려-수 전쟁의 구체적인 전개 과정에 대해서 살펴보고자 한다. 먼저 양국 사이에 벌어진 성곽전을 통해 당시 수군이 가지고 있었던 문제점 그리고 고구려의 수성守城 양상을 규명할 것이다. 다음으로 수군이 성곽전에서 고전한 후 편성한 별동대에 대해 살펴보고 이에 대한 고구려의 대응전술을 규명하고자 한다.

4부에서는 수양제가 고구려 정벌의 야욕을 버리지 못하면서 일으킨 613년과 614년 고구려-수 전쟁에 보이는 수군의 군단 편성과 전개 과정을 살펴보고, 이를 통해 파악할 수 있는 수군의 전략에 담겨져 있는 의미를 규명해보고자 한다. 아울러 고구려-수 전쟁이 마무리되어 가는 모습 그리고 종전 이후의 국제 정세 또한 살펴보고자 한다.

이상의 논의가 군사사적 관점에서 고구려-수 전쟁의 전개 양상을 폭넓게 그리고 새롭게 이해하는 데 미약하나마 기여하기를 바란다. 아울러 고구려-수 전쟁의 역사적 의미를 새로이 규명하는 데에도 디딤돌이 되기를 기대한다.

1부

6세기 후반 동아시아의 국제 정세와
598년 고구려-수 전쟁의 발발

1장

580~590년대 동아시아 국제 정세 변동과 고구려의 요서 공격

1. 수의 돌궐 공략과 요서를 둘러싼 고구려와 수의 갈등

5세기 대에 고구려는 동아시아에서 다원적 세력 가운데 하나로 자리매김하며 전성기를 구가하고 있었다. 그런데 6세기 중반에 들어 안장왕安藏王(재위 519~531년)이 시해되었고[1] 안원왕安原王대(재위 531~545년)에는 왕위계승을 둘러싼 귀족 간의 대규모 정쟁이 발생하였으며[2] 양원왕陽原王대(재위 545~559년)에는 지방에서 반란이 일어나는[3] 등 내분이 심각하게 전개되었다. 장수왕長壽王(재위 412~491년)의 평양平壤 천도 이후 신진세력이 대거 등용되어 지배층의 저변이 확대된 상황에서 대외 정복이 침체되고 귀족

---

1 『日本書紀』卷17 継体紀 25년 12월 細註.
2 『日本書紀』卷19 欽明紀 6·7년.
3 『三國史記』卷19 高句麗本紀7 陽原王 13년 10월.

들이 내부 권력 분배에 관심을 가지게 됨에 따라 지배층의 분열과 동요가 일어난 것이다.[4] 이에 고구려의 왕권은 크게 손상되었고 곧 왕권 약화로 이어졌다.

이와 같은 대내적 혼란 속에서 고구려는 대외적 위기마저 맞게 된다. 남으로는 551년에 백제와 신라 연합군에 의해 한강 유역을 상실하였고,[5] 서로는 북위北魏 말 고구려로 도망 온 유인流人의 송환 문제를 두고 552년에 북제北齊의 군사・외교적 압박을 받았다.[6] 그리고 서북방으로는 돌궐突厥의 위협을 받으면서 신성新城(랴오닝성[遼寧省] 푸순[撫順] 고이산성[高爾山城], 〈자료 1-1〉)과 백암성白巖城(랴오닝성 덩타[燈塔] 백암성, 〈자료 1-2〉)[7]에서 전투를 벌이기도 하였는데,[8] 돌궐이 당시 고구려의 최대 위협으로 대두되었다.

4　임기환, 「귀족 연립 체제의 성립」, 『고구려의 정치와 사회』, 동북아역사재단, 2007, 266쪽.
5　『三國史記』卷44 列傳4 居柒夫 ; 『日本書紀』卷19 欽明紀 12년.
6　『北史』卷94 列傳82 高句麗傳 天保 3년.
7　중국에서는 燕州城이라고 부르고 있다.
8　『三國史記』에는 551년 9월에 고구려와 突厥이 新城과 白巖城에서 전투를 벌인 것으로 나오는데(『三國史記』卷19 高句麗本紀7 陽原王 7년 9월), 그 기사 및 기년의 신빙성에 대해 의문을 제기하기도 한다. 551년에는 柔然이 건재하고 있었고, 돌궐이 유연을 멸망시키고 그 잔여세력마저 토벌한 시기가 각각 552년과 555년이며, 遼西로 진출한 시기가 555~557년임을 감안하면 551년에 양국이 고구려의 영역에서 충돌하기 어렵다는 것이다. 이와 같은 인식 속에서 551년에 가까운 시점(노태돈, 『고구려사 연구』, 사계절, 1999, 402~403・537쪽) 혹은 유연이 완전히 멸망한 555년 이후(이재성, 「6세기 후반 突厥의 南進과 高句麗와의 충돌」, 『북방사논총』5, 고구려연구재단, 2005, 115쪽 ; 임기환, 「7세기 동북아시아 국제질서의 변동과 전쟁」, 『전쟁과 동북아시아의 국제질서』, 일조각, 2006, 59~60쪽)에 군사적 충돌이 있었을 것이라고 보기도 하고, 군사적 충돌이 아닌 교섭을 보여주는 기사로 파악하기도 하며(이용범, 「高句麗의 遼西 進出 企圖와 突厥」, 『사학연구』 4, 한국사학회, 1959, 44쪽), 기사 자체를 허구로 간주하기도 한다(津田左右吉, 「三國史記高句麗本紀の批判」, 『滿鮮地理歷史報告書』 9, 1922). 반면 547년에 있었던 백암성과 신성 수리가 돌궐 침입에 대비해서 이루어졌을 가능성이 높고(민철희, 「高句麗 陽原王・平原王代의 政局變化」, 『사학지』 35, 단국사학회, 2002, 71~73쪽), 551년 이전부터 돌궐이 鐵勒을 무너뜨리고 西魏와 혼인관계를 맺는 등 강력한 세력으로 대두하였으며(정동민, 「고대 동아시아의 接境, 遼西-중국왕조, 유목세력, 고구려의 관계를 중심으로」, 『중앙사론』 50, 중앙대학교 중앙사학연구소, 2019, 260쪽), 北魏가 내부 혼란으로 懷荒鎭 등 6鎭을 통제하지 못하는 상황에서 유목민으로서 기동력이 우수하였던 돌궐이 요서를 지나 고구려 서북변에 도달하는 것이 불가능하지 않다는 점(강선, 「4~6세기 동아시아 정세와 고구려의 대외정책」, 『軍史』 54, 국방부 군사편찬연구소, 2005, 98쪽) 등을 들면서 『삼국사기』에 보이는 기사 및 기

〈자료 1-1〉 고구려의 신성으로 추정되는 푸순 고이산성 내부(여호규 제공)

〈자료 1-2〉 고구려의 백암성으로 추정되는 덩타 백암성 북벽

년을 그대로 인정하기도 한다.

돌궐은 원래 유연柔然에 복속하고 있었던 세력으로 철 제련에 종사하면서 금산金山, 즉 알타이산맥을 중심으로 웅거하고 있었다. 그런데 540년대에 발흥하여 철륵鐵勒을 격파하고 552년에는 유연마저 멸망시키면서 본격적으로 세력을 키워나갔다. 이후 북제와 북주北周의 대립을 교묘히 이용하고[9] 요서遼西에 거주하는 제종족을 자신의 통제하에 두면서 세력을 넓혀갔는데,[10] 북제를 통일한 북주마저 천금공주千金公主를 타스파르카간他鉢可汗에게 시집보내며 우호관계를 맺는 데 급급할 정도로 강성하였다. 고구려는 신성과 백암성에서 전투를 벌인 이후에도 요서의 제종족을 두고 갈등을 빚음으로써 580년대 초반까지 계속해서 돌궐과 대립 관계를 형성하였고[11] 최대 위협세력으로서 견제하였다.

이와 같이 6세기 중·후반 동아시아에서 돌궐이 강력한 세력으로 자리 잡고 있었을 때 581년 북주의 좌대승상左大丞相 양견楊堅(수문제[隋文帝], 재위 581~604년)은 외손자인 정제靜帝(재위 579~581년)로부터 양위를 받아 수隋를 건

---

[9] 임기환, 「7세기 동북아시아 국제질서의 변동과 전쟁」, 55쪽.

[10] 김진한, 「평원왕대 고구려의 대외관계-요해지역의 동향을 중심으로」, 『국학연구』 11, 한국국학진흥원, 2007, 232쪽.

[11] 『三國史記』 卷45 列傳5 溫達傳에 보이는 고구려군과 전투를 벌였다는 後周를 北周로 보면서 고구려가 570년대 후반에 高寶寧 및 突厥과 연합을 맺어 반북주세력을 형성하였고(韓昇, 「隋と高句麗の國際政治關係をめぐって」, 『堀敏一先生古稀紀念中國古代の國家と民衆』, 汲古書院, 1995, 355~356쪽 ; 王小甫 主編, 『盛唐時代與東北亞政局』, 上海辭書出版社, 2003), 이를 계기로 고구려와 돌궐이 오랜 적대를 청산하고 새로운 관계로 나아갔다는 견해가 있다(김진한, 「평원왕대 고구려의 대외관계-요해지역의 동향을 중심으로」, 240쪽). 하지만 581년 고구려 평원왕이 북주를 계승한 隋로부터 높은 책봉호를 제수받았다는 점, 돌궐이 최강국으로 군림하고 있는 국제 정세 속에서 고구려가 대립관계에 있었던 돌궐과 연합을 맺고 돌궐의 세력 유지를 도와줄 이유가 없다는 점, 고구려가 요서 제종족을 두고 고보령과 대립하였을 가능성이 높다는 점(이정빈, 『고구려수 전쟁 : 변경 요서에서 시작된 동아시아 大戰』, 주류성, 2018, 61~64쪽), 고구려와 북주의 대립 기록은 보이지 않고 오히려 '돌궐 견제'라는 공통 분모로써 우호적인 관계로 나아갈 수 있는 여지가 보인다는 점, 그리고 隋文帝가 583년 돌궐 토벌에 나서면서 내린 詔書에 돌궐과 갈등을 빚고 있는 대상으로 고구려가 언급된 점 등을 감안할 때 위의 견해를 받아들이기 어렵다(정동민, 「고대 동아시아의 接境, 遼西-중국왕조, 유목세력, 고구려의 관계를 중심으로」, 259~268쪽 ; 「遭遇와 衝突로 高句麗 後期를 이해하다」, 『선사와 고대』 65, 한국고대학회, 2021, 184~186쪽).

국하였고 곧이어 북중국을 통일하였다. 이를 목도한 돌궐의 으시바라카간沙鉢略可汗은 수의 세력 확장이 자신에 대한 압박으로 이어질까 우려하였는데, 이에 토욕혼吐谷渾, 북제의 부흥세력인 영주자사營州刺史 고보령高寶寧 그리고 진陳과 연계하여 수를 압박하고자 하였다.[12] 이와 같은 돌궐의 압박에 대해 수는 돌궐에 보냈던 세공歲貢을 중지하는 한편, 장성長城과 같은 군사시설을 보수하고 유주幽州와 병주幷州에 군사를 주둔시키는 등 강경하게 대응하였다. 돌궐에 대해 수세적인 입장을 보였던 북주와 다른 행보를 보여주었던 것이다. 그렇다면 수문제는 왜 북주와 달리 강경하게 대응하였을까?

583년 돌궐 토벌에 나서면서 내린 조서詔書를 통해 알 수 있듯이 수문제는 민으로부터 거두어들인 조세를 돌궐로 보내는 것에 대해 불만을 가지고 있었다.[13] 그리고 북중국을 통일하면서 군사적 자신감을 가지게 된 것으로 보인다. 한편 돌궐 내부에서는 자연 재해로 인해 생산 기반이 약화되는 등 문제점이 야기되고 있었는데,[14] 아마 이러한 요인들 때문에 수문제가 돌궐에 대해 강경책을 구사하였던 것으로 추정된다.

수의 강경한 자세를 목도한 으시바라카간은 고보령과 함께 582년과 583년 두 차례 수를 공격하였지만 결국 패배하고 만다. 이후 수는 돌궐의 내부 분열을 이용해 이간책을 구사하였고, 결국 돌궐은 583년에 으시바라카간의 동돌궐東突厥과 타르두쉬카간達頭可汗의 서돌궐西突厥로 분열되었다. 584년에는 으시바라카간이 아바카간阿波可汗과 연합한 타르두쉬카간의 공격을 받게 되는데, 그 열세를 만회하기 위해 585년 수에 신속함으

---

12 정재훈, 『돌궐유목제국사』, 사계절, 2016, 235~236쪽.
13 『隋書』卷84 列傳49 突厥, "以爲厚斂兆庶, 多惠豺狼, 未嘗感恩, 資而爲賊, 違天地之意, 非帝王之道. 節之以禮, 不爲虛費, 省徭薄賦, 國用有餘."
14 정재훈, 『돌궐유목제국사』, 241~244쪽.

로써 결국 동돌궐은 수의 영향력 하에 편입되고 말았다. 이후에도 수는 으시바라카간에 이어 즉위한 바가카간莫何可汗을 지원하여 아바카간을 사로잡게 하는 등 계속해서 돌궐의 약화를 꾀하였다.

한편 고구려는 수에 대해서 581년, 즉 수가 건국된 해부터 사신을 보냈다. 건국한 해의 사신 파견은 고구려가 중국대륙의 상황을 주시하면서 민감하게 반응하고 있음을 보여주는 것이라 하겠다.[15] 고구려는 수와 외교 관계를 맺으면서 '대장군大將軍 요동군공遼東郡公 고려왕高麗王'이라는 책봉호를 제수받았다.[16] 현실적 군사력과 지배력을 반영하는 책봉호 대신 훈관勳官과 작호爵號 중심의 책봉호를 제수받은 것이다.[17] 하지만 당시 수는 고구려뿐만 아니라 다른 주변국에게도 이와 같은 책봉호를 제수하였다.

고구려가 제수받은 책봉호는 주변국과 비교해 상대적으로 높았다.[18] 그리고 책봉호 가운데 '대장군'은 제3위에 해당하는 훈관으로[19] 북주 무제武帝(재위 560~578년)대에 제수받은 제4위 '개부의동삼사開府儀同三司'보다 높은 것이었다.[20] 이를 감안하면 고구려는 비록 현실적 군사력과 지배력을 반영하는 책봉호를 제수받지는 못하였지만 대체적으로 수가 제수한 책봉호에 만족하였을 것으로 추정된다.

고구려는 581년부터 584년까지 수에 8차례나 사신을 파견하면서 우호

---

15 金子修一, 「高句麗와 隋의 關係」, 『고구려발해연구』 14, 고구려발해학회, 2002, 382쪽.
16 『隋書』 卷1 帝紀1 高祖上 開皇 원년 12월.
17 여호규, 「6세기말~7세기 초 동아시아 국제질서와 고구려 대외정책의 변화」, 『역사와 현실』 46, 한국역사연구회, 2002, 18쪽.
18 金子修一, 『隋唐の國際秩序と東アジア』, 名著刊行會, 2001, 99쪽.
19 '大將軍'은 將軍織 책봉호를 띠고 있지만 隋대에 이르러 관리의 勳功을 포상하는 散官, 즉 勳官號로 변질되었다(김종완, 「高句麗의 朝貢과 冊封의 性格」, 『고구려발해연구』 18, 고구려발해학회, 2004, 633쪽).
20 『周書』 卷49 列傳41 高麗.

관계를 유지하고자 하였다. 그런데 갑자기 585년부터 590년 수의 새서璽書를 받기 전까지 수에 사신을 파견하지 않았고 심지어 진에 사신을 파견하는 모습을 보였다. 고구려와 수의 관계가 비우호적으로 돌변한 것이다.[21] 그렇다면 양국의 관계를 비우호적으로 돌변시킨 갈등은 무엇이었을까?

이와 관련하여 당시 고구려와 수의 접경공간[22]이었던 요서의 상황을 주목해보고자 한다.[23] 요서는 현재 중국 랴오닝성 서쪽 일부와 네이멍구자치구內蒙古自治區 남부 일대에 걸쳐 있는 지역으로서 동으로는 랴오허강遼河, 시랴오허강西遼河, 시라무렌허강西拉木倫河, 서쪽으로는 옌산산맥燕山山脈과 롼허강灤河에 이른다.[24] 요서는 둥베이평원東北平原, 화베이평원華北平原, 멍구고원蒙古高原과 이어짐으로써 동아시아 주요 세력의 결절지대가 되었다. 그리고 한편으로는 초원과 삼림지대가 넓게 펼쳐져 있는 환경 속에서 거란契丹과 말갈靺鞨 등 유목·수렵 사회를 이루었던 제종족이 거주하던 공간이었다(〈자료 1-3〉 참고).[25]

---

21 여호규, 「6세기말~7세기초 동아시아 국제질서와 고구려 대외정책의 변화」, 5쪽.
22 선으로 이해되는 국경선은 국민국가가 등장한 근대 이후의 산물이다. 그러므로 근대적 의미의 국경을 전 근대에 그대로 적용할 수 없다(박성현, 「한국 고대의 국경과 변경」, 『역사와 현실』 82, 한국역사연구회, 2011, 19쪽).
23 遼西는 4세기 후반 광개토왕이 後燕과의 치열한 공방 속에서 遼東을 완전히 복속시킨 후부터 (공석구, 『高句麗 領域擴張史 硏究』, 서경문화사, 1998, 10쪽) 고구려와 중국왕조의 접경이 되었다.
24 윤병모, 『高句麗의 遼西進出 硏究』, 경인문화사, 2011, 15쪽 ; 이정빈, 『고구려-수 전쟁 : 변경 요서에서 시작된 동아시아 大戰』, 12~13쪽. 遼西의 범위, 지형, 교통, 거주 종족, 연원 등에 대한 자세한 내용은 권오중, 『요동왕국과 동아시아』, 영남대학교 출판부, 2012 ; 윤병모, 『高句麗의 遼西進出 硏究』, 15~25쪽을 참고하기 바란다.
25 이정빈, 『고구려-수 전쟁 : 변경 요서에서 시작된 동아시아 大戰』, 10~11쪽. 기원전 8~기원전 3세기에는 山戎과 東湖가 거주하였고 기원전 3세기 초반경부터는 동호의 후예인 烏桓과 鮮卑가 거주하였다. 5胡16國시기와 南北朝시기에는 선비 계통의 慕容部와 拓拔部가 遼西에 강한 영향력을 미치고 있는 상황에서 遼河 상류와 西拉木倫河 유역에는 宇文部의 후예로 알려진 契丹(『魏書』卷100 列傳88 契丹), 거란의 동쪽에는 奚, 거란 북쪽 嫩江과 黑龍江 주변에

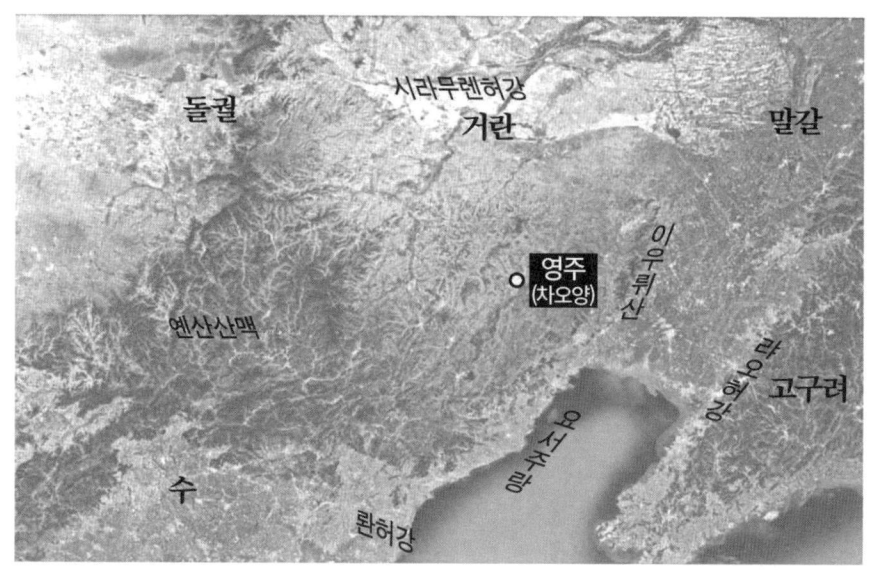

〈자료 1-3〉 요서의 지형과 6세기 후반 세력 정세(구글어스)

　　요서는 중원中原과의 교통이 불편하였고 제종족이 대거 거주함에 따라 중원왕조의 관심을 크게 받지 못하였다. 이에 따라 중원왕조로부터 격리된 그리고 소외된 공간이라는 속성을 지니게 되었다.[26] 하지만 6세기 중·후반 급변하는 동아시아의 국제 질서 속에서 요서를 둘러싸고 있던 제국諸國이 요서의 제종족에 대해 영향력을 행사하여 자국의 위세를 드러냄으로써 주변 세력을 견제하고자 하였고,[27] 요서의 제종족은 자신의 이해利

　　는 室韋(노태돈, 『고구려사연구』, 409쪽), 실위의 서쪽 大興安嶺山脈 남변 일대에는 地豆于(박원길, 「고구려와 柔然·突厥의 關係」, 『고구려연구』 14, 고구려연구회, 2002, 14쪽), 松花江 유역을 중심으로는 말갈 등이 거주·활동하였다.
26　권오중, 『요동왕국과 동아시아』, 13~14쪽.
27　이런 측면에서 遼西는 諸國에 있어 자국의 안전을 담보할 수 있는 완충지대의 성격을 가지고 있었다고 볼 수 있다(이기동, 「高句麗의 勢力圈 遼東에 對한 地政學的 考察」, 『고구려연구』 21, 고구려연구회, 2005, 292쪽 ; 이성제, 「高句麗와 契丹의 關係」, 『북방사논총』 5, 고구려연구재단, 2005, 149~150쪽 ; 이정빈, 『고구려-수 전쟁 : 변경 요서에서 시작된 동아시아 大戰』, 38쪽).

害를 우선에 두고 독자적인 행보를 보이며 제국과 관계를 맺음에 따라,[28] 요서는 제국과 제국 그리고 제국과 제종족 간 대립과 충돌이 맞물리는 공간으로서[29] 동아시아의 화약고 및 요지로 부각되었다.[30]

고구려는 6세기 중반 이후 요서에 거주하고 있던 거란·말갈을 두고 제세력과 각축전을 벌였다.[31] 특히 552년에는 싱안링산맥興安嶺山脈을 넘어 랴오허강 유역으로 진출한 돌궐이 고구려의 서북방을 위협하면서 고구려 휘하의 거란·말갈 세력을 부식시키려는 시도를 하였는데,[32] 고구려가 돌궐의 압박을 이겨내고 거란·말갈을 자국의 예하에 둠으로써 요서에서 어느 정도 우위를 점할 수 있었다.

한편 수는 583년 돌궐과 고보령의 연합군을 격파하여 영주營州 즉, 랴오닝성의 차오양朝陽을 회복하면서 요서에서 영향력을 키워 나갈 수 있는 거점을 마련하였다. 그리고 이와 같은 상황에서 오랜 기간 고구려와 돌궐의 영향력 하에 있었던 거란이 심상치 않은 움직임을 보여준다. 584년 5월에 돌궐의 지배하에 있던 거란 주부主部의 막하불莫賀弗이 수에 사신을 파견하였고,[33] 584년 9월에는 수에 내부하였다.[34] 585년 4월에는 수에 사신을 파견하여 공물을 바쳤으며,[35] 587년에는 수에 입조하였다. 또한

---

28 김진한, 「평원왕대 고구려의 대외관계-요해지역의 동향을 중심으로」, 217쪽.
29 정동민, 「고대 동아시아의 接境, 遼西-중국왕조, 유목세력, 고구려의 관계를 중심으로」, 269쪽.
30 임기환, 「7세기 동북아시아 국제질서의 변동과 전쟁」, 59쪽.
31 고구려는 378년 契丹이 북변을 침범함으로써 遼西와 첫 접촉한 이래(『三國史記』卷18 高句麗本紀6 小獸林王 8년 9월) 395년 광개토왕이 鹽水(西拉木倫河)에 거주하고 있던 거란(稗麗)을 공격하여 거란에 사로잡혀 있었던 고구려인 1만 명, 거란인 500명, 많은 수의 말, 소, 양 등을 노획하였고(「廣開土王陵碑文」永樂 5년), 479년에는 地豆于를 柔然과 분할 지배하려는 의도 속에서 거란을 공격하는 등 일부 거란 세력을 자국의 세력 범위 하에 포섭하면서 6세기 중반 이전부터 요서에 대해 일정 정도 영향력을 미치고 있었다.
32 노태돈, 『고구려사연구』, 349·408쪽.
33 『隋書』卷1 帝紀1 高祖上 開皇 4년 5월.
34 『隋書』卷1 帝紀1 高祖上 開皇 4년 9월.
35 『隋書』卷1 帝紀1 高祖上 開皇 5년 4월.

586년에는 고구려의 지배하에 있던 출복出伏 등 일부 거란 세력이 수에 내부하였다.[36] 즉, 거란이 수에 의지하여 돌궐과 고구려의 예속을 벗어나려는 시도를 감행한 것이다.[37]

수는 584년 5월 막하불이 사신을 파견하였을 때 고구려왕과 같은 훈관인 '대장군'을 제수하였다. 이로 볼 때 수는 영주 회복과 거란 내부를 계기로 요서에 대한 고구려의 상대적 우위를 인정하지 않고 본격적인 요서 진출을 시도하였던 것으로 추정되는데, 바로 이러한 수의 움직임이 고구려가 사신 파견을 중단하고 외교를 단절한 이유였던 것으로 보인다. 즉, 고구려의 사신 파견 중단 및 외교 단절은 요서에서의 거점 마련을 토대로 거란에 영향력을 행사함으로써 요서에서 우위를 점하고자 했던 수의 움직임에 대한 반발이라고 볼 수 있는 것이다.

고구려는 수와의 외교를 단절한 후 요서의 거란과 말갈에 대한 영향력을 더욱 확대하고자 하였는데, 584년 5월 이후 수와 긴밀하게 연결되어 있었던 거란에 대해서는 '고립固禁' 정책을 펴서 거란과 수의 연계 차단에 주력하였다. 반면 수의 영향력이 미치지 못했던 말갈에 대해서는 대대적인 군사 작전을 펴서 예하에 확고히 두고자 하였다. 그리고 한편으로는 부여성扶餘城-쑹화강松花江 유역에 대한 세력 부식을 꾀하면서 속말말갈粟末靺鞨지역으로 진출하였다.[38]

이와 같은 요서 제종족을 둘러싼 세력 다툼 속에서 6세기 후반 고구려와 수는 이우뤼산醫巫閭山·다링허강大陵河 하류를 기준으로 각각 동부와 서부에 대해 강한 영향력을 행사하며 세력 범위로 두었다.[39]

---

36 『册府元龜』卷977 外臣部 降附門.
37 여호규, 「6세기말~7세기초 동아시아 국제질서와 고구려 대외정책의 변화」, 11쪽.
38 임기환, 「7세기 동북아시아 국제질서의 변동과 전쟁」, 60쪽.

2. 고구려-수 관계의 악화와 고구려의 요서 공격

수는 최대 위협이었던 돌궐을 자국의 예하에 둔 후 본격적인 진 원정에 나섰는데, 588년에는 52만 명의 대군을 보내 진을 공격하였다. 결국 수는 589년에 진을 멸망시키고 중국을 통일하면서 동아시아 최강국으로 부상하였다.

돌궐에 이어 진마저 수에 복속되자[40] 고구려 평원왕平原王(재위 559~590년)은 수의 다음 복속대상이 자국이 될 수 있음을 인식하고 대비책을 강구하였다. 먼저 585년 이후 중단하였던 사신 파견을 재개하여 수 내부의 정세를 파악하고자 하였고, 반대로 고구려를 방문한 수 사신에 대해서는 엄격하게 감시하여 자국의 사정을 알지 못하게 하였다. 그리고 군사를 훈련시키고 군량을 비축하는 한편[41] 수의 노수弩手를 몰래 들여오는 등 군사적 충돌에도 대비하였다. 이와 같은 고구려의 대비를 목도한 수문제는 590년[42] 고구려에 새서를 보냈는데, 그 내용은 아래와 같다.

---

39 이정빈, 『고구려-수 전쟁 : 변경 요서에서 시작된 동아시아 大戰』, 76~77쪽.
40 隋는 중국 통일 이후에도 계속해서 突厥을 견제·약화시키고자 하였다. 당시 東突厥은 투란카간(都藍可汗)과 일릭퀸뒤카간(啓民可汗)이 부족의 무리를 나누어 지배하고 있었는데, 수는 597년 상대적으로 세력이 미약한 일릭퀸뒤카간과 혼인관계를 맺고 그를 지원함으로써 돌궐의 통합을 가로막아 적대세력으로 발전할 기회를 차단하고자 하였다(이성제, 「高句麗와 투르크계 北方勢力의 관계-이해의 방향과 연구방법에 대한 모색」, 『고구려발해연구』 52, 고구려발해학회, 2015, 152·155쪽). 이에 투란카간이 西突厥의 타르두쉬카간(達頭可汗)과 연합하여 598년과 599년 수를 공격하기도 하였지만, 599년 투란카간이 살해되고 일릭퀸뒤카간이 수에 투항하면서 동돌궐은 여전히 수의 영향력에서 벗어나지 못하였다.
41 『隋書』 卷81 列傳46 高麗 ; 『資治通鑑』 卷178 隋紀2 文帝 開皇 17년 12월 ; 『三國史記』 卷19 高句麗本紀7 平原王 32년.
42 隋文帝가 고구려에 璽書를 보낸 시기에 대해 『隋書』 卷81 列傳46 高麗 ; 『北史』 卷94 列傳82 高句麗 ; 『資治通鑑』 卷178 隋紀2 文帝 開皇 17년 12월 ; 『册府元龜』 卷969 外臣部41 責讓 開皇 17년 등에는 597년으로 나와 있으나, 『三國史記』의 기록을 따라 590년으로 보고자 한다.

A "(고구려의) 왕은 이미 남의 신하가 되었으니, 짐과 함께 덕을 베풀어야 할 것이건만, 도리어 말갈을 못 견디게 괴롭히고 거란을 고립시켰다. (…중략…) 여러 해 전에는 몰래 재물을 써서 소인小人을 움직여, 사사로이 노수弩手를 데리고 그대의 나라로 도망갔다. 병기를 수리하는 의도가 좋지 못했기 때문에 바깥 소문이 두려워 도둑질한 것이 아니겠는가. (…중략…) 왕은 (수의 사신을) 빈 객관에 앉혀두고 엄하게 막아 지키면서 눈귀를 막아 영영 듣고 보지 못하게 하였다. 어떠한 음흉한 계획이 있어 남들이 알지 못하게 하고, 관사를 통제하여 탐방을 두려워하는가. 또한 자주 기병을 보내 변경 사람을 살해하고, 여러 차례 간사한 모의를 꾸며 종종 사설邪說을 지어 내니, 마음에 복종함이 없다. (…중략…) 왕은 오로지 불신감을 품어 항상 스스로 시기하고 의심하여 항상 사신을 보낼 때마다 소식을 밀탐하여 가니, 순수한 신하의 뜻이 어찌 이와 같을 수 있겠는가. 이는 모두 짐의 가르침과 인도함이 명확하지 못했기 때문이므로 왕의 허물을 모두 너그러이 용서하겠으니, 금일 이후로는 반드시 고치기 바란다. (…중략…) 짐에게 만약 포용하고 길러 주려는 생각이 없으며 왕의 지난 허물을 문책하고자 하면 한명의 장수에게 명을 내리면 그만이지, 어찌 많은 힘이 필요하겠는가. 정중하게 타일러서 왕이 스스로 새롭게 할 기회를 허락하니, 마땅히 짐의 마음을 얻어 스스로 많은 복을 구하기 바란다."[43]

『수서』 권81 열전46 고려

기사 A를 보면 수문제는 고구려의 수에 대한 일련의 대비를 자국에 대

---

43 『隋書』卷81 列傳46 高麗, "王旣人臣, 須同朕德, 而乃驅逼靺鞨, 固禁契丹. (…中略…) 昔年潛行財貨, 利動小人, 私將弩手逃竄下國. 豈非修理兵器, 意欲不臧, 恐有外聞, 故爲盜竊. (…中略…) 王乃坐之空館, 嚴加防守, 使其閉目塞耳, 永無聞見. 有何陰惡, 弗欲人知, 禁制官司, 畏其訪察. 又數遣馬騎, 殺害邊人, 屢騁姦謀, 動作邪說, 心在不賓. (…中略…) 王專懷不信, 恒自猜疑, 常遣使人密覘消息, 純臣之義豈若是也. 蓋當由朕訓導不明, 王之愆違, 一已寬恕, 今日以後, 必須改革. (…中略…) 朕若不存含育, 責王前愆, 命一將軍, 何待多力. 慇懃曉示, 許王自新耳, 宜得朕懷, 自求多福."

한 적대 행위로 간주하면서 비난하고 있다. 또한 수의 진 통일 이전 고구려의 행위, 즉 말갈과 거란에 대해 영향력을 미치려 한 행위 또한 비난하고 있는데, 이는 요서에 대한 고구려의 세력 확장을 용인하지 않겠다는 입장을 명확히 표명한 것이라고 볼 수 있다.

고구려 입장에서는 새서 내용에 대해 당연히 불만을 가질 수밖에 없었을 것이다. 하지만 수가 자국에 대한 침공 가능성을 제기하고,[44] '왕의 허물을 모두 너그러이 용서하겠으니 금일 이후로는 반드시 고치기 바란다'라는 내용에서 볼 수 있듯이 수가 새서를 보내기 이전에 이루어진 말갈과 거란에 대한 세력 확장에 대해서 인정하겠다는 태도를 보임에 따라, 수의 요구를 받아들이고 사죄를 표하는 유화책을 선택하였다. 이로써 양국 간에 다시 우호적인 관계가 형성되었다.[45]

그런데 고구려는 592년 1월에 사신을 파견한 후[46] 598년 2월 요서를 공격하기 전까지 597년 5월을 제외하고[47] 또 다시 사신을 파견하지 않았다. 양국 간의 우호적인 관계가 그리 오래가지 않았던 것이다. 그렇다면 당시 양국 사이에 또 어떠한 갈등이 있었던 것일까?

이와 관련하여 590년 수의 영주총관부營州總管府 설치가 주목된다. 영주는 전술하였듯이 현재 랴오닝성의 차오양, 즉 요서에 위치한 도시로 중국왕조와 동북아시아 제종족 간 혹은 동북아시아 제종족 간의 교역 중심지이면서 교통의 요지였다.[48] 수는 바로 이 곳에 총관부總管府를 설치하여

---

44 이성제, 『高句麗의 西方政策 硏究』, 국학자료원, 2005, 177쪽.
45 우호관계가 다시 형성된 후 隋는 평원왕에 이어 즉위한 영양왕에게 '上開府儀同三司 遼東郡公'이라는 책봉호를 제수하였는데, 이는 거란 莫賀弗에게 제수한 '大將軍'보다는 낮고 백제 위덕왕과는 같았다. 이는 수가 고구려의 우위를 인정하지 않겠다는 의사를 재표명한 것이라고 볼 수 있다(여호규, 「6세기말~7세기초 동아시아 국제질서와 고구려 대외정책의 변화」, 26쪽).
46 『隋書』 卷2 帝紀2 高祖下 開皇 12년 1월.
47 『隋書』 卷2 帝紀2 高祖下 開皇 17년 5월.

화이무역華夷貿易을 활발하게 전개하였고 이종족을 통제하였으며 말갈과 거란을 회유·위무하였는데, 이는 요서 일대의 제세력을 수의 국제 질서 안으로 포섭하기 위함이었다.[49] 593년 1월에 있었던 거란, 해奚, 실위室韋 등의 대수對隋 사신 파견은 실제 시랴오허강-따싱안링산맥大興安嶺山脈 일대에 대한 수의 영향력이 본격적으로 부식되고 있음을 보여주는 것이라 하겠다.[50]

고구려는 590년 수문제가 보낸 새서의 내용을 받아들여 요서에서의 세력 확장을 중단하고 있었다. 반면 수는 영주총관부를 통해 요서에 대한 영향력을 더욱 확대하였다. 고구려 입장에서는 수가 견제세력들을 통합하여 외부 위협을 줄이고 내부적으로 힘을 축적하는 모습을 보면서 위협감을 받았을 것이 분명하다.[51] 이러한 상황에서 고구려는 사신 파견이 더 이상 무의미하다고 여겼고 결국 사신 파견을 중단한 것으로 보인다. 즉, 고구려와 수 사이에 있었던 두 번의 외교 단절은 양국의 접경공간이면서 거란과 말갈 등 제종족이 거주하고 있는 요서에 대해 우위를 점하려고 했던 세력 다툼 속에서 이루어졌다고 볼 수 있다.

이와 같이 고구려와 수는 요서의 제종족을 두고 두 번이나 외교를 단절하였다. 그리고 얼마 후에 전쟁을 벌이게 되었는데, 그 서막은 고구려의 요서 공격이었다. 이와 관련한 내용은 아래의 기사에서 확인할 수 있다.

B-① 이듬해(598년)에 (고)원元(영양왕)이 말갈靺鞨의 무리 만여 기騎를 이끌고 요서遼西를 침략하였는데, 영주총관營州總管 위충韋沖이 이들을 공격

---

48 노태돈, 『고구려사연구』, 427쪽.
49 이성제, 『高句麗의 西方政策 硏究』, 189~191쪽.
50 여호규, 「6세기말~7세기초 동아시아 국제질서와 고구려 대외정책의 변화」, 27쪽.
51 김지영, 「7세기 고구려의 대외관계 연구」, 숙명여자대학교 박사논문, 2014, 22쪽.

하여 도망가게 하였다. 고조高祖(수문제)가 듣고 대노하여 한왕漢王 (양)량
諒을 원수元帥로 삼아 수군水軍과 육군을 총괄하여 토벌하게 하였고, 조
서를 내려 그의 작위를 삭탈하였다.[52]

『수서』 권81 열전46 고려

B-② (개황 18년[598] 2월) 고(구)려왕 (고)원元(영양왕)이 말갈靺鞨의 무리 만 여 명을 이끌고 요서遼西를 침략하였는데, 영주총관營州總管 위충韋冲이 이들을 공격하여 도망가게 하였다. 황제(수문제)가 듣고 대노하여 을사乙巳일에 한왕漢王 (양)량諒과 왕세적王世積을 나란히 행군원수行軍元帥로 삼아 수륙 30만을 거느리고 고(구)려를 정벌하게 하였는데, 상서좌복야尙書左僕射 고경高熲을 한왕의 장사長史로 삼고 주라후周羅睺를 수군총관水軍總管으로 삼았다. (…중략…) 6월 병인丙寅일에 조서를 내려서 고(구)려왕 (고)원의 관작을 박탈하였다.[53]

『자치통감』 권178 수기2 문제 개황 18년

기사 B에 따르면 598년 2월 고구려는 말갈 기병을 동원해 요서를 공격하였고, 이를 격퇴한 수는 곧바로 군대를 편성하여 고구려 원정에 나섰다고 한다. 그런데 이 기사를 보면 몇 가지 의문점이 생긴다. 당시 고구려의 병력은 수에 비해 절대적인 열세였는데, 왜 위험을 무릅쓰고 선제공격을 감행하였을까? 그리고 왜 자국의 군대가 아닌 말갈 기병을 동원해 요서를 공격하였을까?

이러한 의문점을 해결하기 위해서는 먼저 수 내부의 상황을 주목할 필

---

[52] 『隋書』 卷81 列傳46 高麗, "明年, 元率靺鞨之衆萬餘騎寇遼西, 營州總管韋沖擊走之. 高祖聞而大怒, 命漢王諒爲元帥, 總水陸討之, 下詔黜其爵位."

[53] 『資治通鑑』 卷178 隋紀2 文帝 開皇 18年, "高麗王元帥靺鞨之衆萬餘寇遼西, 營州總管韋沖擊走之. (…中略…) 乙巳, 上聞而大怒, 以漢王諒·王世積並爲行軍元帥, 將水陸三十萬伐高麗, 以尙書左僕射高熲爲漢王長史, 周羅睺爲水軍總管. (…中略…) 六月 丙寅, 下詔黜高麗王元官爵."

요가 있다고 여겨진다. 고구려가 요서를 공격하기 전 수 조정에서는 이미 고구려 정벌에 대한 논의가 있었다.[54] 그런데 당시에는 정벌 논의만 있었을 뿐 구체적인 원정 준비는 하지 않았던 것으로 추정된다. 그렇게 추정한 이유는 다음과 같다.

첫 번째, 598년 2월 이전에 수가 고구려 원정을 준비하였다는 기록은 어디에서도 찾아볼 수 없다. 두 번째, 기사 B를 보면 한왕漢王 양량楊諒과 왕세적王世積은 고구려의 요서 공격 이후에 원정군의 행군원수行軍元帥로 임명된 것으로 나오는데, 지휘관을 임명하지 않은 채 전쟁 준비를 하고 있었다고 생각하기 어렵다. 세 번째, 수는 동돌궐의 일릭퀸뒤카간啟民可汗과 혼인관계를 맺고 그를 지원하는 과정에서 597년에 투란카간都藍可汗과 타르두쉬카간의 공격을 받고 있었기 때문에 고구려 원정 준비를 할 여력이 없었다. 네 번째, 수가 원정 준비를 하고 있는 상황에서 선제 공격을 가하면 곧 전면전을 의미함을 고구려가 모를 리가 없는데, 후술하겠지만 고구려는 전면전을 할 생각도 그리고 예상도 하지 못하였다. 이러한 점들을 감안하면 수는 고구려가 요서를 공격한 직후인 598년 2월부터 원정 준비를 한 것으로 보인다.

597년 5월 수에 파견한 사신을 통해 수 조정이 원정 논의는 하였지만 원정 준비를 하고 있지 않음을 확인한 고구려는 분명 이에 대한 대책을 강구하였을 것이다. 그리고 그 대책이 바로 요서 공격이었던 것으로 보인다. 그런데 요서 공격과 관련하여 주목해야 하는 점은 고구려가 이를

---

54 『資治通鑑』卷182 隋紀6 煬帝 大業 10년, "開皇之末, 國家殷盛, 朝野皆以高麗爲意. 劉炫獨以爲不可, 作撫夷論以刺之." 이 기사는 598년 즈음의 隋 조정 분위기를 전해주는 기록인데, 고구려의 遼西 공격 이전 상황으로 보는 견해(이성제, 『高句麗의 西方政策 硏究』, 194쪽)와 요서 공격 이후 상황으로 보는 견해(김진한, 「고구려 후기 대외관계사 연구」, 한국학중앙연구원 박사논문, 2010, 142쪽)가 있다.

통해 위기를 타파하고자 하였지만 전면전으로의 확대는 원치 않았다는 것이다. 그렇기 때문에 수가 전쟁 준비를 하고 있지 않은 상황에서 공격하였고, 말갈인으로 구성된 기병 1만 기만 동원하였으며, 후속 공격을 가하지 않았고, 요서 일부 지역이라도 점령할 시도를 하지 않았다. 한편으로는 수가 돌궐의 침입 가능성 때문에 요서 공격에 대한 반격은 할 수 있어도 고구려의 존망을 위협할 정도의 대규모 침공은 하지 않을 것이라는 예상도 했지 않나 싶다.[55] 바로 이러한 계획과 예상 하에 고구려는 요서 공격을 감행하였다고 볼 수 있다.

요서 공격에서 주목해야 하는 또 한 가지는 영양왕嬰陽王(재위 590~618년)이 참전하였다는 것이다. 영양왕은 왜 요서 공격에 참전하였을까? 혹, 수의 주목을 끌기 위해서 참전한 것은 아닐까? 그렇다면 영양왕은 어떤 면을 수에게 보이고 싶었던 걸까? 바로 여기에서 말갈 기병의 동원이 주목된다. 즉, 영양왕은 말갈 기병을 이끄는 모습을 수에게 보이고 싶었다는 것이다.

영양왕이 이끌고 온 말갈 기병의 실체에 대해 돌지계突地稽 이탈 이후 고구려에 복속된 속말말갈로 보는 견해[56]와 백산부白山部가 중심이 된 말갈 제부로 보는 견해[57]가 있다. 백산부 등의 말갈 부족은 오래 전 고구려에 복속된 집단이기 때문에 영양왕이 이들을 이끄는 모습을 수에게 보이는 것은 별 의미가 없다고 여겨진다. 반면 속말말갈은 580년 초반에 고구려에 새롭게 복속된 집단이므로 이들을 이끄는 영양왕의 모습은 수에게 큰 의미로 받아들여 질 수 있다. 즉, 고구려는 요서 공격을 통해 요서

---

55 이성제, 『高句麗의 西方政策 硏究』, 200쪽.
56 임기환, 「7세기 동북아시아 국제질서의 변동과 전쟁」, 62쪽.
57 이정빈, 「고구려-수 전쟁의 배경연구」, 경희대학교 박사학위 논문, 2013, 64쪽.

에서의 수의 세력 확대를 더 이상 용납하지 않겠다는 의사를 보이는 한편,[58] 영양왕이 속말말갈 기병을 거느리는 모습을 수에게 보임으로써 속말말갈이 복속하였음을 확인시키고, 이를 통해 고구려 원정이 만만치 않음을 인식시켜 전면적인 전쟁을 막고자 하였던 것으로 보인다.[59]

이와 같이 고구려는 치밀한 계산 하에 요서를 공격하였지만 영주총관 營州總管 위충韋沖[60]의 활약으로 인해 실패하고 만다. 그리고 전면전으로는 이어지지 않을 것이라는 고구려의 예상과 달리 수는 598년 2월에 군대를 편성하고 고구려 원정에 나섰다. 고구려의 요서 공격으로 인하여 요서에 대한 영향력 확대에 제동이 걸리고, 돌궐과 고구려의 연계 가능성이 확인되면서[61] 결국 원정으로 결론을 내린 것이다.[62]

---

58 이성제, 『高句麗의 西方政策 硏究』, 203쪽.
59 영양왕이 靺鞨 기병을 이끌고 온 이유에 대해 隋와의 대립을 반대한 일부 귀족들의 정치적 압력에서 자유로울 수 있고, 만약 수에서 遼西 공격을 외교적 문제로 삼는다면 말갈과 契丹의 상쟁으로 문제의 소재를 돌려 수와의 전면전을 회피할 구실로 삼기 위해서라고 보는 견해가 있다(이정빈, 「고구려-수 전쟁의 배경연구」, 66쪽). 한편 고구려의 요서 공격에 대해 고구려가 많지 않은 군사를 동원하였고 사료에 구체적인 전투 과정이나 사상자에 대한 언급 없이 단순히 승전하였다는 기록만 있다는 점 등을 들어 전략적 의도가 담겨 있지 않은 소규모 충돌에 불과하다는 견해가 있다(董健, 「試析隋朝首次東征高句麗之原因」, 『通化師範學院學報』 2015-11, 2015, 15쪽). 하지만 고구려가 의도적으로 말갈을 전투에 참전시켰다는 점, 동원된 기병 만여 기가 그리 적지 않은 병력 수라는 점, 영양왕이 직접 군대를 이끌고 지휘하였다는 점 그리고 요서 공격 이후에 수가 고구려 원정을 결정하였다는 점 등을 감안할 때 단순한 소규모 충돌로 보기에는 무리가 있다고 여겨진다(정동민, 「고구려 전쟁사」, 『동북공정 이후 중국의 고구려사 연구 동향-분석과 비판 2007~2015』, 역사공간, 2017, 211쪽).
60 韋沖은 字가 世沖으로, 645년 고구려-당 전쟁 때 餽輸使를 맡으면서 군량을 담당했던 韋挺의 아버지이다. 장성을 축조할 때 징발한 이종족이 도망가는 문제를 해결하고 石州刺史, 南寧州總管, 營州總管 시절에는 이종족의 환심을 사는 등 이종족을 위무하고 제어하는 데 뛰어난 능력을 가지고 있었다.
61 이성제, 『高句麗의 西方政策 硏究』, 203쪽.
62 隋의 契丹 및 靺鞨에 대한 영향력 확대 혹은 營州總管府 설치가 고구려-수 전쟁의 발발 원인이 되었다는 견해는 이미 오래 전부터 제기되었다(末松保和, 「高句麗攻守の形勢」, 『靑丘學叢』 5, 1931 ; 이용범, 「高句麗의 遼西進出 企圖와 突厥」 ; 노태돈, 「高句麗의 漢江流域喪失의 原因에 대하여」, 『한국사연구』 13, 한국사연구회, 1976 ; 김선민, 「高句麗의 隋唐關係硏究-靺鞨을 中心으로」, 『백제연구』 26, 충남대학교 백제연구소, 1985 ; 韓昇, 「隋と高句麗の國際政治關係をめぐって」 ; 이성제, 『高句麗의 西方政策 硏究』). 저자는 이러한 견해를 대체

수 입장에서 보면 고구려-수 전쟁은 먼 길을 떠나야 하는 고된 노정이 었다. 그렇기 때문에 진군 도중 적지 않은 지휘관과 병사가 고구려군과 싸워보지도 못한 채 죽음을 맞이하기도 하였다.[63] 바로 그 고통스러운 원정이 시작된 것이다.

적으로 받아들이면서 이로 인해 양국 간 접경공간이면서 완충지대의 성격을 지녔던 遼西에서 세력 균형이 깨어졌다는 점에 주목하고자 하였다.

[63] 612년 고구려-수 전쟁에 대한 준비가 한창이었던 611년에는 左翊衛將軍 元壽가 涿郡에서 질병으로 죽었다(『隋書』 卷63 列傳28 元壽). 612년 고구려-수 전쟁 때에는 段文振이 행군 중에 병을 얻어 죽었고(『隋書』 卷60 列傳25 段文振), 觀德王雄은 瀘河鎭(『隋書』 卷43 列傳8 觀德王雄), 劉德은 涿郡에서 병을 얻어 죽었다(「劉德 묘지명」). 613년 고구려-수 전쟁 때에는 元□智가 懷遠鎭에서 병을 얻어 죽었고(「元□智 묘지명」), 614년 고구려-수 전쟁 때에는 郭榮이 懷遠鎭에서 죽었다(『隋書』 卷50 列傳15 郭榮).

2장

598년 고구려-수 전쟁의 발발과 전개

1. 수군의 군단 편성과 조직체계

고구려의 요서 공격을 격퇴한 후 고구려 원정을 결심한 수문제는 곧바로 군대를 편성하였고 최고 지휘관인 행군원수로 자신의 아들인 양량과 왕세적을 임명하였다. 『수서隋書』 본기本紀 및 열전列傳 그리고 묘지명墓誌銘 등의 기록에 의하면 이들 이외에도 원수장사元帥長史로 고경高熲, 요동행군총관사마遼東行軍總管司馬로 당직唐直, 원수한왕부사마元帥漢王府司馬로 우문필宇文弼, 군마총관軍馬總管으로 이경李景, 행군총관行軍總管으로 원포元褒, 한승수韓僧壽, 두언杜彦, 장윤張奫 그리고 수군총관水軍總管으로 주라후周羅睺 등이 참전하였고(〈표 1-1〉 참고), 동원한 병력은 육군과 수군水軍을 합쳐 모두 30만이었다.

원정에 참전한 주요 인물들의 관명과 관련하여 주목되는 것은 행군원수와 행군총관의 존재이다. 수 건국 이전 북주의 행군行軍 조직을 보면 대외 원정에 나설 시 행영行營의 최고 지휘관으로 행군원수 혹은 행군총관을 임명하였는데, 병력 규모가 비교적 크거나 친왕親王, 권신權臣 등 중신重臣이 참전하는 경우에는 행군원수를 임명하면서 그 휘하에 여러 행군총관을 두었고, 병력 규모가 작은 출정에는 행군총관을 임명하였다고 한다. 이와 같은 북주시기의 관명이 수군에서도 확인된다는 점에서 수가 북주의 행군 조직을 계승하였음을 알 수 있다.[64]

〈표 1-1〉 598년 고구려-수 전쟁 당시 주요 수군 지휘관

지휘관	주요 활동	출처
唐直	遼東行軍總管司馬로 참전.	「唐直 墓誌銘」
宇文㢸	元帥漢王府司馬로 참전하였다가 行軍總管을 겸함.	『隋書』 卷56 列傳21 宇文㢸
李景	馬軍總管으로 참전.	『隋書』 卷65 列傳30 李景
元褒	行軍總管으로 참전하였다가 柳城에서 회군.	『隋書』 卷50 列傳15 元孝矩弟褒
韓僧壽	行軍總管으로 참전. 철군 후 檢校靈州總管에 임명.	『隋書』 卷52 列傳17 韓擒虎弟僧壽
杜彦	行軍總管으로 참전.	『隋書』 卷55 列傳20 杜彦
張奫	行軍總管으로 참전. 유일하게 온전히 철군하였다고 함.	『隋書』 卷64 列傳29 張奫

598년 고구려-수 전쟁 당시 수군의 군단 편성을 자세히 파악하는 데 있어 많은 시사를 줄 수 있는 사례는 588~589년의 진 원정이 아닐까 싶다. 진 원정 당시 수군의 편성 양상을 보면 수문제의 둘째 아들인 진왕晉王 양광楊廣, 셋째 아들인 진왕秦王 양준楊俊 그리고 청하공淸河公 양소楊素

---

64 季德源,「隋朝軍事機構與職官設置」,『軍事歷史』 1987-6, 1987, 46쪽 ; 孫繼民,『唐代行軍制度研究』, 文津出版社, 1995, 68쪽.

등 3명이 행군원수를 맡고 있었는데, 이 가운데에서도 최고 통수권은 친왕인 양광이 가지고 있었다. 그리고 90명의 총관總管이 있었고 총 병력은 518,000명에 달하였다.[65] 이를 토대로 계산해보면 진 원정 때 각 행군원수 휘하에 약 30명의 총관이 있었고, 각 총관은 약 5~6천 명의 병력을 거느린 것으로 파악할 수 있다.[66]

진 원정을 감안하여 598년 고구려-수 전쟁 당시 수군의 편성 양상을 살펴보면 2명의 행군원수가 있었고 총 병력은 30만 명이었다고 하므로 총관은 약 60명이 있었다고 볼 수 있다.[67] 그리고 최고 통수권은 조신인 왕세적보다는 친왕인 양량이 가지고 있었을 가능성이 더 높다고 여겨진다.[68]

양량은 수문제의 다섯 번째 아들로 591년 한왕에 봉해졌고 592년 옹주목雍州牧을 거쳐 597년 병주총관幷州總管이 되었다.[69] 당시 병주총관부幷州總管府는 양주揚州 · 익주益州 · 형주荊州 총관부와 더불어 4개의 대진大鎭 가운데 하나로서[70] 창장강長江 유역에 위치한 다른 총관부와 달리 북방에 위치하여 돌궐을 방어하는 역할을 하였다.[71] 병주총관부는 그 관할구역이 타이항산太行山 이동以東에서 서해滄海 그리고 남쪽으로는 황허강黃河에 이르며 52주州가 예속되어 있는 등 다른 총관부에 비해 훨씬 광범위하였다. 또한 병주총관은 특별히 편의종사권便宜從事權을 허락받아 율령에 구

---

65 『隋書』卷2 帝紀2 高祖下 開皇 8년 10월, "命晉王廣 · 秦王俊 · 清河公楊素並爲行軍元帥, 以伐陳. (…中略…) 合總管九十, 兵五十一萬八千, 皆受晉王節度."
66 總管이 거느린 병력에 대해 北周의 사례를 들면서 약 5천 명이었다는 견해(김선민, 「隋 煬帝의 軍制改革과 高句麗遠征」, 『東方學志』 119, 연세대학교 국학연구원, 2003, 146쪽), 보병 4천 명과 기병 2천 명이었다는 견해(서인한, 『高句麗 對隋 · 唐戰爭史』, 국방부 군사편찬위원회, 1991, 59쪽)가 있다.
67 50명의 行軍總管이 있었다고 보기도 한다(서인한, 『高句麗 對隋 · 唐戰爭史』, 59쪽).
68 孫繼民, 『唐代行軍制度研究』, 69쪽.
69 『隋書』卷45 列傳10 楊諒.
70 『資治通鑑』卷177 隋紀1 文帝 開皇 15년 10월.
71 孫繼民, 『唐代行軍制度研究』, 72쪽.

애받지 않는 등 그 권한도 막강하였다.⁷² 이러한 병주총관에 양량이 임명되었다는 것은 그에 대한 수문제의 신임이 매우 두터웠음을 보여준다.

양량과 더불어 행군원수로 임명된 왕세적은 580년 위형尉迴이 승상丞相 양견에 반발하여 반란을 일으켰을 때 위효관韋孝寬을 따라 반란을 진압하는 등 북주대부터 두각을 나타냈다. 그는 수 건국 후 진 정벌에 대한 공으로 형주총관荊州總管으로 임명되었고, 597년 계주桂州에서 이종족 출신 이광사李光仕가 반란을 일으켰을 때 행군총관으로 임명되어 반란을 진압함으로써 수문제의 총애를 받았다.⁷³

행군원수인 양량과 왕세적 이외에 수군 내에서 주목할 수 있는 인물은 원수장사로 참전한 고경이다. 고경은 북주대부터 명민하고 재주와 도량이 있으며 병사兵事에 능하고 계략이 많기로 유명했는데, 이에 양견이 직접 승상부丞相府에 발탁하기도 하였다. 고경은 위형이 반란을 일으켰을 때 감군監軍으로 파견되어 어수선한 군 분위기를 수습하고 직접 군사작전에도 개입하며 반란 진압에 큰 공을 세웠다.⁷⁴ 수 건국 후에는 상서좌복야 겸 납언納言, 발해군공渤海郡公 등에 임명되었는데, 조정 내에서 그에 비견할 수 있는 사람이 없을 정도로 막강한 권력을 가지고 있었다고 한다.⁷⁵

한편 고경은 두 차례에 걸쳐 진 원정에 나선 바도 있는데, 582년에는 장손람長孫覽과 원경산元景山, 589년에는 양광과 함께 참전하였다. 아래의 기사는 진 원정 당시 그의 행보를 보여준다.

---

72 『隋書』卷45 列傳10 楊諒, "自山以東, 至於滄海, 南拒黃河, 五十一州盡隸焉. 特許以便宜, 不拘律令."
73 『隋書』卷40 列傳5 王世積.
74 『隋書』卷41 列傳6 高熲 ; 『隋書』卷37 列傳2 李穆兄子詢.
75 『隋書』卷41 列傳6 高熲.

C-① 개황開皇 2년(582년), 장손람長孫覽과 원경산元景山 등이 진陳을 정벌하였다. (고)경頴이 모든 군을 절도節度하였다. 마침 진선제陳宣帝가 죽었는데, (고)경이 예의상 장례시기에 정벌해서는 안된다고 하면서, (수문제에게) 아뢰어 군대를 돌릴 것을 청하였다.[76]

『수서』 권41 열전6 고경

C-② (개황) 9년(589년), 진왕(晉王) (양)광廣이 진陳을 정벌하였는데, 고경高頴이 원수장사元帥長史가 되었다. 삼군三軍의 자문과 보고는 모두 (고)경에게 취하여 결정하게 하였다. 진이 평정되자 진왕이 진주(陳主)의 총애를 받았던 아름다운 장려화張麗華를 첩으로 들이고자 하였는데, (고)경이 "무왕武王은 은殷을 멸망시키고 달기妲己를 베었습니다. 지금 진국陳國을 평정하였으니, 마땅히 (장)려화를 취해서는 안됩니다"라고 말하고, 곧 명을 내려 그녀를 참하였다. (진)왕은 매우 기뻐하지 않았다.[77]

『수서』 권41 열전 제6 고경

기사 C-①은 582년 진 원정에 나섰을 때의 모습을 담고 있는데, 당시 모든 군을 절도節度하였다고 한다. 그리고 장손람과 원경산이 진선제陳宣帝(재위 568~582년)의 죽음을 틈 타 진을 멸망시키자고 하였을 때 '상중에 있는 진을 치는 것은 예의가 아니다'라고 하면서 반대하였고 곧 수문제에게 회군을 청하였는데, 수문제가 이를 받아들임으로써 회군하였다고 한다. 당시 장손람은 동남도행군원수東南道行軍元帥,[78] 원경산은 행군원수였다.[79] 반면

---

76 『隋書』卷41 列傳6 高頴, "開皇二年, 長孫覽·元景山等伐陳. 令頴節度諸軍. 會陳宣帝薨, 頴以禮不伐喪, 奏請班師."
77 『隋書』卷41 列傳6 高頴, "(開皇)九年, 晉王廣大擧伐陳, 以頴爲元帥長史. 三軍諮稟, 皆取斷於頴. 及陳平, 晉王欲納陳主寵姬張麗華, 頴曰, 武王滅殷, 戮妲己. 今平陳國, 不宜取麗華. 乃命斬之, 王甚不悅."
78 『隋書』卷51 列傳16 長孫覽.
79 『隋書』卷39 列傳4 元景山.

고경은 행군원수를 보조하면서 조언을 하거나 군을 관리·감독·감시·통제하였던 감군이었다.[80] 감군으로 참전하였음에도 불구하고 군의 최고 지휘관인 행군원수에 맞먹는 군 통수권과 발언권을 가지고 있었던 것이다.

기사 C-②는 589년 진 원정에 나섰을 때의 모습을 담고 있는데, 진을 멸망시킨 후 양광이 진의 마지막 황제 진숙보陳叔寶(재위 582~589년)의 비인 장려화張麗華를 첩으로 들이고자 하였을 때 주周 무왕武王의 예를 들면서 이를 허용하지 않고 장려화의 목을 베었다고 한다. 전술하였듯이 양광은 당시 군의 최고 지휘관인 행군원수였다. 반면 고경은 행군원수를 보필하는 원수장사에 불과하였지만[81] 그에게 군의 자문과 보고가 집중되었던 것으로 보아 막강한 군사적 권한을 가지고 있었다고 추정된다. 그렇기 때문에 자신보다 직책이 높았던 양광의 의지를 꺾을 수 있었을 것이다.

위의 기사를 종합하면 582년과 589년 진 원정 때 고경은 비록 감군과 원수장사를 맡고 있었지만, 군 최고 지휘관인 행군원수 못지않은 강력한 군 통수권을 가지고 있었다고 볼 수 있다. 한편 수문제는 598년에 고구려 원정군을 편성하면서 행군원수로 양량을 임명하였지만 기사 E에서 보듯이 양량의 나이가 어리고[82] 전쟁 경험도 부족했기 때문에 고경에게 군사 업무를 맡겼다고 한다. 이러한 점들을 감안하면 598년 고구려-수 전쟁 때 고경은 비록 원수장사로 참전하였지만, 행군원수인 양량과 맞먹는 군 통수권을 가지고 있었다고 여겨진다.

80　『隋書』卷51 列傳16 長孫覽.
81　北周시기 尉遲이 반란을 일으켰을 때 韋孝寬이 行軍元帥로 파견되고 李詢은 元帥長史가 되어 '心膂'를 맡았다고 하는데(『隋書』卷37 列傳2 李穆兄子詢), 이로 보아 元帥長史는 행군원수를 보필하는 역할이었던 것으로 추정된다.
82　隋文帝의 둘째 아들인 楊廣이 598년 당시 30세였다는 점을 감안하면서 20세 전후로 추정하기도 한다(김택민, 「麗·隋 力學關係와 戰爭의 樣相」, 『東洋史學研究』 127, 동양사학회, 2014, 253쪽, 각주 76).

2. 수군의 진군 경로와 내부 갈등

598년 2월 수군은 수륙 양면으로 고구려를 향해 진군하였다. 육군은 6월에 임유관臨渝關을 통과하여[83] 유성柳城(랴오닝성 차오양)을 거친 후[84] 요수遼水, 즉 랴오허강을 건너 고구려의 수도인 평양성平壤城으로 진군하고자 하였다(〈자료 1-4〉 참고).[85] 고구려로 진군하는 데 있어 유성을 마지막 거점으로 삼은 것이다. 유성은 고구려의 서쪽 경계인 요수와 상당히 멀리 떨어져 있다. 그럼에도 불구하고 최종 거점으로 삼을 수밖에 없었던 이유는 수가 이우뤼산·다링허강 하류 동쪽 즉, 요서 동부를 세력 범위에 두지 못하였기 때문이라고 볼 수 있다.

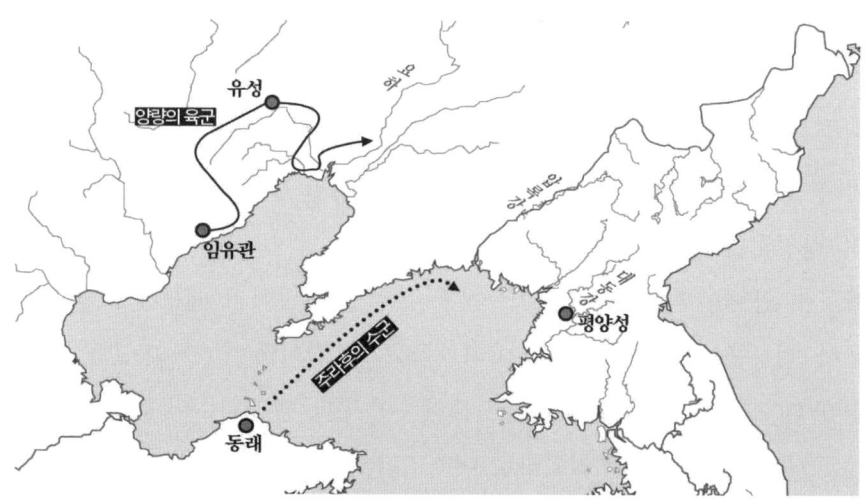

〈자료 1-4〉 598년 고구려-수 전쟁 당시 수군의 진군로

83　臨渝關을 통과하기 전 隋軍의 출발지에 대해 隋의 東都인 洛陽(河南省 洛陽)으로 보기도 한다 (王綿厚·李健才, 동아시아교통사연구회 역, 『고대 동북아시아 교통사』, 주류성, 2020, 249쪽).
84　『隋書』卷50 列傳15 元褒 ; 『隋書』卷55 列傳20 杜彥에서도 이와 같은 隋 육군의 진군로를 확인할 수 있다.
85　『資治通鑑』卷178 隋紀2 文帝 開皇 18년 2·6월.

한편 수군이 통과한 임유관은 당시는 물론 당唐이 고구려 원정에 나섰을 때 요동遼東을 왕래하면서 지났던 관문으로[86] 그 위치에 대해서는 대체로 허베이성河北省 친황다오시秦皇島市의 산해관山海關 부근으로 비정되고 있다.[87] 그렇다면 수군은 산해관과 랴오닝성의 진저우錦州를 잇는 고도古道인 요서주랑遼西走廊을 통해 유성으로 진군하였다고 볼 수 있다(〈자료 1-3〉 참고). 하지만 요서주랑 전체 구간을 이용하여 유성으로 진군하였을지는 의문이다. 요서주랑이 항상 교통을 허락한 도로가 아니었기 때문이다.

요서주랑은 서쪽으로는 산간지대, 동쪽으로는 랴오둥만遼東灣을 끼고 있는데, 207년 조조曹操가 오환烏桓을 정벌하기 위해 오환의 근거지인 유성으로 진군하고자 했을 때 전주田疇가 언급하였듯이 비가 많이 오는 여름이나 가을에는 도로가 빗물에 침수되어 진흙탕으로 변함에 따라 수레와 말이 쉽게 지나갈 수 없었다.[88] 수 육군이 임유관을 통과한 시기는 만주 서남부 일대가 우기雨期로 접어들었던 6월이었다.[89] 이를 감안하면 수 육군은 요서주랑으로 진입한 후 진흙탕으로 변하였을 것으로 추정되는 도로를 피해 또 다른 고도인 육고하六股河 계곡로를 따라 북상하여 유성

---

86 松井等, 심호섭·이남일·이정빈 역, 「수·당 두 왕조의 고구려 원정의 지리」(「隋唐二朝高句麗遠征の地理」, 『滿洲歷史地理』1, 南滿洲鐵道株式會社), 『한국고대사탐구』14, 한국고대사탐구학회, 2013, 287쪽.

87 松井等, 「수·당 두 왕조의 고구려 원정의 지리」, 287~291쪽 ; 孫進己·馮永謙, 『東北歷史地理(2)』, 黑龍江人民出版社, 1989, 200쪽. 한편 『資治通鑑』의 註를 작성한 胡三省은 臨楡關이 柳城에서 서쪽으로 480리 떨어진 곳에 있었다고 기록하였다(『資治通鑑』卷178 隋紀2 文帝 開皇 18년 6월 胡三省 註, "臨渝關, 在柳城西四百八十里, 所謂盧龍之險也.").

88 『三國志』卷11 魏書11 田疇, "時方夏水雨, 而濱海洿下, 濘滯不通, 虜亦遮守蹊要, 軍不得進. 太祖患之, 以問疇. 疇曰, 此道, 秋夏每常有水, 淺不通車馬, 深不載舟船, 爲難久矣." 曹操는 田疇가 알려준 대로 遼西走廊을 이용하지 않고, 오래 전에 끊어진 길을 통해 盧龍 방면으로 나아간 후 柳城으로 진군하였는데, 결국 烏桓을 이끌었던 踏頓을 사로잡음으로써 오환을 궤멸시킬 수 있었다.

89 김택민, 「麗·隋 力學關係와 戰爭의 樣相」, 252쪽.

에 도달하였을 것으로 추정된다.

그런데 유성에 머무르고 있었을 때 내부적으로 문제가 발생하였던 것으로 보인다.

> D-① (수문제가) 한왕漢王 (양)량諒을 원수元帥로 삼아 수군水軍과 육군을 총괄하여 (고구려를) 토벌하게 하였다. (…중략…) 이 때 군량 수송이 이어지지 않아 육군六軍의 먹을 것이 부족하였고, 군대가 임유관臨渝關을 나와서는 다시 전염병이 퍼져서 왕사王師의 군대가 기세를 떨치지 못하였다. (수군이) 요수遼水에 이르자, (고)원元(영양왕) 또한 두려워 사신을 보내어 사죄하고 표문을 올려 '요동遼東 더러운 땅糞土의 신하 원'이라 칭하며 진술했다.[90]
> 『수서』 권81 열전46 고려

> D-② (개황) 18년(598년), (수문제가) 요동遼東(고구려)과의 전쟁 때 (양)량諒을 행군원수行軍元帥로 삼았는데, 무리를 이끌고 요수遼水에 이르러 전염병을 만나 이기지 못하고 돌아왔다.[91]
> 『수서』 권45 열전10 양량

> D-③ 수문제隋文帝대에 (고구려가) 말갈의 무리 1만여 기騎로 요동遼東[92]을 침략하자, 황제가 한왕漢王 (양)량諒을 파견하여 고구려를 토벌하게 하였는데, 요수遼水에 이르러 크게 전염병을 만났고 식량도 부족하였다.[93]
> 『태평환우기』 권173 사이2 고구려국

---

90 『隋書』 卷81 列傳46 高麗, "命漢王諒爲元帥, 總水陸討之. (…中略…) 時饋運不繼, 六軍乏食, 師出臨渝關, 復遇疾疫, 王師不振. 及次遼水, 元亦惶懼, 遣使謝罪, 上表稱, 遼東糞土臣元云云."
91 『隋書』 卷45 列傳10 楊諒, "十八年, 起遼東之役, 以諒爲行軍元帥, 率衆至遼水, 遇疾疫, 不利而還."
92 '遼西'의 오기로 볼 수 있다.
93 『太平寰宇記』 卷173 四夷2 高勾驪國, "隋文帝時, 以靺鞨之衆萬餘騎, 寇遼東, 帝遣漢王諒討之, 次遼水大遭疾疫, 又乏粮."

D-④ 요동遼東(고구려)과의 전쟁 때 (왕)세적世績은 한왕漢王(양량)과 함께 나란히 행군원수行軍元帥가 되었는데, 유성柳城에 이르러 전염병을 만나 돌아왔다.[94]

『수서』 권40 열전5 왕세적

D-⑤ (수문제가) 한왕漢王 (양)량諒과 왕세적王世績을 모두 행군원수行軍元帥로 삼았는데, 수군水軍과 육군 30만을 거느리고 와서 고(구)려를 정벌했다. (…중략…) 한왕 (양)량의 군대는 임유관臨渝關을 나갔는데, 홍수를 만나 군량의 운반이 이어지지 못하자 군중에 식량이 부족해지고 또한 전염병에 걸렸다.[95]

『자치통감』 권178 수기2 문제 개황 18년

기사 D는 수군이 고구려 원정을 떠난 후의 상황을 담고 있다. 우선 기사 D-①과 D-⑤에서 '진군 중에 군량 수송이 이어지지 않아' 어려움을 겪었다는 기록을 볼 때 원정로 상의 일정한 거점에 군량을 미리 옮겨 놓은 것이 아니라 군량 수송대가 후방에서 수군의 진군 경로를 따라 군량을 보급하였다고 추정된다.

위의 기사에서 수군 내 문제가 발생하였음을 엿볼 수 있는 부분은 행군 도중 홍수로 인해 군량 운반이 어려워짐에 따라 군내에 식량이 부족하고 전염병이 유행하는 상황에서 양량과 왕세적이 보여준 행보이다. 양량은 기사 D-②와 D-③에서 보듯이 원래 계획대로 요수로 진군한 반면, 왕세적은 기사 D-④에서 보듯이 유성에서 회군한 것이다.[96] 왕세적 이외에도

---

94 『隋書』 卷40 列傳5 王世積, "及起遼東之役, 世積與漢王並爲行軍元帥, 至柳城, 遇疾疫而還."
95 『資治通鑑』 卷178 隋紀2 文帝 開皇 18년, "以漢王諒·王世積並爲行軍元帥, 將水陸三十萬伐高麗. …… 漢王諒軍出臨渝關, 値水潦, 饋運不繼, 軍中乏食, 復遇疾疫."
96 王世積이 고구려 원정에 참여하기 전 병 치료를 이유로 집에서 쉬고 있었다는 점을 들어 왕세적 개인이 돌아온 것이라는 견해가 있다(김택민, 「麗·隋 力學關係와 戰爭의 樣相」, 253쪽). 그

원포[97] 등 일부 행군총관도 유성에서 회군하였는데, 이를 통해 수의 30만 병력 모두가 요수로 이동한 것이 아님을 알 수 있다. 그렇다면 왜 양량의 군대만 요수로 이동하고, 왕세적의 군대는 회군하였을까?

이와 관련하여 양량과 고경의 갈등 그리고 고경과 왕세적의 관계가 주목된다.

> **E** 요遼(고구려)를 정벌하는 전쟁 때 (고)경頴은 (원정 불가를) 굳게 간하였으나, (수문제는) 따르지 않았다. 군대가 공이 없자, (독고)황후가 황제(수문제)에게 이르기를 "(고)경은 처음부터 가고 싶어 하지 않았는데, 폐하가 강제로 그를 보내니, 첩은 진실로 공이 없을 것임을 알고 있었습니다"라고 말하였다. 또한 황제(수문제)는 한왕漢王(양량)이 나이가 어리다고 여겨 고경에게 군사를 맡겼는데, (고)경은 임무가 크고 무거워 매번 지극히 공정해야 함을 품었고, 스스로 의심하는 마음이 없었으며, (양)량이 하는 말을 대부분 받아들이지 않았다. (양)량이 이를 심하게 원망하여 돌아오자마자 울면서 (독고)황후에게 이르기를 "저는 다행스럽게도 겨우 고경에게 죽는 것을 면했습니다"라고 말하였다.[98]
>
> 『자치통감』 권178 수기2 문제 개황 19년 6월

런데 왕세적이 집에서 쉬고 있었던 이유는 술병 때문이었다. 그리고 전염병은 기사 D-②와 D-③에서 볼 수 있듯이 隋軍 사이에서 유행하고 있었다. 이를 감안하면 기사 D-④에서 전염병에 걸려 회군한 주체는 왕세적 개인이 아닌 그 휘하의 군대였다고 추정된다.

97 『隋書』 卷50 列傳15 元襃, "遼東之役, 複以行軍總管從漢王至柳城而還." 한편 이 기사를 보면 元襃가 楊諒을 따라 나섰다가 柳城에서 돌아왔다고 하므로, 그가 양량 휘하의 行軍總管이며 遼水에 따라가지 않고 후미(유성)에 남았던 것으로 생각할 수도 있다. 그러나 원포가 王世積과 같은 행보를 보였다는 점에서 왕세적 휘하의 행군총관이었다고 추정된다. 그렇다면 기사에 보이는 '漢王'의 부대는 양량의 군대만이 아닌 왕세적의 군대를 포함한 隋軍 전체를 의미한다고 여겨진다. 즉, 수군의 명목상 최고 지휘관이 양량이었기 때문에 수군 전체를 '한왕의 군대'라고 일컬었다는 것이다.

98 『資治通鑑』 卷178 隋紀2 文帝 開皇 19년 6월, "伐遼之役, 頴固諫, 不從. 及師無功, 后言於上曰, 頴初不欲行, 陛下强遣之, 妾固知其無功矣. 又上以漢王年少, 專委軍事於頴, 頴以任寄隆重, 每懷至公, 無自疑之意, 諒所言多不用. 諒甚銜之, 及還, 泣言於后曰, 兒幸免高頴所殺."

기사 E에 따르면 수문제는 598년 고구려 원정의 행군원수로 양량을 임명하였지만, 그의 나이가 어리고 전쟁 경험도 부족했기 때문에 군사 업무를 고경에게 맡겼다고 한다. 그런데 원정 중에 '양량이 하는 말을 고경이 대부분 수용하지 않았다'고 한 것으로 보아 양자 간에 의견 대립이 있었음을 알 수 있는데, 양량이 독고황후에게 "고경에게 죽는 것을 모면하였다"고 말한 것을 보면 심각한 갈등을 빚었던 것으로 보인다.

그들 사이에 있었던 의견 대립에 대해서는 기록이 남아 있지 않아 정확히는 알 수 없다. 다만 그들이 처한 입장이나 보여준 행보를 보면 수군 내에 식량이 부족하고 전염병이 유행하는 상황에서 '계속해서 고구려로 진군할 것인가' 아니면 '회군할 것인가'에 대한 의견 대립이 분명히 있었을 것이라고 생각한다.

양량은 고구려 원정에 대한 의욕이 매우 컸던 인물이었다고 볼 수 있을 듯하다. 598년 고구려-수 전쟁 이전까지 첫째 형인 태자 양용楊勇을 제외한 양량의 형제들 행보를 살펴보면, 먼저 둘째 형인 양광은 581년 병주총관이 되었고 588년 진 원정에서는 행군원수로 참전하여 진을 멸망시키는 데 기여하였다.[99] 셋째 형인 양준은 582년에 하남도행대상서령河南道行臺尙書令과 낙주자사洛州刺史가 되었고 진 원정에서는 행군원수로 참전하여 양광과 함께 진을 멸망시키는 데 기여하였다.[100] 그리고 넷째 형인 양수楊秀는 581년에 익주총관益州總管이 되었다.[101] 즉, 양량의 형제들은 수 건국 초기부터 전공을 세워 일찌감치 두각을 나타내고 있었던 것이다.

---

99 『資治通鑑』卷175 陳紀9 宣帝 太建 13년 2월 ; 卷176 陳紀10 長城公 禎明 2년 10월.
100 『隋書』卷45 列傳10 楊俊.
101 『隋書』卷45 列傳10 楊秀.

이에 반해 양량은 그들에 비해 나이가 어렸기 때문에 592년에서야 옹주목雍州牧에 제수되는 등[102] 다른 형제보다 늦게 관직에 올랐고 전공도 전무하였다. 이러한 그에게 598년 고구려-수 전쟁은 행군원수로서 처음으로 전공을 세울 수 있는 기회였다. 그렇기 때문에 양량은 군내의 식량 부족과 전염병 유행이라는 어려운 상황 속에서도 고구려 원정을 포기하지 않고 무리를 해서라도 강행하고 싶었을 것이다.

반면 고경은 회군을 주장하였을 가능성이 높다. 기사 E에서 볼 수 있듯이 그는 애초에 고구려 원정을 반대하였지만, 수문제의 명령으로 인해 어쩔 수 없이 원정에 참전하였다. 고구려 원정에 대해 불만을 가지고 있었던 그에게 진군 도중에 발생한 군량 부족과 전염병의 유행은 회군을 주장할 수 있는 결정적인 명분이 되었을 것이다.

왕세적의 군대가 유성에서 회군한 이유는 고구려로의 진군을 둘러싼 양량과 고경의 의견 대립 속에서 왕세적이 고경의 의견을 받아들였기 때문이라고 여겨지는데, 양자의 관계를 보면 그럴 가능성은 매우 높다.

> F-① 고경高熲은 그(왕세적)의 재능을 아름답게 여기고, 그를 매우 좋아하였다. 일찍이 (왕세적이) 은밀히 고경에게 "우리는 모두 (북)주周의 신하들인데, 사직이 없어졌으니 어떻게 되겠습니까"라고 말하니, 고경이 그 말을 심하게 막았다.[103]
>
> 『수서』 권40 열전5 왕세적

> F-② (왕세적이) 가까이하고 신임하는 안정安定사람 황보효해皇甫孝諧에게

---

102 『隋書』 卷45 列傳10 楊諒.
103 『隋書』 卷40 列傳5 王世積, "高熲美其才能, 甚善之, 嘗密謂熲曰, 吾輩俱周之臣子, 社稷淪滅, 其若之何, 熲深拒其言."

죄가 있었다. 관리가 그를 잡으려고 하자 (왕)세적世績에게 도망갔다. (왕)세적이 받아들이지 않으니, (황보효해는) 섭섭한 마음이 생겼다. (…중략…) (황보효해는) "(왕)세적이 일찍이 도인道人으로 하여금 귀하게 될 것인지 아닌지 점을 치게 하였는데, 도인이 '공은 마땅히 국주國主가 된다'라고 말하고, 그 부인에게는 '부인은 마땅히 황후가 된다'라고 말하였습니다 (…중략…)"라고 말하였다. 이에 (왕세적은) 소집되어 입조하였고, 그 일을 심리하였다. 유사有司가 아뢰기를 "좌위대장군左衛大將軍 원민元旻, 우위대장군右衛大將軍 원주元冑, 좌복야左僕射 고경高熲 등이 모두 (왕)세적과 교통하였고, 명마名馬를 선물로 받았다"라고 하였다. (왕)세적은 마침내 죄를 받아 목이 베였고, (원)민과 (원)주 등은 면직되었으며, (황보)효해는 대장군大將軍으로 제수되었다.[104]

『수서』 권40 열전5 왕세적

기사 F는 고경과 왕세적의 관계를 보여주는 기록이다. 기사 F-①에 따르면 고경은 왕세적의 재능을 높이 사면서 호감을 가지고 있었다고 한다. 그리고 왕세적이 북주와 관련하여 고경에게 건넨 말은 수에 대한 반역에 해당할 수 있는 매우 위험한 발언이었는데, 왕세적이 고경에게 그러한 말을 할 수 있었던 것은 양자 사이에 두터운 신뢰 관계가 형성되어 있었기 때문이라고 볼 수 있다.

기사 F-②에는 왕세적이 자신의 측근인 황보효해皇甫孝諧의 무고로 인해 죽음을 당했다는 내용이 담겨 있는데, 왕세적의 사건을 심리한 유사有司는 '왕세적이 고경과 왕래하면서 명마名馬를 선물로 주었다'고 보고하였

---

[104] 『隋書』卷40 列傳5 王世積, "其親信安定皇甫孝諧有罪. 吏捕之, 亡抵世積. 世積不納, 由是有憾. (…中略…) 稱, 世積嘗令道人相其貴不, 道人答曰, 公當爲國主. 謂其妻曰, 夫人當爲皇后. (…中略…) 由是被征入朝, 按其事. 有司奏, 左衛大將軍元旻·右衛大將軍元冑·左僕射高熲, 並與世積交通, 受其名馬之贈. 世積竟坐誅, 旻·冑等免官, 拜孝諧爲上大將軍."

다고 한다. 유사의 보고를 통해서도 고경과 왕세적의 긴밀한 관계를 확인할 수 있는 것이다. 이 두 기사를 통해서 고경과 왕세적이 두터운 친분을 바탕으로 긴밀한 관계를 맺고 있었음을 알 수 있다.

즉, 왕세적은 고경과의 긴밀한 관계를 토대로 그의 회군 주장을 동조하였고 결국 회군을 결정한 것으로 보인다. 한편으로는 전쟁에 대한 경험이 양량보다는 고경이 훨씬 많았으므로 고경의 의견을 상당히 신뢰하면서 회군을 결정하였을 것이다. 물론 명목상 최고 지휘관이 양량이었기 때문에 왕세적은 그의 명령을 거부하는 것에 대해 부담이 있었을 것이다. 하지만 전술하였듯이 고경 또한 양량 못지않은 군 통수권을 가지고 있었던 만큼 그 부담은 그리 크지 않았다고 여겨진다.

이와 같이 군대 내 군량 부족과 전염병 유행이라는 상황을 맞아 고구려로의 진군을 둘러싼 양량과 고경의 의견 충돌 속에서 왕세적의 군대는 고경의 의견을 받아들여 유성에서 회군하였지만, 양량의 군대는 기존의 계획대로 고구려로 진군하였다. 그런데 요수에 이르렀을 때 군량 부족과 전염병의 유행이라는 위기에 또다시 봉착하고 말았다. 이런 상황에서 양량은 고구려로의 진군 여부를 고민할 수밖에 없었을 것이다.

한편 수의 수군水軍은 산둥반도山東半島의 동래東萊[105]에서 출발해 보하이만渤海灣의 먀오다오열도廟島列島를 따라 랴오둥반도遼東半島 남단에 이르고, 계속해서 남쪽 연안을 따라 동진하다가 한반도 서해안을 끼고 남하하여 대동강 하구에 이른 후, 강을 거슬러 고구려의 수도인 평양성으로 진입하려 했던 것으로 추정된다.[106] 그러나 거센 바람에 부딪쳐 많은 전

---

105 隋 水軍의 배가 건조되고 대기·출발하였던 곳으로, 水軍의 본부 기지가 있었던 것으로 추정된다. 현재 중국 山東省의 萊州나 登州로 비정되고 있다.
106 김창석, 「고구려-수 전쟁의 배경과 전개」, 『동북아역사논총』 15, 동북아역사재단, 2007, 119쪽 ; 王綿厚·李健才, 『고대 동북아시아 교통사』, 248쪽.

선戰船이 표류하거나 침몰하는 등 어려운 상황을 맞이했다.

이와 같이 수군이 수륙 양면에서 진퇴양난에 빠져 있을 때 고구려는 수에 사죄하는 표문을 올리는 유화책을 선택했다. 그리고 수가 이를 명분으로 9월 기축일己丑(21일)에 철군함으로써[107] 598년 고구려-수 전쟁은 막을 내리게 되었다.

598년 고구려-수 전쟁은 수의 입장에서 볼 때 대실패였다. 그렇다면 수는 왜 원정에 실패하였을까? 먼저 전쟁 준비에 대한 부족을 들 수 있다. 수는 불과 3개월 만에 전쟁 준비를 마치고 고구려 원정에 나섰다. 612년 고구려-수 전쟁 당시 최소 2년 동안 전쟁 준비를 한 것과 비교하면 무척 짧은 기간이라고 볼 수 있다. 수는 조세 물자를 저장하는 창고가 가득 차서 물자를 처마 밑에 두고 한시적으로 세금 징수를 그만둘 만큼 경제력이 풍부하였다.[108] 또한 돌궐을 신복시키고 진을 멸망시켜 중국 대륙

---

[107] 『隋書』卷81 列傳46 高麗 ; 『資治通鑑』卷178 隋紀2 文帝 開皇 18년. 598년 西突厥과 東突厥이 함께 隋의 국경을 침공한 것도 철군을 결정한 배경이 되었을 것이다(김지영, 「7세기 고구려의 대외관계 연구」, 23~24쪽). 한편 중국 사료나 『三國史記』 등의 기록과 달리 고구려군과 수 육군 사이에 전투가 있었고 隋軍이 참패하면서 철군하였다는 주장이 있다. 신채호는 저서인 『조선상고사』에 지금은 전해지지 않고 있는 『西郭雜錄』을 참고하였다고 하면서, 兵馬元帥 姜以式 장군이 이끄는 고구려 水軍이 수의 水軍을 격파하여 수 육군에 대한 보급을 끊었고 이에 퇴각할 수밖에 없었던 수 육군을 고구려군이 추격·격파하면서 철군하였다고 기록하였다. 그러면서 중국 사료에 수군이 스스로 철군하였다고 기록된 것은 중국의 체면을 위해 치욕을 숨기고자 하였던 春秋筆法 때문이라고 주장하였다(신채호, 『조선상고사(단재신채호전집 제1권 역사)』, 독립기념관 한국독립운동사연구소, 2007, 773쪽). 이와 같은 주장은 북한학계와 한국학계의 일부 연구자 사이에서 받아들여지고 있다(김복순, 「고구려 대수·당 항쟁전략 고찰」, 『軍史』 12, 국방부 군사편찬연구소, 1986, 96쪽 ; 변희룡, 「第1次 高隋戰爭(臨渝關 戰捷)에서의 장마」, 『대기』 9, 한국기상학회, 1999 ; 이종학, 『한국군사사연구』, 충남대학교 출판부, 2010, 159~160쪽). 중국학계에서는 거의 다루지 않다가 최근에 이를 받아들이는 연구가 있었다(侯波, 「隋煬帝攻伐高句麗」, 『世界博覽』 2008-10, 2008, 52~53쪽). 또한 신채호의 주장을 소개하면서도 唐이 수의 패배 원인에 대해 역량이 아닌 기후 등의 요소 때문에 어쩔 수 없이 철군하였다고 감싸줄 이유가 없고 당시 원정에 참전하였던 지휘관에 대한 처벌 기록이 없다는 점 등을 들어 전투 없이 철군하였다는 중국 사료의 기록을 신빙할 수 있다는 연구도 있다(董健, 「楊諒東征高句麗失敗原因探析」, 『東北史地』 2015-4, 2015, 52쪽).

[108] 『隋書』 卷24 志19 食貨.

을 통일함으로써 군사력에 대한 자신감도 충만하였다. 아마도 이러한 상황은 고구려를 가볍게 여기는 오만함을 불러 일으켰을 것이다. 이로 인해 정보 수집 등 전쟁 준비를 치밀하게 하지 않고 야욕만으로 원정에 나섬으로써 패배로 이어졌다고 볼 수 있다.

다음으로 원정 시기를 잘못 택했다. 수가 본격적으로 고구려 원정에 나섰던 기간은 6~9월이었다. 그런데 임유관을 통과했던 6월은 전술하였듯이 만주 서남부 일대가 우기로 접어드는 시기였고, 이후 9월까지는 폭염기였다. 수는 고구려 진군로 상에 군수 보급을 위한 군사기지를 두지 않았기 때문에 애초부터 군수 보급 및 운반의 어려움을 감수해야만 했다.[109] 그런데 장마를 맞아 도로가 침수하자 행군 속도는 더욱 느려졌고 물자 수송도 원활하게 이루어지지 못했다. 이로 인해 애초에 계획했던 원정 일정보다 길어졌고 이에 따라 더 많은 군수물자가 필요해졌는데, 짧은 시간동안 전쟁을 준비하면서 필요한 물자를 충분히 확보하지 못하였기 때문에 군사들은 군량 부족으로 인한 굶주림에 허덕이게 되었다. 이러한 상황 속에서 장마가 끝나고 바로 폭염기가 시작되면서 군사들은 더욱 힘들어졌고 군의 사기 저하로 이어져 패배할 수밖에 없었다.

한편 수군의 원정 실패에 대해 원정 시기를 잘못 택해서가 아니라 '날씨'라고 하는 어쩔 수 없는 변수 때문이었다고 보기도 한다. 그러나 전쟁은 기본적으로 당사자가 판단하고 수행하는 행위이다. 그러므로 전쟁 수행과정에서 나올 수 있는 '날씨'라고 하는 변수 또한 당사자가 판단하여 대처해야 한다. 즉, 전쟁에 대한 책임은 궁극적으로 수행하는 당사자에게 있는 것이지 날씨로 돌려서는 안된다는 것이다.

---

[109] 이정빈, 「고구려-수 전쟁의 배경연구」, 95쪽.

598년 수의 고구려 원정 실패 요인으로 앞서 제기했던 것과 같이 전쟁 준비 부족 및 원정 시기의 오판 등을 들 수 있지만, 원정 실패의 피해를 키운 요인은 수군 지휘관인 행군원수 양량의 무능함과 욕심이었다. 앞서 검토한 바와 같이 양량은 나이가 어리고 전투 경험도 없는 등 군사적 능력이 떨어졌다.[110] 하지만 그는 지휘관으로서 전공을 세우겠다는 욕심으로 군사적 능력이 뛰어난 고경과 왕세적의 의견을 무시하고 무리하게 원정을 감행했다. 이로 인해 더 많은 사상자가 발생하였던 것이다.

598년 고구려의 요서 공격과 곧바로 이어진 수문제의 고구려 원정은 고구려와 수의 첫 군사적 충돌, 즉 고구려-수 전쟁의 시작이었다. 고구려는 수와의 전면전을 막고자 요서를 선제 공격하였고 이에 예상치 못한 수의 대규모 침공을 맞이하기도 하였지만, 결과적으로 전면전까지는 이어지지 않으면서 위기를 벗어날 수 있었다.

---

[110] 604년 楊諒은 隋煬帝에 반발하여 30만 대군을 거느리고 반란을 일으켰는데, 정확한 결정을 내리지 못했고 유능한 신하의 건의도 받아들이지 않음으로써 불과 1개월여 만에 楊素의 군대에게 패하면서 항복하였다(董健, 「楊諒東征高句麗失敗原因探析」, 53쪽). 이는 양량의 무능함을 단적으로 보여주는 예라고 하겠다.

2부

7세기 초 고구려와 수 사이의 전운과 수군의 편성

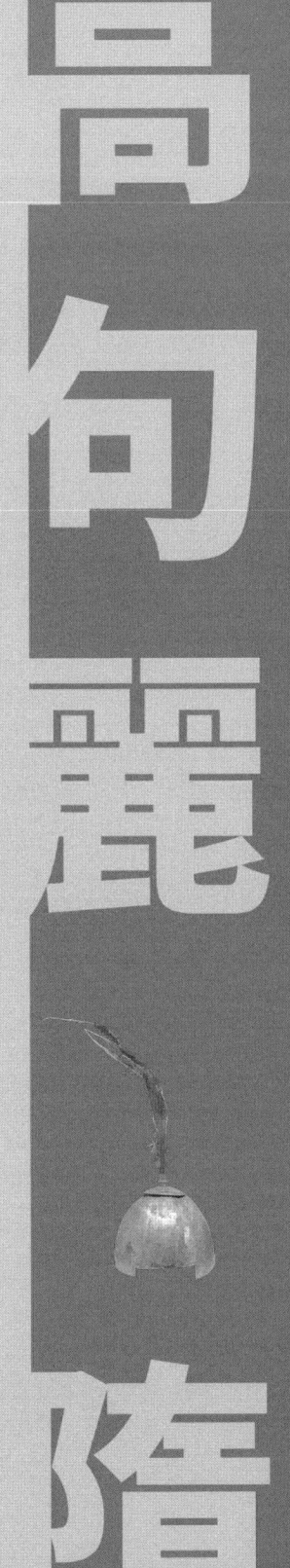

1장

7세기 초 동아시아 국제 정세의 변동과 수의 고구려 원정 준비

1. 고구려의 대수對隋 대비와 수양제의 고구려 원정 결심

598년 고구려-수隋 전쟁은 고구려가 수에 사죄하는 표문을 올리면서 종결되었다. 그리고 수가 예전과 같이 고구려를 대우하고 고구려가 수에 사신을 파견함에 따라[1] 우호관계를 회복하였다. 특히 수는 백제 위덕왕威德王(재위 554~598년)이 고구려 정벌을 요청했을 때 '고구려가 죄를 자복하여 용서하였다'라는 명목으로 거절하면서 원정 의사가 없음을 명확히 하였는데,[2] 이는 돌궐突厥과 교전하고 있는 상황에서 고구려까지 적으로 돌릴 수 없었기 때문이었다.[3]

---

[1] 『隋書』卷81 列傳46 高麗 ; 『資治通鑑』卷178 隋紀2 文帝 開皇 18년 9월 ; 『三國史記』卷20 高句麗本紀8 嬰陽王 9년 9월.

[2] 『隋書』卷81 列傳46 百濟 ; 『資治通鑑』卷178 隋紀2 文帝 開皇 18년 9월 ; 『三國史記』卷20 高句麗本紀8 嬰陽王 9년 9월.

고구려는 비록 수와의 우호관계를 회복하였지만 수의 재침에 대비하는 모습을 보여주었는데, 600년 1월에『신집新集』편찬을 통해[4] 민의 단합과 애국심 고양을 이끌어내는 한편[5] 군사・외교적 강구책을 마련하였다. 고구려는 603년에 신라의 북한산성北漢山城[6]을 공격하였고[7] 607년에는 백제의 송산성松山城과 석두성石頭城[8]을 공격하였으며[9] 608년에는 신라의 북쪽 변경을 급습하고[10] 우명산성牛鳴山城[11]을 함락시키는[12] 등 백제와 신라에 대해 군사 공격을 감행하였다. 백제와 신라는 수에 여러 차례 사신을 보내 우호관계를 맺고자 하였고, 고구려와 수가 대립하고 있었을 때

---

3 여호규,「6세기말~7세기 초 동아시아 국제질서와 고구려 대외정책의 변화」,『역사와 현실』46, 한국역사연구회, 2002, 29쪽.
4 『三國史記』卷20 高句麗本紀8 嬰陽王 11년 정월.
5 김복순,「고구려 대수・당 항쟁전략 고찰」,『軍史』12, 국방부 군사편찬연구소, 1986, 96쪽.
6 서울특별시 광진구 광장동에 위치한 아차산성에서 '北', '漢', '漢山', '北漢山城'명 기와가 출토된 것을 볼 때 북한산성은 아차산성으로 추정된다(최종택,「아차산성에 대한 고고학적 조사 성과와 과제」,『사총』81, 고려대학교 역사연구소, 2014, 32쪽 ; 윤성호,「아차산성 출토 명문기와를 통해 본 新羅 下代의 北漢山城」,『韓國史學報』74, 고려사학회, 2019, 308쪽).
7 『三國史記』卷20 高句麗本紀8 嬰陽王 14년 ; 卷4 新羅本紀4 眞平王 25년 8월.
8 당시 신라의 한강유역 점유로 인해 고구려와 백제가 국경을 접하지 않았다는 점을 감안하면 고구려는 해로를 통해 松山城과 石頭城을 공격하였다고 여겨진다(김지영,「7세기 고구려의 대외관계 연구」, 숙명여자대학교 박사논문, 2014, 59쪽). 그렇다면 송산성과 석두성은 백제의 북쪽 해안지대에 있었다고 추정되는데, 대체로 충청남도 당진 일대로 비정되고 있다(정동준,「7세기 전반 백제의 대외정책」,『역사와 현실』46, 한국역사연구회, 2002, 62쪽 ; 김수태,「삼국의 외교적 협력과 경쟁-7세기 신라와 백제의 외교전을 중심으로」,『신라문화』46, 동국대학교 신라문화연구소, 2004, 30쪽).
9 『三國史記』卷20 高句麗本紀8 嬰陽王 18년 5월 ; 卷27 百濟本紀5 武王 8년 5월.
10 『三國史記』卷20 高句麗本紀8 嬰陽王 19년 2월 ; 卷4 新羅本紀4 眞平王 30년 2월.
11 牛鳴山城의 위치에 대해 '牛鳴'과『新增東國輿地勝覽』卷49 安邊都護府 古跡條에 나오는 '鐵垣戌'이 공통적으로 '쇠울'을 훈차하였다는 점을 감안하여 함경남도 안변으로 비정하는 견해(정구복・노중국・신동하・김태식・권덕영,『역주 삼국사기(3)-주석편(상)』, 한국학중앙연구원 출판부, 2014, 544쪽), 당시 고구려와 신라의 경계를 북한강으로 파악하면서 강원도 춘천으로 비정하는 견해(서영일,「6~7世紀 高句麗 南境 考察」,『고구려연구』11, 고구려연구회, 2001, 37쪽), 北漢山州 관내와 比列城(함경남도 안변군)을 신라가 차지하였다는 점을 감안하여 광주산맥 이남의 경기 동북부 내지 춘천으로 비정하는 견해(장창은,『고구려 남방 진출사』, 경인문화사, 2014, 307쪽) 등이 있다.
12 『三國史記』卷20 高句麗本紀8 嬰陽王 19년 4월 ; 卷4 新羅本紀4 眞平王 30년 4월.

에는 수의 편을 들면서 고구려 원정을 요청하거나 군사 파병을 제안하기도 하였다.[13] 고구려는 백제와 신라에 대해 군사적 압박을 가함으로써 차후 수와 전쟁을 벌일 때 백제·신라와 수의 연결 가능성을 차단하고[14] 배후를 안정시키고자 하였던 것이다.

반면 왜倭 및 돌궐과는 외교적 교섭을 시도하였다. 고구려는 한반도에서의 신라 팽창을 견제하려는 목적에서 570년대부터 왜에 사신을 파견하여 우호관계를 맺고자 하였다. 특히 양국 관계는 595년 왜로 건너간 고구려 승려 혜자惠慈가 성덕태자聖德太子의 스승이 되고 20년간 왜에서 활동하면서 크게 진전되기 시작하였는데,[15] 600년 이후에는 왜로 건너간 승려나 화사畵士가 고구려 지지 기반을 확대하는 데 토대가 되었다.[16] 고구려는 이들을 통한 왜와의 관계 개선을 바탕으로 수와 연결된 신라를 견제하여 남방 전선의 긴장을 완화시키고자 하였다. 또한 수에 사신을 파견하도록 유도함으로써 고구려 정벌 의중 등 여러 정보를 얻고자 하였다.[17] 돌궐에 대해서는 비록 수의 영향력 하에 놓여 있었지만, 돌궐의 세력 범위 안에 있었던 지역과 그 주변 제종족이 수로 이탈하는 것을 막기 위해 사신을 보내 우호적인 관계를 맺고자 하였다.

한편 수에서는 604년 수문제隋文帝에 이어 수양제隋煬帝(재위 604~618년)가 즉위하였다. 수양제는 황제로 즉위하기 전 수문제의 적자인 양용楊勇이

---

13 『隋書』卷81 列傳46 百濟 ; 『三國史記』卷27 百濟本紀5 武王 8년 3월·12년 2월 ; 卷4 新羅本紀4 眞平王 30년·33년 2월.
14 정동준, 「7세기 전반 백제의 대외정책」, 62쪽 ; 김수태, 「삼국의 외교적 협력과 경쟁-7세기 신라와 백제의 외교전을 중심으로」, 30쪽 ; 김지영, 「7세기 고구려의 대외관계 연구」, 28쪽.
15 임기환, 「7세기 동북아시아 국제질서의 변동과 전쟁」, 『전쟁과 동북아의 국제질서』, 일조각, 2006, 64쪽.
16 김지영, 「7세기 고구려의 대외관계 연구」, 78쪽.
17 김지영, 「7세기 고구려의 대외관계 연구」, 82쪽.

태자에서 폐위되면서 그 자리에 올랐는데, 이를 둘러싸고 폐태자 반대파와 찬성파 사이에 분쟁이 발생하였다.[18] 그리고 그가 황제에 즉위한 뒤에는 수문제의 다섯 번째 아들인 양량楊諒이 그의 황위 계승을 반대하면서 반란을 일으켰다.[19] 즉, 수양제는 황위 계승의 정통성 한계를 실감하면서 즉위한 것이다.

수양제는 즉위 후 여러 정책들을 시행하였다. 먼저 605년에 독자적으로 지방의 군사를 담당했던 총관부總管府를 폐지하고 총관總管의 절도를 받았던 군부軍府들을 중앙 12위衛에 분속시켰다. 그리고 지방에서 사적인 무력집단을 거느리거나 상당한 영향력을 가진 토호土豪들을 관직에 제수함으로써 국가의 통제 하에 흡수·편제시켰다.[20] 무인武人세력의 군권을 회수하여 정치 중심에서 배제하고 지방 무력집단을 군주의 충군忠軍으로 재조직하고자 한 것이다.[21]

그리고 606년 4월에는 대업大業 율령을 반포하였다. 현재 대업 율령의 전모는 알 수 없다. 다만 군신 간의 엄격한 예를 확립하고 귀족의 음서와 특권을 일부 제한하는 내용이 담겨져 있었을 것으로 추정된다.[22] 같은 해 7월에는 승진시켜야 할 관리가 있으면 겸직이나 임시직을 내리고 결원이 생기면 보충하지 않기로 결정하기도 하였다.[23]

605~606년에 실시된 일련의 정책에는 기본적으로 수양제의 문무 귀족

18	박한제, 「七世紀 隋唐 兩朝의 韓半島 進出 經緯에 대한 一考」, 『東洋史學硏究』 43, 동양사학회, 1993, 13~14쪽.
19	『隋書』 卷3 帝紀3 煬帝上 仁壽 4년 8월 ; 卷45 列傳10 楊諒.
20	菊池英夫, 김선민 역, 「부병제도의 전개」, 『세미나 隋唐오대사』, 서경문화사, 2005, 234쪽 ; 김선민, 「隋 煬帝의 軍制改革과 高句麗遠征」, 『東方學志』 119, 연세대학교 국학연구원, 2003, 153쪽.
21	김선민, 「隋 煬帝의 軍制改革과 高句麗遠征」, 154쪽.
22	김선민, 「隋 煬帝의 軍制改革과 高句麗遠征」, 181쪽.
23	『資治通鑑』 卷180 隋紀4 煬帝 大業 2년 7월.

에 대한 견제가 담겨 있다고 볼 수 있다. 즉, 수양제는 이러한 정책을 통해 문무 귀족의 권력을 약화시키고 황제 중심의 집권화를 강화함으로써 황위 계승과정에서 불거져 나온 정통성 논란을 잠재우고자 했던 것이다.

한편 수양제는 607년에 돌궐 순행을 나서기도 하였다. 돌궐 순행은 돌궐과 반란세력의 연합 가능성 그리고 돌궐의 세력 확장을 확인한 수양제가 돌궐을 견제하기 위해서 606년 일릭퀸뒤카간啟民可汗에게 장성 밖으로 이주할 것을 명령하지만, 일릭퀸뒤카간이 이를 거부하면서 이루어졌다.[24] 수양제는 순행에 나서면서 무려 50여만 명이라는 대규모 군사를 동원하였다. 이는 군사적으로 돌궐을 압박하겠다는 의도로 볼 수 있으나, 한편으로는 50여만 명이라는 병력의 정점에 수양제 자신이 있음을 문무 관료들에게 보여주려는 의도 또한 담겨 있다고 볼 수 있다. 즉, 수양제는 돌궐 순행을 통해 자신의 군사적 위상을 드러냄으로써 황제 중심의 집권화를 강화하고자 했던 것이다.

일릭퀸뒤카간의 장막을 방문한 수양제는 그 곳에서 뜻밖의 인물과 마주치게 된다. 바로 고구려 사신이었다. 그리고 고구려 사신에게 황문시랑黃門侍郎 배구裵矩의 조언대로 고구려왕의 입조를 요구하고 '만약 입조하지 않는다면 일릭퀸뒤카간과 함께 고구려를 정벌하러 가겠다'고 협박을 가하였다.[25] 비록 돌궐이 수에 완전히 복속되었고 일릭퀸뒤카간이 스스로 고구려의 사신을 수양제에 소개함으로써 수에 종신하고 고구려와 연대하지 않을 것임을 확인시켜 주었지만,[26] 장성 밖으로의 이주를 두고 돌

---

24 정재훈, 『돌궐유목제국사』, 사계절, 2016, 266쪽.
25 『隋書』卷3 帝紀3 煬帝上 大業 3년 8월 ; 卷67 列傳32 裵矩 ; 卷84 列傳49 突厥 ; 『資治通鑑』卷181 隋紀5 煬帝 大業 6년 12월.
26 이정빈, 「고구려-수 전쟁의 배경연구」, 경희대학교 박사학위 논문, 2013, 102・107쪽 ; 이성제, 「高句麗와 투르크계 北方勢力의 관계-이해의 방향과 연구방법에 대한 모색」, 『고구려발해연구』

궐과 갈등이 야기될 수 있는 상황에서 혹여 돌궐이 고구려와 연합을 맺는다면 수에 있어서 커다란 위협이 될 수 있었다. 이에 수양제는 고구려 정벌의 필요성을 강하게 느꼈을 것으로 추정된다.

한편 수양제가 고구려 원정을 결심한 보다 근본적인 배경은 대외정책의 변화 속에서 찾을 수 있다. 수문제의 기본적인 대외정책은 돌궐을 약화시키고 진을 평정하는 '사해평일四海平一'이었다. 그런데 수양제가 '사이주토四夷誅討'로 대외정책을 전환하였다. 그는 605년에 임읍林邑을 경략하였고, 609년에는 토욕혼吐谷渾 등 서역을 평정하면서 '사이주토'를 전개하였다. 그리고 607년의 돌궐 순행도 홍기할 조짐이 보였던 돌궐을 수의 영향력 하에 묶어 두려는 정책의 일환이었다. 고구려 또한 수에 항복하지 않는 한, 수양제의 '사이주토' 정책에서 예외적인 존재가 될 수 없었던 것이다.[27]

2. 수의 고구려 원정 준비

돌궐 순행을 마친 후 고구려 원정을 결심한 수양제는 598년 고구려-수 전쟁의 실패를 거울삼아 장기간에 걸쳐 체계적으로 준비를 하였다. 먼저 풍부한 군수물자의 필요성을 인식하면서 608년에 양쯔강揚子江 유역의 물자를 동북지역으로 운송하기 위한 운하를 건설했다. 즉, 바이허강白河, 황허강黃河, 웨이수강淮水, 양쯔강, 치안탕강錢塘江 등 5개의 강을 세로로 연결하는 대운하를 건설하여 항저우杭州에서 탁군涿郡 부근에 이르는 대수로를 구축하고자 것이다.[28] 군마軍馬를 확보하는 데에도 심혈을 기울였

52, 고구려발해학회, 2015, 156쪽.
27 여호규, 「6세기말~7세기 초 동아시아 국제질서와 고구려 대외정책의 변화」, 21~22쪽.

는데, 산동山東에서 군마를 길러서 군역軍役에 공급케 하거나[29] 부인富人에게 군마를 사들이게 하고는 헌납토록 하였다. 또한 전투 장비를 대거 제작함은 물론, 병장기 관리에 소홀한 자를 즉시 처형하라고 명령할 만큼 병장기 수선에도 심혈을 기울였다. 그리고 탁군에 행궁行宮인 임삭궁臨朔宮을 건설하여 고구려 원정의 대본영大本營으로 삼았다.[30]

611년 2월 수양제가 강도江都에서 통제거通濟渠를 통해 탁군에 도착한 후 고구려를 토벌하겠다는 조서를 내리면서[31] 전쟁 준비가 보다 본격화되었다. 수는 2월에 동래東萊에서 배 300척을 건조하였다. 4월에는 창장강江과 웨이수강淮 이남에서 수수水手 10,000명과 노수弩手 30,000명 그리고 영남嶺南에서는 배찬수排鑽手[32] 30,000명을 징발하였다. 5월에는 융거戎車 5만 승을 제작하여 고양高陽으로 보낸 후 군사들로 하여금 갑옷이나 천막 등을 싣고 오도록 하였다. 그리고 7월에는 영제거永濟渠를 통해 여창黎倉과 낙구洛口의 창고에 있던 미곡을 탁군으로 보냈고,[33] 다시 최전방 군수물자 보급기지인 노하진瀘河鎭(랴오닝성[遼寧省] 진저우[錦州] 일대)[34]과 회원진懷

---

28 宮崎市定, 임준혁·박선희 역, 『중국중세사』, 신서원, 1996, 261~262쪽.
29 『資治通鑑』 卷181 隋紀5 煬帝 大業 7년 12월.
30 『隋書』 卷24 志19 食貨 大業 6년.
31 『隋書』 卷3 帝紀3 煬帝上 大業 7년 2월.
32 『資治通鑑』의 註를 작성한 胡三省은 排鑽에 대해 '작은 槊'이라고 기록하였다(『資治通鑑』 卷181 隋紀5 煬帝 大業 7년 4월 胡三省 註, "鑽, 小矟也.").
33 606년 隋煬帝는 鞏縣 동남쪽에 洛口倉을 건설하였는데, 창고의 둘레가 20여 리에 이르렀다고 한다. 그리고 움 3천여 개가 있었는데, 한 개의 움마다 8천 석을 넣을 수 있었다고 한다(『資治通鑑』 卷180 隋紀4 煬帝 大業 2년 9월).
34 대체로 瀘河를 강의 이름으로 보고 大淩河 혹은 小淩河 하류로 파악하면서 그 인근인 遼寧省 錦州나 錦縣 일대로 비정하고 있다(松井 等, 「隋唐二朝高句麗遠征の地理」, 『朝鮮歷史地理(1)』, 南滿洲鐵道株式會社, 1913, 379~380쪽 ; 王綿厚, 「唐"營州至安東"陸軍交通地理考實」, 『遼海文物學刊』1986-1, 1986, 79쪽 ; 이정빈, 「6세기 후반~7세기 초반 고구려의 서방 변경지대와 그 변화-요서 고구려의 邏와 수의 鎭·戍를 중심으로」, 『역사와 현실』 82, 한국역사연구회, 2011, 120~122쪽 ; 이성제, 「高句麗의 西部 國境線과 武厲邏」, 『大丘史學』 113, 대구사학회, 2013, 14쪽).

遠鎭(랴오닝성 베이진[北鎭] 일대)³⁵으로 옮겼다.³⁶ 598년 고구려-수 전쟁 당시 수군은 군량 수송대를 따로 편성하여 군의 이동 경로를 따라 가면서 군량을 보급하였다가 장마와 홍수라는 변수를 만나면서 원활한 군량 수송이 이루어지지 않아 결국 철군할 수밖에 없었다. 이를 목도했던 수양제는 전쟁이 시작되기 전 미리 노하진과 회원진에 군량을 비축하고, 수군이 그 곳을 지날 때 군량을 지급함으로써 원활한 보급을 꾀하고자 했던 것이다.

한편 수는 위와 같은 고구려 원정 준비를 하고 있는 상황에서 고구려군과 전투를 벌이기도 하였다.

> **A-①** 대업大業 5년(609년) 천자天子(수양제)의 수레가 서쪽으로 순행하며 새외塞外에 위세를 떨쳤다. 공(두로실)은 이때 융戎을 복속시키는 데 참여하였다. (…중략…) 천자가 동이東夷(고구려)에 죄를 묻고자 하여, 거친 들판朔野에 병사를 주둔시켰는데, 공(두로실)을 좌左 제2군第二軍 해명도海冥道 부장副將으로 삼아 금병禁兵을 맡도록 하였다. 공(두로실)은 서리와 이슬을 뒤집어쓰고, 군사들에게 솔선수범하였다. 군정軍井의 물을 마시지 않았고, 장수의 일신을 펴지 않았으며, 위무하고 격려하니, 사람들은 충성을 다하기로 생각하였다. 이 때 6군軍이 공격하고 칠췌七萃가 동시에 분격

---

35 당시 朝陽-義縣-錦州-北鎭-遼陽으로 이어지는 교통로, 唐代에 설치된 懷遠守捉의 위치, 612년 고구려-수 전쟁 당시 懷遠鎭에서 遼東城으로 진군하였다는 점, 645년 고구려-당 전쟁 당시 唐軍의 甬道 등을 감안하면서 베이진시 남쪽-遼中縣 일대(金毓黻, 동북아역사재단 역, 『東北通史(下)』, 동북아역사재단, 2007, 484~485쪽 ; 王綿厚, 「唐"營州至安東"陸軍交通地理考實」, 78~79쪽), 베이진시 남쪽-臺安縣 일대(이정빈, 「6세기 후반~7세기 초반 고구려의 서방 변경지대와 그 변화-요서 고구려의 邏와 수의 鎭·戍를 중심으로」, 118~120쪽), 베이진시-랴오양시 일대(劉向東, 「隋唐東征相關地理問題考辨」, 『軍事歷史研究』 2015-6, 2015, 62쪽) 등 대체로 遼寧省 베이진시 일대(이성제, 「高句麗의 西部 國境線과 武厲邏」, 14쪽)로 비정하고 있다.

36 611년 2월~7월에 이루어진 隋軍의 고구려 원정 준비과정은 『資治通鑑』 卷181 隋紀5 煬帝 大業 7년 2월~7월조를 참고하기 바란다.

하여 오랑캐를 이겼는데, 뛰어난 공이 있을 것임은 예견된 일이었다. (수양제가) 공(두로실)을 평가하여 조서를 내려 금자광록대부金紫光祿大夫를 주었다. (…중략…) 그 해 8월 4일 군막에서 죽으니, 나이 60세였다.[37]

「두로실 묘지명」

A-② 이듬해(611년) (이경이) 고구려 무려성武厲城을 공격하여 격파하였다. (수양제는) 원구후苑丘侯 관작을 수여하고, 비단 1천 필을 주었다.[38]

『수서』 권65 열전30 이경

기사 A-①에는 두로실豆盧實이란 인물의 행적이 담겨 있다. 기사에 따르면 그는 자신이 이끄는 부대와 함께 거친 들판朔野에 주둔하면서 고구려군과 전투를 벌여 승리를 거두었고, 그 해 군막에서 사망하였다고 한다. 그가 고구려군과 전투를 벌였다는 내용은 대업大業 5년 즉, 609년 수양제의 서역 순행에 참여하였다는 내용 다음에 기술되어 있다. 그리고 대업 5년 다음에 새로운 기년은 보이지 않고 '그 해에 죽었다'라는 기록을 볼 때 두로실은 609년에 죽었다고 여겨지는데, 그렇다면 고구려군과 전투를 벌인 시기는 609년이라고 볼 수 있다.[39] 한편 두로실은 고구려군

---

37 「豆盧實 墓誌銘」, "大業五年, 輿駕西巡, 積威塞外, 公時預服戎. (…中略…) 天子問罪東夷, 陳兵朔野, 以公爲左第二軍海冥道副將, 猶典禁兵. 公蒙犯霜露, 率先士卒. 軍井不飲, 將蓋靡張, 撫而勉之, 人思效節. 於是, 六軍臨道, 七萃同奮, 剋殄夷醜, 預有英勳. 以平道功, 詔授金紫光祿大夫. (…中略…) 以其年八月四日, 卒於軍幕, 春秋六十." 墓誌銘의 원문은 高鐵泰·高然, 「≪豆盧實墓誌≫與北朝隋唐豆盧氏家族」, 『齊魯學刊』 2015-3, 2015, 52~53쪽 ; 한국학중앙연구원출판부 편집부, 『중국 소재 한국 고대 금석문』, 한국학중앙연구원 출판부, 2015, 156쪽을 참고하였다. 해석하는 데 있어 이정빈 선생님의 도움을 많이 받았다.
38 『隋書』 卷65 列傳30 李景, "明年, 攻高麗武厲城破之. 賜爵苑丘侯, 物一千段."
39 豆盧實이 군대를 이끌고 고구려군과 전투를 벌인 시기와 사망 시기가 609년이었는지에 대해서 의심의 여지가 없는 것은 아니다. 609년 隋煬帝의 순행을 보면 3월에 떠나 5월에는 吐谷渾 원정에 나섰고 9월에서야 마치게 되는데, 순행에 따라나선 두로실이 토욕혼을 공격하는 대신 고구려를 공격하였고 8월에 군막에서 죽었다고 한다면 다소 어색한 전개일 수 있다. 그리고 고구려군과의 전투 및 사망 기사가 609년 순행 참여 기사와 大業 9년(613년) 河南郡 河南縣으로의

과 전투를 벌이고 있었을 당시 좌左 제2군第二軍 해명도海冥道 부장副將이었다고 하는데, 해명도는 612년 고구려-수 전쟁 당시 수군에 편제되었던 좌 제3군第三軍 명해도군溟海道軍과 관련이 있는 것으로 보인다. 그렇다면 수는 609년 이전 혹은 그 즈음에 이미 고구려 원정을 위한 군단 편성을 하고 있었다고 볼 수 있다.

  이와 같이 609년에 두로실이 이끄는 수군과 고구려군이 전투를 벌였음을 알 수 있는데, 전투를 벌였다는 '거친 들판'은 어디일까? 구체적인 위치까지는 알 수 없지만, 대략적인 범위는 어느 정도 파악이 가능하지 않을까 싶다. 두로실이 고구려군과의 전투에서 승리한 후 군막에서 사망하였다는 점을 볼 때 그가 이끄는 부대는 고구려군에게 승리한 이후에도 그 곳에 계속 주둔하였던 것으로 추정된다. 그렇다면 고구려의 영토일 가능성은 희박하다. 그리고 당시 수는 이우뤼산醫巫閭山(〈자료 2-1〉)·다링허강大陵河 하류의 서쪽, 즉 요서遼西 서부에 영향력을 미치고 있었다.[40] 이를 감안하면 두로실의 군대가 주둔하였다는 '거친 들판'은 고구려의 서쪽 경계인 랴오허강遼河과 이우뤼산·다링허강 하류의 동쪽 사이, 즉 요서 동부에 있었을 가능성이 높다. 다시 말해 수는 609년에 요서 동부에서 고구려군과 전투를 벌여 승리하고, 군대를 계속 주둔시키면서 이 일대에 영향력을 미쳤던 것이다.

    歸葬 기사 사이에 있는데, "天子가 東夷에 죄를 묻고자 하여(天子問罪東夷)" 앞에 '대업 8년(612)'이라는 기년을 삽입하면 내용상이나 연대상으로 어색함이나 오류를 찾을 수 없다. 그렇기 때문에 '대업 8년'이라는 기년이 누락되었을 가능성을 상정할 수 있지만, 墓誌銘에서도 가장 중요한 내용이라고 할 수 있는 피장자의 사망 연도를 누락했다고 보기 힘들다고 여겨지므로 609년으로 보고자 한다.

40 이정빈, 『고구려-수 전쟁 : 변경 요서에서 시작된 동아시아 大戰』, 주류성, 2018, 137쪽.

〈자료 2-1〉 이우뤼산의 원경

　기사 A-②에는 이경李景이라는 인물의 행적이 담겨 있는데, 611년에 고구려의 무려성武厲城을 공격하였다고 한다. 무려성의 위치와 수군의 공격 의도에 대해, 랴오닝성 베이진시 랴오툰향蓼屯鄕에 위치한 대량갑촌大亮甲村유적지로 보면서 수군의 최종 군수물자 보급기지인 회원진과 가깝기 때문에 수가 최전방에서의 안정적인 군량 보급을 위해 공격한 것이라는 견해가 있다.[41] 반면 612년 고구려-수 전쟁 당시 수가 차지하였다는 요수遼水 서쪽의 무려라武厲邏로 보면서 랴오허강 도하의 발판을 마련하기 위해 공격한 것이라는 견해가 있다.[42]

　무려성의 위치와 수군의 공격 의도가 정확히 무엇이었는지는 판단하기 어려우나, 무려성이 요서의 동부에 위치하고 있었다는 것은 의심의

41　이성제, 「高句麗의 西部 國境線과 武厲邏」, 15~16쪽.
42　이정빈, 『고구려-수 전쟁 : 변경 요서에서 시작된 동아시아 大戰』, 205쪽.

여지가 없다고 여겨진다. 그렇다면 기사 A-①에 보이는 수군과 고구려군의 전투와 비교해볼 때 전장이 요서 동부였다는 공통점이 있다. 즉, 수는 609~611년에 요서 동부에서 고구려군과 전투를 벌였던 것이다. 기사 A 이외에도 고구려가 수의 진鎭·수戍를 공격하는 등 양국은 612년 이전에 요서에서 국지전을 전개하였다.[43]

1부 1장에서도 언급하였듯이 요서는 고구려와 수 사이의 접경공간으로 제종족이 거주하고 있었다. 양국은 요서의 제종족에 대해 영향력을 미침으로써 상대를 견제하고자 하였는데, 6세기 후반경에는 이우뤼산·다링허강 하류 일대를 경계로 서부는 수, 동부는 고구려가 영향력을 행사하였다.[44] 이와 같은 상황에서 609~611년에 수가 요서 동부에서 고구려군과 전투를 벌인 것은 전쟁이 본격적으로 전개되기 전 요서 동부에 강한 영향력을 미침으로써, 군량 보급 등 전쟁 수행에 있어 유리한 국면을 조성하기 위해서라고 볼 수 있다. 결국 이를 토대로 수는 노하진과 회원진을 최전방 군수물자 보급기지로 활용하면서 안정적인 군량 보급을 꾀할 수 있었다.[45]

---

[43] 이정빈, 『고구려-수 전쟁 : 변경 요서에서 시작된 동아시아 大戰』, 181~185쪽.
[44] 이정빈, 『고구려-수 전쟁 : 변경 요서에서 시작된 동아시아 大戰』, 76~77쪽.
[45] 수가 大陵河 하류-醫巫閭山 동쪽으로 진출하여 懷遠鎭과 瀘河鎭을 설치한 시기는 대체로 603~604년경으로 추정된다(이정빈, 『고구려-수 전쟁 : 변경 요서에서 시작된 동아시아 大戰』, 130~133쪽).

수의 원정군 편성

1. 수군의 군단 구성과 병력

수는 고구려 원정을 위한 제반 준비를 하면서 군단 편성에도 심혈을 기울였는데, 방대한 병력을 동원하였을 뿐만 아니라 체계적으로 조직하였다. 종래 수군의 병력 규모나 군단 편성과 관련하여 아래의 기사들이 주목을 받았다.

> B-① (대업 8년[612] 춘정월) 임오壬午일에 (수양제가) 조서를 내려 말하기를 "(…중략…) 좌左 제1군은 누방도鏤方道, 제2군은 장잠도長岑道, 제3군은 명해도溟海道, 제4군은 개마도蓋馬道, 제5군은 건안도建安道, 제6군은 남소도南蘇道, 제7군은 요동도遼東道, 제8군은 현도도玄菟道, 제9군은 부여도扶餘道, 제10군은 조선도朝鮮道, 제11군은 옥저도沃沮道, 제12군은 낙랑도

樂浪道로 나아가라. 우右 제1군은 점제도黏蟬道, 제2군은 함자도含資道, 제3군은 혼미도渾彌道, 제4군은 임둔도臨屯道, 제5군은 후성도候城道, 제6군은 제해도堤奚道, 제7군은 답돈도踏頓道, 제8군은 숙신도肅慎道, 제9군은 갈석도碣石道, 제10군은 동이도東暆道, 제11군은 대방도帶方道, 제12군은 양평도襄平道로 나아가라. (…중략…) 또 창해도군滄海道軍은 주로舟艫가 1,000리이고, 높은 돛은 번개가 내달린 듯하며, 거대한 전함은 구름처럼 날아가, 패강浿江을 가로질러 곧장 평양으로 나아갈 것이다. (…중략…)" 모두 1,133,800명이었는데, 200만이라고도 일컬었으며, 군량을 나르는 자는 그 배가 되었다. 계미癸未일에 제1군이 출발하였는데, 40일에야 마쳤고, 군사 출발이 다하니, 깃발이 천리에 뻗쳤다.⁴⁶

『수서』 권4 제기4 양제하 대업 8년 춘정월

B-② (대업 7년[611년])⁴⁷ 매일 한 군이 출발하였고, 서로 간의 거리는 40리였으며, 군영을 연이어 점진적으로 진군하였고, 24일 동안 계속 출발하여 끝났다. 선두와 후미가 서로 이어져서 북과 호각소리가 서로 들리고 깃발이 960리에 뻗쳤다. 천자天子 6군軍이 다음으로 출발하였는데, 두 부대가 앞뒤로 배치되어 또한 80리에 뻗쳤다. 여러 도道의 합은 30군이고, 1,040리에 뻗쳤다. (…중략…) 어영御營 안에서 12위衛·3대臺·5성省·9시寺를 합하여, 모두 내內·외外·전前·후後·좌左·우右 6군에 나누어 예속시키고, 또한 각기 군호軍號를 쓰며, 스스로 대성대성臺省을 말할 수 없

---

46 『隋書』卷4 帝紀4 煬帝下 大業 8년 춘정월, "壬午, 下詔曰, (…中略…) 左第一軍可鏤方道, 第二軍可長岑道, 第三軍可冥海道, 第四軍可蓋馬道, 第五軍可建安道, 第六軍可南蘇道, 第七軍可遼東道, 第八軍可玄菟道, 第九軍可扶餘道, 第十軍可朝鮮道, 第十一軍可沃沮道, 第十二軍可樂浪道. 右第一軍可黏蟬道, 第二軍可含資道, 第三軍可渾彌道, 第四軍可臨屯道, 第五軍可候城道, 第六軍可提奚道, 第七軍可踏頓道, 第八軍可肅慎道, 第九軍可碣石道, 第十軍可東暆道, 第十一軍可帶方道, 第十二軍可襄平道. (…中略…) 又滄海道軍舟艫千里, 高帆電逝, 巨艦雲飛, 橫斷浿江, 逕造平壤. (…中略…) 總一百一十三萬三千八百, 號二百萬, 其餽運者倍之. 癸未, 第一軍發, 終四十日, 引師乃盡, 旌旗千里."

47 大業 7년(611년)으로 기록되어 있으나, 大業 8년(612년)의 일이다.

게 하였다.⁴⁸

『수서』 권8 예의3 대업 7년

B-③ (대업 8년[612] 춘정월) 임오壬午일에 (수양제가) 조서를 내려 좌익左翼 12군은 누방鏤方·장잠長岑·명해溟海·개마蓋馬·건안建安·남소南蘇·요동遼東·현도玄菟·부여扶餘·조선朝鮮·옥저沃沮·낙랑樂浪 등의 도道로 나아가게 하고, 우익右翼 12군은 점제黏蟬·함자含資·혼미渾彌·임둔臨屯·후성候城·제해堤奚·답돈踏頓·숙신肅慎·갈석碣石·동이東暆·대방帶方·양평襄平 등의 도道로 나아가게 하였으며, 서로 끊임없이 길을 이어 평양에 모두 집합하게 하였다. 총 1,133,800명이었고, 200만이라고도 일컬었으며, 군량미를 나르는 자는 그 배가 되었다. (…중략…) 계미癸未일에 제1군이 출발하였고, 매일 1군씩 보냈는데, 서로 간의 거리는 40리였으며, 군영을 연결하여 점진적으로 진군하였고, 40일 만에 출발하는 것이 마침내 다하였다. 선두와 후미가 서로 이어져서 북과 호각소리가 서로 들리고 깃발이 960리에 뻗쳤다. 어영御營 안에서는 12위衛·3대臺·5성省·9시寺를 합하여, 내內·외外·전前·후後·좌左·우右 6군에 나누어 예속시켰으며, 차례로 출발하니, 또한 80리에 걸쳐 있었다.⁴⁹

『자치통감』 권181 수기5 양제 대업 8년 춘정월

기사 B-①·②·③을 종합해 본다면, 수군은 크게 육군과 수군水軍으로

---

48 『隋書』 卷8 禮儀3 大業 7년, "於是每日遣一軍發, 相去四十里, 連營漸進, 二十四日續發而盡. 首尾相繼, 鼓角相聞, 旌旗亘九百六十里. 天子六軍次發, 兩部前後先置, 又亘八十里. 通諸道合三十軍, 亘一千四十里. (…中略…) 御營內者, 合十二衛·三臺·五省·九寺, 並分隸內·外·前·後·左·右·六軍, 亦各題其軍號, 不得自言臺省."

49 『資治通鑑』 卷181 隋紀5 煬帝 大業 8년 춘정월, "壬午, 詔左十二軍出鏤方·長岑·溟海·蓋馬·建安·南蘇·遼東·玄菟·扶餘·朝鮮·沃沮·樂浪等道, 右十二軍出黏蟬·含資·渾彌·臨屯·候城·提奚·蹋頓·肅慎·碣石·東暆·帶方·襄平等道, 駱驛引途, 總集平壤. 凡一百一十三萬三千八百人, 號二百萬, 其餽運者倍之. (…中略…) 癸未, 第一軍發, 日遣一軍, 相去四十里, 連營漸進, 終四十日, 發乃盡. 首尾相繼, 鼓角相聞, 旌旗亘九百六十里. 御營內合十二衛·三臺·五省·九寺, 分隸內·外·前·後·左·右六軍, 次後發, 又亘八十里."

이루어져 있었다. 각 군에 대해 보다 자세히 살펴보면, 먼저 육군은 24군과 천자天子 6군軍으로 편성되어 있었다. 그 가운데 24군은 다시 좌左·우右익翼 각각 12군으로 나누어져 있는데, 좌익左翼에는 제1군 누방도군鏤方道軍, 제2군 장잠도군長岑道軍, 제3군 명해도군溟海道軍, 제4군 개마도군蓋馬道軍, 제5군 건안도군建安道軍, 제6군 남소도군南蘇道軍, 제7군 요동도군遼東道軍, 제8군 현도도군玄菟道軍, 제9군 부여도군扶餘道軍, 제10군 조선도군朝鮮道軍, 제11군 옥저도군沃沮道軍, 제12군 낙랑도군樂浪道軍 등이 있었고, 우익右翼에는 제1군 점제도군黏蟬道軍, 제2군 함자도군含資道軍, 제3군 혼미도군渾彌道軍, 제4군 임둔도군臨屯道軍, 제5군 후성도군候城道軍, 제6군 제해도군堤奚道軍, 제7군 답돈도군踏頓道軍, 제8군 숙신도군肅慎道軍, 제9군 갈석도군碣石道軍, 제10군 동이도군東暆道軍, 제11군 대방도군帶方道軍, 제12군 양평도군襄平道軍 등이 있었다. 그리고 천자 6군으로는 내군內軍, 외군外軍, 전군前軍, 후군後軍, 좌군左軍, 우군右軍 등이 있었다.

〈표 2-1〉 612년 고구려-수 전쟁 당시 수 육군 24군의 편성 현황

군명	군명 유래	주요 지휘자	관직	관등	전거
좌1군	鏤方道	낙랑군 속현	미상[50]			
좌2군	長岑道	낙랑군 속현	樊子蓋	大將	攝左武衛將軍	『隋書』 樊子蓋
좌3군	海冥道	낙랑군 속현				
좌4군	蓋馬道	현도군 속현	吐萬緖	大將	左屯衛大將軍	『隋書』 吐萬緖
좌5군	建安道	고구려 지명				
좌6군	南蘇道	고구려 지명	段文振	大將	左候衛大將軍, 兵部尙書	『資治通鑑』 大業 8년

50　612년 고구려-수 전쟁 당시 遼水전투에서 전사한 麥鐵杖을 鏤方道軍의 지휘관으로 보기도 한다(서인한, 『高句麗 對隋·唐戰爭史』, 국방부 군사편찬위원회, 1991, 68쪽 ; 임용한, 『한국고

군	도	지명	인명	직책	관직	출전	비고
좌7군	遼東道	고구려 지명	荊元恒	大將	左驍衛大將軍	『資治通鑑』	大業 8년
			觀德王雄	大將	檢校左翊衛大將軍	『隋書』	觀德王雄
좌8군	玄菟道	현도군	辛世雄	大將	右屯衛將軍	『資治通鑑』	大業 8년
좌9군	扶餘道	고구려 지명	宇文述	大將	左翊衛大將軍	『隋書』	宇文述
좌10군	朝鮮道	낙랑군 속현					
좌11군	沃沮道	옛족속명	薛世雄	大將	右翊衛將軍	『隋書』	薛世雄
좌12군	樂浪道	낙랑군	于仲文	大將	右翊衛大將軍	『隋書』	于仲文
			劉士龍	慰撫使	尙書右丞	『隋書』	于仲文
우1군	黏蟬道	낙랑군 속현	미상[51]				
우2군	含資道	낙랑군 속현	미상[52]				
우3군	渾彌道	낙랑군 속현	李景			『隋書』	李景
우4군	臨屯道	현도군 속현					
우5군	候城道	요동군 속현					
우6군	提奚道	낙랑군 속현					
우7군	踏頓道	요서 지명	史祥	大將	左驍衛將軍	『隋書』	史祥
우8군	肅愼道	옛족속명	楊義臣		太僕卿	『隋書』	楊義臣
우9군	碣石道	요서 지명	趙(孝)才			『隋書』	趙才
우10군	東暆道	낙랑군 속현	陸知命	受降使者	治書侍御史	『隋書』	陸知命
우11군	帶方道	낙랑군 속현					
우12군	襄平道	요동군 속현	張瑾	大將	右御衛將軍	『資治通鑑』	大業 8년

대전쟁사(2)』, 혜안, 2012, 79쪽).

51 612년 고구려-수 전쟁 당시 增地道軍을 이끌었던 衛玄을 黏蟬道軍의 지휘관으로 보기도 한다(서인한, 『高句麗 對隋·唐戰爭史』, 69쪽 ; 임용한, 『한국고대전쟁사(2)』, 79쪽).

52 612년 고구려-수 전쟁 당시 遂城道軍을 이끌었던 崔弘昇을 含資道軍의 지휘관으로 보기도 한다(서인한, 『高句麗 對隋·唐戰爭史』, 69쪽 ; 임용한, 『한국고대전쟁사(2)』, 79쪽).

24군의 군명軍名을 살펴보면 낙랑군樂浪郡 관련 지명 11개, 현도군玄菟郡 관련 지명 3개, 요동군遼東郡 관련 지명 2개, 고구려 지명 4개, 기타 4개 등이 확인되는데, 한漢대 속현의 지명을 붙인 군명이 많음을 알 수 있다 (〈표 2-1〉 참고). 한편 후술하겠지만 24군 가운데 평양성平壤城으로 곧바로 진군하고자 했던 별동대에 참여한 군으로 부여도군, 요동도군, 옥저도군, 현도도군, 양평도군, 갈석도군 등이 확인되는데,[53] 각 군명이 가리키는 지역과 진군 방향이 맞지 않는다. 이로 볼 때 군명은 당시 행군의 실제 목표지점을 지칭하기보다는 각 군을 표시하기 위한 것이었다고 여겨진다.[54] 그렇다면 군명으로 이러한 지명을 붙인 것은 공격 목표를 선명히 하고 군사들의 사기를 북돋우기 위해서였다고 추정된다.[55] 천자 6군의 경우 그 명칭과 '어영御營 안에 12위衛·3대臺·5성省·9시寺[56]를 합쳐서 내內·외外·전前·후後·좌左·우右 6군에 나누어 예속시켰다'는 기사 B-②·③을 참고할 때 수양제와 문무백관을 호위하던 군대로 추정된다.[57]

기존 연구를 보면 기사 B-①·②·③의 기록을 토대로 수 육군이 '24군+천자(어영[御營]) 6군'으로 편성되었다고 보는 것이 통설이었다. 612년 고구려-수 전쟁을 살펴보는 데 있어 가장 기본적인 사료인 『수서隋書』 본기本紀와 예의지禮儀志 그리고 『자치통감資治通鑑』을 바탕으로 수군의 군단 편성을 이해했던 것이다.

---

53 기사 C-①을 참고하기 바란다.
54 이병도, 『국역 삼국사기』, 을유문화사, 2005, 455쪽, 각주 18).
55 김창석, 「고구려-수 전쟁의 배경과 전개」, 『동북아역사논총』 15, 동북아역사재단, 2007, 121쪽.
56 12衛는 左·右翊衛, 左·右驍(騎)衛, 左·右武衛, 左·右屯衛, 左·右御衛, 左·右候衛, 3臺는 謁者臺, 司隸臺, 御史臺, 5省은 尙書省, 門下省, 內史省, 秘書省, 殿內省, 9寺는 太常寺, 光祿寺, 衛尉寺, 宗正寺, 太僕寺, 大理寺, 鴻臚寺, 司農寺, 太府寺이다(『隋書』 卷28 志23 百官下).
57 寧志新·喬鳳岐, 「隋煬帝首征高句麗軍隊人數考」, 『河北師範大學學報』 2004-1, 2004, 124쪽.

그런데 과연 기존의 통설대로 수 육군이 '24군+천자 6군'으로 편성되어 있었을까? 다음의 기사들은 기존의 통설과 배치되는 상황을 전해주고 있다.

> C-① (대업 8년[612년] 6월) 좌익위대장군左翊衛大將軍 우문술宇文述은 부여도扶餘道로 나아가고, 우익위대장군右翊衛大將軍 우중문于仲文은 낙랑도樂浪道로 나아가고, 좌효위대장군左驍衛大將軍 형원항荊元恒은 요동도遼東道로 나아가고, 우익위대장군右翊衛大將軍 설세웅薛世雄은 옥저도沃沮道로 나아가고, 우둔위장군右屯衛將軍 신세웅辛世雄은 현도도玄菟道로 나아가고, 우어위장군右御衛將軍 장근張瑾은 양평도襄平道로 나아가고, 우무후장군右武候將軍 조효재趙孝才는 갈석도碣石道로 나아가고, 탁군태수涿郡太守 검교좌무위장군檢校左武衛將軍 최홍승崔弘昇은 수성도遂城道로 나아가고, 검교우어위호분랑장檢校右御衛虎賁郎將 위문승衛文昇은 증지도增地道로 나아가서 모두 압록수鴨綠水 서쪽에서 모였다.[58]
>
> 『자치통감』 권181 수기5 양제 대업 8년 6월

> C-② (대업 7년[611년]), 황제(수양제)가 몸소 무절武節을 잡아 요좌遼左(고구려)를 정토하였는데, 그(범안귀)를 원사元師로 삼으려다가, 재주가 없다하여 하지 않았다. 공(범안귀)에게 험독도險瀆道를 통솔하게 하니, 승리의 전략을 품었다.[59]
>
> 「범안귀 묘지명」

---

58 『資治通鑑』卷181 隋紀5 煬帝 大業 8년 6월, "左翊衛大將軍宇文述出扶餘道, 右翊衛大將軍于仲文出樂浪道, 左驍衛大將軍荊元恒出遼東道, 右翊衛將軍薛世雄出沃沮道, 右屯衛將軍辛世雄出玄菟道, 右御衛將軍張瑾出襄平道, 右武候將軍趙孝才出碣石道, 涿郡太守檢校左武衛將軍崔弘昇出遂城道, 檢校右御衛虎賁郎將軍文昇出增地道, 皆會於鴨綠水西."

59 「范安貴 墓誌銘」, "七年, 皇帝躬秉武節, 致討遼左, 謀彼元師, 非才莫居. 以公統險瀆道, 用懷勝略." 墓誌銘의 원문은 한국학중앙연구원출판부 편집부, 『중국 소재 한국 고대 금석문』, 195쪽을 참고하였다.

C-③ (유원은) 요동遼東(고구려)과의 전쟁 때 영좌효위장사領左驍衛長史로서 개모도蓋牟道 감군監軍이 되었고 조청대부朝請大夫 겸 치서시어사治書侍御史로 제수되었다. 우문술宇文述 등 9개 군이 패하자 황제(수양제)가 (유)원으로 하여금 그 옥사를 심리하게 하였다.⁶⁰

『수서』 권71 열전36 유원

C-④ (이민은) 고구려 정벌에 종군하였는데, 영신성도군장領新城道軍將으로 광록대부光祿大夫가 더해졌다. (대업) 10년(614년) 황제(수양제)가 다시 요동遼東(고구려)을 정벌하였는데, (이)민을 여양黎陽에 보내 운송을 감독하게 하였다.⁶¹

『수서』 권37 열전2 이민

C-⑤ (양언광은) 요동遼東(고구려)과의 전쟁에서 영무분랑장領武賁郎將이었다가, 얼마 지나지 않아 본관 겸 검교태부本官兼檢校太府·위위이소경衛尉二少卿이 되었다. 이듬해 또 영무분랑장으로 노룡도盧龍道 군부軍副가 되었다. 그 때 양현감楊玄感이 반란을 일으켰다.⁶²

『수서』 권73 열전38 양언광

먼저 기사 C-①에는 612년 고구려-수 전쟁 당시 요동성遼東城 공략이 여의치 않은 상황에서 수군이 평양성으로 곧장 진군시킬 목적으로 편성한 별동대에 대한 기록이 담겨 있는데, 별동대로 참전하였던 군대가 언급되어 있다. 그런데 별동대로 참전하였다는 9개 군 가운데 수성도군遂城道軍

---

60 『隋書』 卷71 列傳36 遊元, "遼東之役, 領左驍衛長史, 爲蓋牟道監軍, 拜朝請大夫兼治書侍御史. 宇文述等九軍敗績, 帝令元按其獄."
61 『隋書』 卷37 列傳2 李敏, "從征高麗, 領新城道軍將, 加光祿大夫. 十年, 帝復征遼東, 遣敏於黎陽督運."
62 『隋書』 卷73 列傳38 梁彦光, "遼東之役, 領武賁郎將, 尋以本官兼檢校太府·衛尉二少卿. 明年, 又領武賁郎將, 爲盧龍軍副. 會楊玄感作亂."

과 증지도군增地道軍은 기사 B-①·③에 보이는 24개의 군명에서 볼 수 없다. 기사 C-②에서는 범안귀范安貴라는 인물이 험독도군險瀆道軍으로 참전하였다는 기록이 보이고, 기사 C-③에서는 유원遊元이라는 인물이 개모도군蓋牟道軍으로 참전하였다는 기록이 보이는데, 험독도군과 개모도군 또한 기사 B-①·③에 보이지 않는 군명이다. 수성遂城과 증지增地는 낙랑군의 속현, 험독險瀆은 요동군의 속현, 개모蓋牟는 고구려의 지명으로 확인되는 만큼, 기사 B-①·③에 보이는 군명과 겹칠 가능성은 없다고 여겨진다. 그렇다면 기사 C-①·②·③에 보이는 4개 군은 24군 외의 별개 군이라고 볼 수 있다.

기사 C-④에서는 이민李敏이라는 인물이 신성도군新城道軍 소속으로 고구려 원정에 참전하였다는 기록이 있지만, 정확히 언제 참전하였는지는 알 수 없다. 다만 대업 10년, 즉 614년 고구려-수 전쟁에 참전하였다는 기록 앞에 기술되었다는 점에서 612년 혹은 613년 고구려-수 전쟁이었다고 볼 수 있다.

기사에 따르면 이민은 신성도군의 '군장軍將'으로 참전하였다고 한다. 한편 수군 각 군 최고 지휘관의 관명과 관련하여 612년 고구려-수 전쟁 때에는 '대장大將'이었지만 그 이후에 '군장'으로 개칭되었다는 견해가 있는데,[63] 이 견해를 따른다면 이민은 612년이 아닌 613년 고구려-수 전쟁에 참전하였다고 볼 수 있다. 하지만 양의신楊義臣,[64] 왕인공王仁恭,[65] 설세웅薛世雄[66] 등의 행적이 담겨 있는 『수서』 열전列傳을 보면 이들이 612년

---

63 孫繼民, 『唐代行軍制度硏究』, 文津出版社, 1995, 71쪽.
64 『隋書』卷63 列傳28 楊義臣, "其後復征遼東, 以軍將指肅愼道. 至鴨綠水, 與乙支文德戰, 每爲先鋒, 一日七捷. 後與諸軍俱敗, 竟坐免."
65 『隋書』卷65 列傳30 王仁恭, "遼東之役, 以仁恭爲軍將. 及帝班師, 仁恭爲殿, 遇賊, 擊走之."
66 『隋書』卷65 列傳30 薛世雄, "遼東之役, 以世雄爲沃沮道軍將, 與宇文述同敗績於平壤."

고구려-수 전쟁 때 '군장'으로 참전하였다고 나온다. 그러므로 '군장'이라는 관명이 붙었다고 해서 무조건 613년 고구려-수 전쟁에 참전하였다고 보는 것은 곤란하다. 다만 저자도 612년 고구려-수 전쟁 이후에 각 군 최고 지휘관의 관명이 '군장'으로 개칭되었다고 생각되는데, 그렇다면 왜 『수서』 열전에는 612년 고구려-수 전쟁에 참전한 인물에게도 '군장'이란 관명이 붙었을까? 아마도 『수서』 열전의 찬자가 612년 고구려-수 전쟁 이후에 개칭된 '군장'이란 관명을 612년 고구려-수 전쟁에도 소급하였기 때문이라고 여겨진다.

군명에 보이는 신성新城은 고구려의 성곽으로 현재 랴오닝성 푸순撫順에 위치한 고이산성高爾山城으로 비정되고 있다. 고이산성은 랴오둥遼東에서 훈허강渾河 - 쑤즈허강蘇子河 - 훈장강渾江 - 신카이허강新開河을 거쳐 고구려의 두 번째 수도인 국내성國內城에 이르는 고구려 초기 이래의 오랜 교통로 상에 위치하고 있는데,[67] 랴오둥평원遼東平原에서 압록강 중류로 진입할 수 있는 길목일 뿐만 아니라 여러 방면으로 나아갈 수 있는 전략적 요충지였다.[68] 그러므로 신성新城은 4세기 이래 고구려의 가장 중요한 성곽 가운데 하나로서 문헌에도 자주 등장하였다.[69] 이러한 신성의 중요성을 볼 때 612년 고구려-수 전쟁 당시 편성된 군대의 군명으로 쓰기에 전혀 부족함이 없다고 여겨진다.

기사 C-⑤에서는 양언광梁彦光이라는 인물이 613년 고구려-수 전쟁 때 노룡도군盧龍道軍으로 참전하였다고 기록하고 있다. 613년 고구려-수 전

---

67 여호규, 「3세기 전반~4세기 전반 고구려의 교통로와 지방통치조직」, 『한국사연구』 91, 한국사연구회, 1995, 15쪽.
68 여호규, 『고구려성(2)』, 국방군사연구소, 1999, 135쪽.
69 『三國史記』卷18 高句麗本紀6 故國原王 5년 정월·9년, 廣開土王 9년 ; 卷19 高句麗本紀7 陽原王 3년 7월·7년 9월 ; 卷20 高句麗本紀8 嬰陽王 24년 4월 ; 卷21 高句麗本紀9 寶藏王 4년 4·5·10월 ; 卷22 高句麗本紀10 寶藏王 13년 10월·26년 9월·儀鳳 2년 2월.

쟁 당시 편성된 군대로는 노룡도군 이외에 부여도군,[70] 갈석도군,[71] 조선도군,[72] 답돈도군,[73] 창해도군滄海道軍[74] 등이 확인된다. 이 가운데 노룡도를 제외한 나머지 군명은 612년 고구려-수 전쟁에서도 확인된다. 이로 볼 때 612년 고구려-수 전쟁 때 편성하였던 군대의 군명을 613년 고구려-수 전쟁 때에도 그대로 사용하였던 것으로 추정된다.

613년 고구려-수 전쟁 때 수군이 동원한 병력 수에 대해 관련 기록이 없어 자세히 파악할 수 없다. 다만 612년 고구려-수 전쟁에서 많은 수의 군사가 죽는 등 커다란 피해를 입었기 때문에 612년 고구려-수 전쟁 때보다는 상대적으로 적었을 것으로 여겨진다. 그렇다면 613년 고구려-수 전쟁 때 새로운 군명으로 군대를 조직하여 군사들을 편제하였을 가능성은 희박하다고 여겨진다. 즉, '노룡도군' 또한 612년 고구려-수 전쟁 때 편성되었을 가능성이 높다는 것이다.

만약 위의 추론이 맞는다면 612년 고구려-수 전쟁 때 수 육군의 군명으로 30개, 그리고 천자 6군까지 포함하면 모두 36개의 군명을 확인할 수 있다. 한편, 기사 B-①·③을 보면 수 육군이 탁군에서 '매일 한 군이 출발하여 40일이 되어서야 출발을 마쳤다'는 기록이 있는데,[75] 이 기록과

---

70 『隋書』卷66 列傳31 房彥謙, "大業九年, 從駕渡遼, 監扶餘道軍."; 『隋書』卷65 列傳30 王仁恭, "遼東之役, 以仁恭爲軍將. 及帝班師, 仁恭爲殿, 遇賊, 擊走之. 進授左光祿大夫, 賜絹六千段, 馬四十匹. 明年, 復以軍將指扶餘道."
71 『隋書』卷64 列傳29 魚俱羅, "大業九年, 重征高麗, 以俱羅爲碣石道軍將."
72 『隋書』卷65 列傳30 周法尙, "遼東之役, 以舟師指朝鮮道, 會楊玄感反."
73 『隋書』卷65 列傳30 薛世雄, "明年, 帝復征遼東, 拜右候衛將軍, 兵指蹋頓道. 軍至烏骨城, 會楊玄感作亂, 班師."
74 『隋書』卷64 列傳29 來護兒, "明年, 又出滄海道, 師次東萊, 會楊玄感作逆黎陽."
75 이 기사를 토대로 40개 군이 있었을 가능성이 제기되었으나(이동준, 「隋煬帝의 高句麗 원정과 군사전략」, 『學林』 30, 연세사학연구회, 2009, 145쪽), 구체적인 논증은 이루어지지 않았다. 한편 『隋書』卷8 禮儀3 大業 7년조에는 24일, 『册府元龜』卷117 帝王部117 親征 大業 8년 정월조에는 30일 만에 출발을 마친 것으로 나온다.

더불어 감안해본다면 수군은 '24군+천자 6군'으로 이루어졌다는 종래의 통설과 달리 '34군+천자 6군' 등 모두 40개 군으로 편성되었을 가능성이 높다고 여겨진다.

〈표 2-2〉 612년 고구려-수 전쟁 당시 수양제의 조서에 나오는 24개 군 이외에 추가로 확인되는 군대의 편성 현황

군명	군명 유래	주요 지휘자	관직	관명	전거
遂城道	낙랑군 속현	崔弘昇	大將	檢校左武衛大將軍, 涿郡太守	『資治通鑑』大業 8년
增地道	낙랑군 속현	衛文昇 (衛玄)	大將	檢校右御衛大將軍, 刑部尙書	『隋書』衛玄
險瀆道	요동군 속현	范安貴	大將	右候衛大將軍	「范安貴 묘지명」
蓋牟道	고구려 지명	遊元	監軍	左驍衛長史, 朝請大夫, 治書侍御史	『隋書』遊元
新城道 (추정)	고구려 지명	李敏			『隋書』李敏
盧龍道 (추정)	요서 지명				

종래 수 육군이 '24군+천자 6군' 등 30개 군으로 편성되었다고 본 이유는 기사 B-①·③에 보이는 수양제의 조서詔書 내용 때문이었다. 그러나 이 조서 내용을 토대로 수 육군이 30개 군으로 편성되었다고 보는 것은 문제가 있어 보인다. 조서는 612년 1월에 반포되었다는 점에서 612년 1월 이전에 수집한 자료를 바탕으로 작성하였다고 볼 수 있다. 즉, 612년 1월 이후의 상황은 반영되어 있지 않은 것이다. 612년 1월 조서가 반포된 다음 탁군에서 노하진이나 회원진으로 진군하는 사이에 군단 편제의 변화가 있었을 가능성은 얼마든지 있다. 혹은 612년 1월 직전, 즉 이미

수집한 자료를 바탕으로 조서를 작성하고 있는 기간에 군단 편제의 변화가 있었을 가능성도 있다.[76] 이와 같이 특정한 시점(612년 1월 이전)까지의 상황만 반영되어 있는 조서의 내용을 바탕으로 전쟁 기간 내내 수 육군이 '24군+천자 6군'으로 이루어졌다고 보는 것은 곤란하다고 여겨진다.

다만 조서에 24개의 군이 언급되어 있다는 점에서 수는 애초에 천자 6군 이외에 24개 군을 편성하려고 했던 것으로 보이는데, 그 배경은 무엇이었을까? 이와 관련하여 서위西魏와 북주北周시기의 부병제府兵制가 주목된다. 서위의 실권자였던 우문태宇文泰가 군사제도를 개혁하면서 6주국柱國-12대장군大將軍-24개부開府 체계를 갖춘 이후 서위와 북주 부병제의 기본 조직은 24군軍이었다.[77] 즉, 서위와 북주시기에는 전체 군이 24개의 군대로 이루어져 있었던 것이다.

> **D** 내사령內史令 원수元壽가 황제(수양제)에게 이르기를 "한무漢武(한무제)께서 새塞로 나아가면, 정기旌旗가 천리에 펼쳐졌습니다. 지금 어영禦營 외에 청컨대 24개의 군으로 나누어 매일 별도로 1군씩 출발하게 하고, 서로 간의 거리는 30리로 하며, 기치旗幟는 서로 바라보게 하고, 징과 북소리는 서로 듣게 하며, 머리와 꼬리가 이어지게 하여 천리가 끊어지지 않게 하십시오. 이 또한 출사出師의 성대함입니다"라고 하였다.[78]
>
> 『수서』 권65 열전30 주법상

---

76 612년 고구려-수 전쟁에 참전한 冥海道軍(海冥道軍)의 경우, 「豆盧實 墓誌銘」에서는 609년 당시 左第二軍이었다고 나오는 반면, 612년 1월에 반포된 隋煬帝의 詔書에서는 '左三軍'으로 나온다. '左第二軍'에서 '二'가 '三'의 오기가 아니라면, 隋軍의 군단 편성이 계속 변하고 있었음을 보여주는 사례라고 하겠다.
77 孫繼民, 『唐代行軍制度研究』, 63쪽.
78 『隋書』 卷65 列傳30 周法尙, "內史令元壽言於帝曰, 漢武出塞, 旌旗千里. 今禦營之外, 請分爲二十四軍, 日別遣一軍發, 相去三十里, 旗幟相望, 鉦鼓相聞, 首尾連注, 千里不絶. 此亦出師之盛者也."

기사 D는 607년 수양제가 돌궐 순행을 나서고자 하였을 때 내사령內史令 원수元壽가 건의한 내용으로, 수군을 24개의 군으로 나누어 하루에 한 군만 출발시키고 긴 행렬을 보여주면서 돌궐에게 강한 군세軍勢를 보여주어야 한다고 주장하고 있다. 원수의 주장을 보면 수 건국 이후 중앙 12위衛가 외군外軍의 여러 부府를 통솔하는 체제로 변모했음에도 불구하고[79] 서위와 북주시기 부병제의 기본 조직인 24군이 수대에도 변함없이 인식되고 있음을 알 수 있다. 전술하였듯이 서위와 북주시기에 24군은 '전체군'을 의미했는데, 아마도 이러한 인식이 수대에도 이어져오면서 수군 역시 24개 군으로 편성하려고 했던 것이 아닐까 싶다.

이상 수 육군의 편성 양상에 대해 살펴보았다. 그렇다면 수군水軍은 어떠하였을까? 기사 B-①·③에 언급된 24개 군 가운데 좌의 제3군 명해도군, 제10군 조선도군, 제12군 낙랑도군 그리고 우의 제1군 점제도군, 제2군 함자도군, 제3군 혼미도군, 제4군 임둔도군, 제6군 제해도군, 제9군 갈석도군, 제10군 동이도군, 제11군 대방도군 등 11개 군을 수군水軍으로 파악한 견해가 있다.[80] 이 견해는 군명이 실제 진군 목표지점을 가리킨다는 전제 하에 한반도에 위치한 지역은 해로를 통해 건너갔다고 보는 것이다. 하지만 전술하였듯이 군명이 실제 진군 목표지점을 가리킨다고 보기 힘들고, 앞에서 언급된 군들을 수군水軍으로 볼 수 있는 근거가 딱히 보이지 않는다는 점에서 받아들이기 어렵다.

기사 B-①을 보면 24개 군이 언급된 다음에 '창해도군'[81]이 나오는데, '창해滄海'라는 군명과 더불어 "주로舟艫가 1,000리이고, 높은 돛은 번개가

---

79   孫繼民, 『唐代行軍制度硏究』, 64쪽.
80   서인한, 『高句麗 對隋·唐戰爭史』, 68~70쪽 ; 임용한, 『한국고대전쟁사(2)』, 79쪽.
81   隋煬帝의 고구려 원정 때 참전한 王安이라는 인물의 墓誌銘을 보면 그가 '滄海道行軍司馬'를 맡았다는 기록이 있다.

내달린 듯하며, 거대한 전함은 구름처럼 날아가, 패강浿江을 가로질러 곧장 평양으로 나아갈 것이다"라는 기록을 참고할 때 수군水軍일 가능성이 높다고 여겨진다. 창해도군은 우효위대장군右驍衛大將軍 내호아來護兒가 이끌었고, 전투 수행과 더불어 평양에서 육군과 만나 군량미를 보급하는 임무를 맡았다.[82]

한편 612년 고구려-수 전쟁에 참전한 수군의 병력 수에 대해 기사 B-①·③에는 '1,133,800명이었고 군량미를 수송하는 사람은 그 배가 되었다'고 기록되어 있다. 위의 기록대로라면 수는 고구려 원정에 병력 1,133,800명과 군량을 수송하는 인원 2,267,600명 등 총 340여만 명을 동원한 셈이 된다. 609년 당시 수의 호수는 8,907,564호, 인구수는 46,019,956명이었는데,[83] 전체 인구 가운데 약 7.5%가 전쟁에 동원되었다는 것이다.

그러나 340여만 명 모두 612년 고구려-수 전쟁에 투입되었다고 보기는 어려울 것 같다. 수는 고구려 원정을 준비하는 과정에서 611년 7월에 민부를 징발하여 여창과 낙구의 창고에 있는 미곡을 탁군으로 운송한 바 있고, 최전방 군수물자 보급기지인 노하진과 회원진으로 미곡을 보낼 때에도 역시 민부를 징발하였다. 그리고 녹거부鹿車夫 60여만 명을 징발하여 각각 쌀 세 석을 밀고 가게 한 바도 있었다.[84] 이와 같이 수는 미곡을 옮기기 위해서 많은 민부들을 동원하였는데, '병력의 2배'였다는 미곡 운송 인원은 전쟁 준비 기간에 탁군, 노하진, 회원진 등으로 군량미를 옮겼던 민부들을 가리키는 것으로 추정된다.

전술하였듯이 612년 고구려-수 전쟁 당시 수는 1,133,800명이라는 병

---

82 『隋書』卷24 志19 食貨 大業 7년, "配驍衛大將軍來護兒, 別以舟師濟滄海, 舳艫數百裏. 並載軍糧, 期與大兵會平壤."
83 『隋書』卷29 志24 地理上.
84 『資治通鑑』卷181 隋紀5 煬帝 大業 7년 7월.

력을 동원하였다고 하는데, 육군과 수군水軍 각각의 병력 수는 어느 정도 였을까? 이와 관련해서는 우선적으로 기사 B를 검토해야 하는데, 기사 B-①과 ③ 사이에 미묘한 차이가 있다. 기사 B-①에서는 육군과 수군水軍이 모두 언급된 다음에 1,133,800명이라는 병력 수가 나오는 반면, 기사 B-③에서는 육군만 언급된 후 1,133,800명이라는 병력 수가 나온다. 즉, 기사 B-①에서는 육군과 수군水軍을 합해서 1,133,800명이라는 것이고, 기사 B-③에서는 육군만 1,133,800명이라는 것이다.

기사 B-①은 『수서』의 기록이고 기사 B-③은 『자치통감』의 기록이다. 『자치통감』이 『수서』를 인용·참고한 2차 사료라는 점을 감안하면 『수서』의 기록을 중심으로 살펴볼 수밖에 없을 듯하다. 그리고 『자치통감』에서 1,133,800명을 육군의 병력 수로 기록한 것이라면 수군水軍의 병력 수도 따로 언급하여야 할 것인데, 이와 관련한 기록은 보이지 않는다. 이러한 점들을 감안할 때 1,133,800명은 육군과 수군水軍을 합한 병력 수로 추정된다.

먼저 수군水軍의 병력 수를 살펴보면 '내호아가 수군水軍 40,000명을 이끌고 평양성을 공격하다가 퇴각하였고, 주법상周法尙이 진을 정돈하여 고구려군의 추격을 물리쳤다'는 기록[85]을 볼 때 40,000명보다는 훨씬 많았다고 여겨진다. 전술하였듯이 수는 611년 4월에 창장강과 웨이수강 이남 그리고 영남에서 수수 10,000명과 노수 30,000명, 배찬수 30,000명을 징발한 바 있다. 수수는 노를 젓는 인력이라고 볼 수 있으므로 분명 수군水軍으로 참전하였을 것이다. 그리고 배찬수가 지니고 있었던 배찬排鑹 즉, 짧은 창은 육군보다는 수군水軍에 유리한 무기로 볼 수 있다. 이를 감안하

---

85 『資治通鑑』卷181 隋紀5 煬帝 大業 8년 6월.

면 611년 4월에 징발된 수수, 노수, 배찬수 등 총 70,000명은 수군으로 동원된 병력이었다고 추정된다.[86] 그렇다면 육군은 총병력 1,133,800명에서 수군水軍 70,000명을 뺀 1,063,800명이었다고 볼 수 있다.

앞에서 저자는 수 육군이 천자 6군을 포함해서 모두 40개 군으로 편성되어 있었을 것이라고 유추한 바 있는데, 이러한 추론을 바탕으로 육군 한 군의 병력 수를 단순 추산하면 약 26,500여 명이 된다. 한편 『수서』 권37 열전2 이목자혼李穆子渾을 보면 우문씨宇文氏가 남편인 이민李敏을 반역자로 무고하는 과정이 기록되어 있는데, 그녀가 한 거짓증언 중에 이민이 이혼李渾에게 '만약 고구려 원정이 재개되면 너와 나는 반드시 대장이 되고 각 군 2만여 명을 합쳐서 50,000명을 이끌 수 있다'라는 말을 건넸다는 내용이 있다.[87] 우문씨의 증언을 토대로 육군 한 군의 병력 수를 파악한다면 약 25,000명 정도로 볼 수 있고, 그렇다면 상기 추산과 별 차이가 없다. 다만 40개의 군 가운데 천자 6군은 수양제나 문무백관을 호위하였던 군대인 만큼, 나머지 34개 군과는 다르게 보아야 할 것이다.[88] 이에 대해서는 다음 절에서 자세히 살펴보고자 한다.

---

[86] 楊秀祖,「隋煬帝征高句麗的几個問題」,『通化師院學報』1996-1, 1996, 51쪽. 반면 周法尙도 來護兒 못지않은 병력을 갖추고 있었을 것이라고 추정하면서 水軍의 총병력을 80,000명으로 보는 견해가 있다(熊義民,「隋煬帝第一次東征高句麗兵力新探」,『暨南學報』2002-4, 2002, 116쪽).

[87] 『隋書』卷37 列傳2 李穆子渾, "若復渡遼, 吾與汝必爲大將, 每軍二萬餘兵, 固以五萬人矣." 본 기사에 대한 자세한 검토는 본서 4부 1장 1절을 참고하기 바란다.

[88] 반면 24군과 天子 6軍을 합쳐 30군으로 통칭하고 있는 것을 근거로, 천자 6군과 24군의 한 군 병력 규모가 같았다고 보는 견해가 있다(淺見直一郎,「煬帝の第一次高句麗遠征軍-その規模と兵種」,『東洋史研究』44-1, 1985, 28쪽).

2. 수군의 병종 구성

육군 각 군은 기병과 보병 그리고 치중융거산병輜重戎車散兵으로 구성되어 있었는데, 이들 병종에 대해서는 다음 기사에 자세히 기록되어 있다.

> E   각 군에는 대장大將과 아장亞將 각각 1명이 있었다. 기병은 40대隊였는데, 1대는 100기로 독纛(대장기) 하나를 두었고, 10대를 1단團으로 하였으며, 각 단에는 편장偏將 1명씩을 두었다. 제1단은 모두 청실로 이은 명광갑明光甲과 철구장鐵具裝, 청색 영불纓拂을 하였고, 사자 깃발을 세웠다. 제2단은 붉은 실로 이은 주색硃色 서갑犀甲과 수문구장獸文具裝, 적색 영불을 하였고, 표범 깃발을 세웠다. 제3단은 백색 실로 이은 명광갑과 철구장, 무늬 없는 하얀 영불을 하였고, 벽사辟邪 깃발을 세웠다. (…중략…) 제4단은 검은색 실로 이은 검은색 서갑과 수문구장을 하였고, 영불을 세웠으며, 6개의 색깔을 가진 깃발을 세웠다. (…중략…) 또한 보병은 80대인데, 나누어 4단으로 만들었다. 각 단에는 편장 1인을 두었다. 제1단은 각 대마다 청색 매가 그려진 큰 깃발 한 개를 지급하였다. 제2단은 각 대에 황색 매가 그려진 큰 깃발 한 개를 지급하였다. 제3단은 각 대에 백색 매가 그려진 깃발 한 개를 지급하였다. 제4단은 각 대에 푸른색 매가 그려진 깃발 한 개를 지급하였다. 장창長槊, 방패, 쇠뇌弩, 갑옷과 투구甲胄 등은 각각 병수와 일치하게 지급하였다. (…중략…) 다음으로 궁시 1대隊로 모두 200기이다. (…중략…) 다음으로 치중융거산병輜重戎車散兵 등이 이르렀는데, 또한 4단이 있다.[89]
>
>   『수서』 권8 예의3 대업 7년조

---

[89]   『隋書』卷8 禮儀3 大業 7년, "每軍大將・亞將各一人. 騎兵四十隊, 隊百人置一纛, 十隊爲團, 團有偏將一人. 第一團, 皆靑絲連明光甲・鐵具裝・靑纓拂, 建狻猊旗. 第二團, 絳絲連硃犀甲・獸文具裝・赤纓拂, 建貔貅旗. 第三團, 白絲連明光甲・鐵具裝・素纓拂, 建辟邪旗. 第四團, 烏絲連玄犀甲・獸文具裝, 建纓拂, 建六駮旗. (…中略…) 又步卒八十隊, 分爲四團. 團有偏將一人. 第一團, 每隊給靑隼蕩幡一. 第二團, 每隊黃隼蕩幡一. 第三團, 每隊白隼蕩幡一. 第四團, 每隊蒼隼蕩幡一. 長槊・楯・弩及甲胄等, 各稱兵數. (…中略…) 次弓矢一隊, 合二百騎. (…中略…) 次及輜重戎車散兵等, 亦有四團."

기사 E를 통해 육군 각 군의 병종 양상을 살펴보면 먼저 기병은 4단團이 있었다. 1단은 10대대隊로 구성되어 있고 대마다 100기騎가 있었다. 그리고 1단과 3단에 속한 기사는 명광갑明光甲, 2단과 4단에 속한 기사는 서갑犀甲을 입었다.

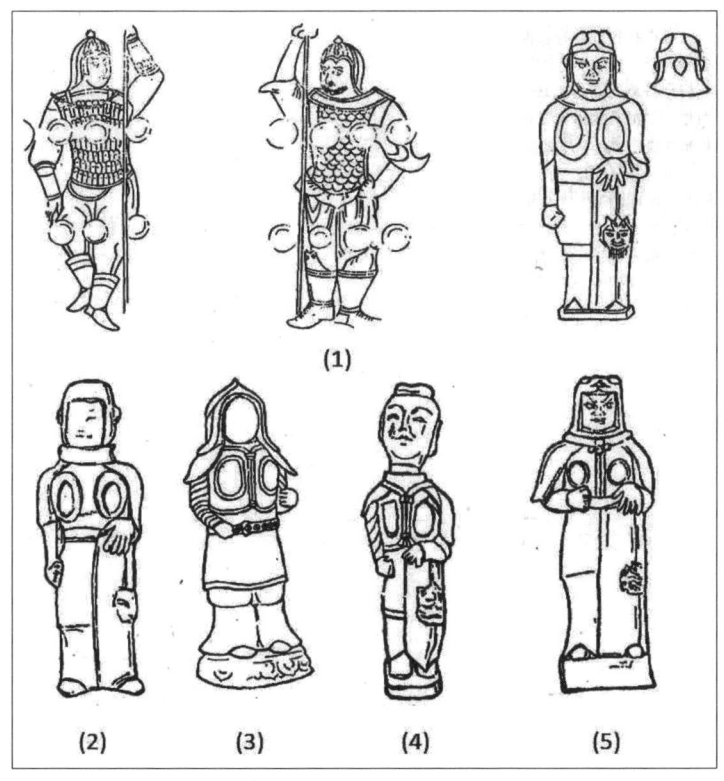

〈자료 2-2〉 수대 명광갑이 표현된 도용

명광갑은 중국에서 남북조南北朝시기부터 수당隋唐시기까지 유행하던 대표적인 갑옷 가운데 하나로, 흉부와 등부분 좌우 양면에 금속의 원호圓護가 있어 흉부와 등의 방어력이 뛰어났고 방어 범위는 동시대에 제작된

〈자료 2-3〉 안후이성 합비묘에서 출토된 도용
(楊泓, 『中國古兵器論叢-增訂本』, 中國社會科學出版社, 2007, 도면 14)

양당갑補襠甲보다 넓었다.[90] 수대 명광갑의 모습은 산시성陝西省 싼위안현三原縣의 이화묘李和墓(582년, 〈자료 2-2〉의 (1)), 시안西安의 품무묘品武墓(592년, 〈자료 2-2〉의 (2)), 곽가탄희위묘郭家灘姬威墓(610년), 류세공묘劉世恭墓(615년, 〈자료 2-2〉의 (5)), 셴양咸陽의 저장만묘底張灣墓(600년), 허난성河南省 안양安陽의 장성묘張盛墓(595년, 〈자료 2-2〉의 (3))와 정평묘鄭平墓(596년, 〈자료 2-2〉의 (4)), 안후이성安徽省 합비묘合非墓(586년, 〈자료 2-3〉) 등에서 출토된 도용陶俑이나 자용瓷俑에서 확인할 수 있다. 당시 명광갑은 두 유형으로 나뉜다. 첫 번째는 남북조시기의 명광갑을 그대로 이어받은 유형으로, 가슴과 등 각각에 2면의 대형 호심護心이 있고 목에는 분령盆領이 있으며 어깨에는 피박披膊이 있고 허리부분에는 띠를 묶었다. 두 번째는 수대에 새롭게 등장한 유형으로 첫 번째 유형에서 약간 변화하였는데, 흉갑이 좌우 양편으로 나누어지고 갑반甲絆을 세로로 묶었다.[91]

서갑은 그 명칭으로 볼 때 물소 또는 코뿔소의 가죽으로 제작된 갑옷으로 추정되는데, 춘추春秋시기 『고공기考工記』에 등장할 만큼 오래 전부터 제작되어 사용되었다. 『고공기』의 "서갑칠속犀甲七屬"이라는 기록을 감안하면 서갑은 가죽을 소찰小札 형태로 자른 다음에 엮어 매어 제작한 찰

---

90 篠田耕一, 신동기 역, 『무기와 방어구-중국편』, 들녘, 2001, 397쪽.
91 成東·鐘少異, 『中國古代兵器圖集』, 解放軍出版社, 1990, 189쪽.

갑札甲 유형의 갑옷으로 추정된다.

명광갑을 입은 1단과 3단의 기사는 철구장鐵具裝을 착용한 말을 탔다. 철구장은 철로 제작한 마개馬鎧로, 수대에 제작한 도용 등을 볼 때 소찰을 엮어서 제작한 찰갑으로 추정된다. 반면 서갑을 입은 2단과 4단의 기사는 수문구장獸文具裝을 착용한 말을 탔다. 수문구장은 정확한 실체를 알 수 없지만, 철로 제작한 명광갑을 입은 기사가 철제 마개를 착용한 말을 탔다는 점을 감안하면 가죽으로 제작한 마개로 추정된다.

〈자료 2-4〉 안후이성 루안현 동삼십포묘의 화상전
(安徽省文物工作隊,「安徽六安東三十鋪隋畫象磚墓」,『考古』1977-5, 1977, 359쪽)

한편 안후이성 루안현六安縣에 위치한 동삼십포묘東三十鋪墓에 중장기병이 긴 창을 들고 있는 화상전이 있는데(〈자료 2-4〉의 1),[92] 이 화상전을 감안하면 수 기병의 기본 무기는 장창인 마삭馬槊이고, 장창부대가 주축이 되었던 것으로 추정된다. 아울러 기사 E를 통해 궁시弓矢부대도 있었음을 알 수 있다.

612년 고구려-수 전쟁 당시 수군 기병의 가장 큰 특징은 기사뿐만 아니라 말에게까지 갑옷을 착용시킨 중장기병重裝騎兵이 주력이었다는 점이다. 주지하듯이 중장기병은 북방종족이 북중국대륙으로 대거 진출하는 5호胡16국國시기에 급속도로 보급되어 각 국가의 주요 병종으로 자리잡았다. 수는 북주의 군제를 계승하는 과정에서 중장기병 또한 그대로 활용하면서 기병의 주력으로 삼았던 것으로 보인다.

기사 E를 보면 수군의 기병 모두 중장기병으로 구성되어 있어서 경기병을 운용하지 않은 것으로 여길 수 있다. 하지만 경기병이 존재하지 않았다고 생각하기는 어렵다. 정찰, 적군의 측면 혹은 후면 공격, 괴멸하여 도주하는 적의 추적 등에 있어서는 중장기병보다 기민하게 기동할 수 있는 경기병이 훨씬 유리하기 때문이다.[93] 가죽으로 제작한 갑옷과 마개로 무장한 기병은 철제 갑옷과 마개로 무장한 기병보다 상대적으로 빠르게 이동할 수 있다는 점에서 경기병으로 운용할 수 있다. 또한 당시 마개 제조기술이 상당히 발전한 상황 속에서 마갑馬甲은 조립식 구성이었을 가능성이 높은데,[94] 말의 일부 부위만 마갑을 착용시켜 하중荷重을 줄임으로써 경기병처럼 운용할 수도 있다. 아마도 수군은 주어진 상황에 따라 중

---

92 安徽省文物工作隊, 「安徽六安東三十鋪隋畵象磚墓」, 『考古』 1977-5, 1977.
93 아더 훼릴, 이춘근 역, 『전쟁의 기원』, 인간사랑, 1990, 109~110쪽.
94 고구려 또한 馬鎧 제조기술이 발전하면서 馬甲 구성이 세분화되는 모습을 보여주는데, 고구려의 중장기병에 대해서는 본서 부록을 참고하기 바란다.

장기병과 경기병을 탄력적으로 운용하였을 것으로 추정된다.

다음으로 보병을 살펴보면, 기병과 마찬가지로 4단이 있었다. 1단은 20대로 구성되어 있으나, 대마다 몇 명의 군사가 있었는지는 기록되어 있지 않다. 보병은 기본적으로 투구와 갑옷을 착용하였고 방패를 소지하였다. 기병과 달리 보병이 입은 갑옷에 대해서는 구체적으로 기록하지 않았는데, 이는 기병의 기사가 입은 갑옷과 크게 다르지 않았기 때문이라고 여겨진다.[95] 수대의 방패는 루안현 동삼십포묘의 화상전에서 볼 수 있는데(〈자료 2-4〉의 2), 전체적으로 장방형이면서 윗변과 아랫변은 규형이다. 대체적으로 남북조시기의 방패를 그대로 계승하였던 것으로 추정된다.[96] 그리고 보병이 창槊과 쇠뇌弩를 갖추었다는 기록을 볼 때 크게 쇠뇌부대와 창부대로 이루어져 있었다고 여겨지는데, 루안현 동삼십포묘의 화상전에 보이는 투구와 갑옷을 착용하고 방패와 창을 든 채 행군하는 보병들은 창부대의 모습을 담고 있다고 볼 수 있다(〈자료 2-4〉의 2).

치중융거산병 또한 보병 및 기병과 마찬가지로 4단이 있었다. 치중융거산병은 보병이 끼고 행군하였으며,[97] 번番을 서는 데 있어 보·기병과 구별해서 5일마다 교대하였다.[98] 이로 볼 때 보·기병과는 구별되는 병종

---

[95] 安徽省 合非墓에서 출토된 陶俑의 갑옷을 보면 허리벨트 이하에 3열의 小札이 연결되어 있고 그 아래에는 4열의 장방형 소찰들로 이루어진 腿裙이 늘어져 있다. 이러한 형태의 갑옷은 기병에서 볼 수 없다는 점에서 보병이 확실한데(楊泓, 『中國古兵器論叢-增訂本』, 中國社會科學出版社, 2007, 70쪽), 그 갑옷의 유형 또한 明光甲이다. 한편 隋代에 축조된 陝西省 三原 雙盛村의 李和墓(582년)와 李壽 석곽(608년) 등에는 裲襠甲이 그려져 있다. 양당갑은 신체의 앞면을 보호하는 胸甲과 등을 보호하는 背甲을 가죽끈으로 연결한 다음 어깨에 걸어 착용하였던 갑옷으로(篠田耕一, 『무기와 방어구-중국편』, 395쪽), 명광갑과 더불어 南北朝시기에 유행하였지만 수대에 이르러서는 주로 금장 혹은 은장을 하여 의장용으로만 사용하였고 실전에서는 거의 사용하지 않았다.

[96] 劉秋霖·劉健·王亞新·闕琦, 『中國古代兵器圖說』, 天津古籍出版社, 2003, 222쪽.

[97] 『資治通鑑』卷181 隋紀5 煬帝 大業 8년 정월, "其輜重散兵等亦爲四團, 使步卒挾之而行."

[98] 『隋書』卷8 禮儀3 大業 7년, "其馬步隊與軍中散兵, 交爲兩番, 五日而代."

이었다고 여겨진다.

　수는 기본적으로 북주의 군제를 계승하면서, 진陳을 멸망시키고 통일을 이룩한 직후인 590년에는 군적軍籍을 민적民籍에 편입시켜 민民과 군軍의 구분을 폐지한 민군합일民軍合一의 군제 개혁을 단행하여 부병제를 확립시켰다.[99] 부병府兵은 봄, 여름, 가을에는 농업에 종사하고 농한기인 겨울에는 군사 훈련을 받았는데, 조직이 엄밀하고 전투력이 강하여 수군의 주력이 되었다.[100]

　612년 고구려-수 전쟁 때에도 부병이 수군의 주력이었지만, 부병 이외에 모병을 통해 참전한 모인募人들도 수군에 편제되었는데,[101] 치중융거산병은 바로 이 모인들로 구성되어 있었을 것으로 추정된다. 모인은 정식 군사훈련을 거의 받지 않아 부병에 비해 전투 능력이 떨어질 수밖에 없는데, 치중융거산병이 전투 능력이 떨어지는 모인으로 구성되어 있었기 때문에 보병이 끼고 보호하면서 행군한 것이 아닐까 싶다. 치중융거산병에는 보병이나 기병처럼 정식으로 편제되지 않고 숫자만 채우는 예비군,[102] 융거를 이용해 군량 등 물자를 옮기는 보급병, 공성 기계를 만드는 공인工人 등이 있었을 것으로 추정된다.

　한편 기병, 보병, 치중융거산병 각각의 병력 수와 한 군의 총 병력수에 대해서는 대체로 기사 E의 기록을 토대로 추산하지만, 기록되어 있지 않은 보병 한 대의 군사 수와 치중융거산병을 어떻게 보느냐에 따라

99　宮崎市定,『중국중세사』, 251쪽.
100　孫繼民,『唐代行軍制度研究』, 66쪽.
101　韓昇,「隋煬帝伐高麗之謎」,『滾川師院學報』1996-1, 1996 ; 熊義民,「隋煬帝第一次東征高句麗兵力新探」; 김선민,「隋 煬帝의 軍制改革과 高句麗遠征」. 특히 淺見直一郎은 隋軍의 절반이 募人이었을 것으로 추정하였다(淺見直一郎,「煬帝の第一次高句麗遠征軍-その規模と兵種」, 35쪽).
102　韓昇,「隋煬帝伐高麗之謎」, 62쪽.

다양한 의견들이 제시되었는데, 기병 4,000기, 보병 16,000명, 기타 등 총 25,000명으로 보는 견해,[103] 기병 4,700기, 보병 16,000명, 중장비 운송 및 예비 병력 16,000명, 기타 인원 300여 명 등 총 37,000명으로 보는 견해,[104] 기병 4,000기, 보병 8,000명, 치중병 20,000여 명 등 총 32,000명으로 보는 견해,[105] 기병 4,000기, 보병 8,000명, 치중輜重 3,000명, 융거戎車 3,000명, 산병散兵 3,000명 등 총 25,000명으로 보는 견해,[106] 기병 4,000기, 보병 8,000명, 치중융거산병 8,000명 등 총 20,000명으로 보는 견해[107] 등이 있다.[108] 전술하였듯이 수 육군에는 천자 6군도 편성되어 있었으므로 일반 군(34개 군)과 천자 6군을 나누어 생각해 볼 필요가 있다.

일반 군을 살펴보면, 먼저 기병은 4단이 있었고 1단은 10대로 구성되어 있으며 대마다 100기가 있었다고 하므로, 한 군마다 4,000기가 있었음을 알 수 있다. 보병은 4단이 있었고 1단이 20대로 구성되어 있음을 알 수 있지만, 전술하였듯이 1대를 구성하고 있는 군사 수가 기록되어 있지

---

103 淺見直一郎,「煬帝の第一次高句麗遠征軍-その規模と兵種」, 27쪽.
104 김창석,「고구려-수 전쟁의 배경과 전개」, 122쪽.
105 온창일,『한민족전쟁사』, 집문당, 2001, 74쪽.
106 이동준,「隋煬帝의 高句麗 원정과 군사전략」, 143~144쪽.
107 서인한,『高句麗 對隋·唐戰爭史』, 67쪽 ; 김성남,『전쟁으로 보는 한국사』, 수막새, 2005, 61쪽.
108 이 외에도 遼水를 건넌 隋軍이 9개 군 305,000명이었다는 기록(『資治通鑑』卷181 隋紀5 煬帝 大業 8년 7월조)을 토대로 한 군이 33,900명이었다고 보고 육군 24군·天子 6軍 813,300명, 御營弩手 30,000명, 원정에 참여한 西突厥·高昌 병력 172,000명, 水軍 70,000명으로 구성되어 있었다는 견해가 있다(寧志新·喬鳳岐,「隋煬帝首征高句麗軍隊人數考」). 그리고『隋書』卷37 列傳2 李穆子渾에 보이는 宇文氏의 증언을 토대로 한 군이 25,000명이었다고 보면서 실제 동원된 병력 수는 1,133,800명이 아닌 800,000명 정도이고 24군 500,000~600,000명, 御營軍 120,000~150,000명, 水軍 80,000명, 서돌궐 處羅可汗 기병 500기, 靺鞨 度地稽의 집단 일부 등으로 구성되어 있었다는 견해가 있다(熊義民,「隋煬帝第一次東征高句麗兵力新探」, 116쪽). 반면 같은 기사를 토대로 한 군이 25,000명이었다고 보면서 적은 병력 수의 단위는 기록을 생략하였을 가능성 그리고 水軍의 일부, 이종족 군대, 輕裝의 遊軍 등을 감안하면 수군의 총 병력 수가 1,133,800명이라는 기록이 그리 신빙성이 없는 것은 아니라는 견해가 있다(淺見直一郎,「煬帝の第一次高句麗遠征軍-その規模と兵種」, 29쪽).

않다. 기사 E의 찬자는 1대를 구성하고 있는 군사 수를 기록하지 않았지만 1단이 20대로 구성되어 있었음은 기록하였는데, 이는 기병 1단이 10대로 구성된 것과 차이가 있었기 때문이라고 여겨진다. 그렇다면 보병 1대를 구성하고 있는 군사 수를 기록하지 않은 것은 앞에서 기록한 기병 1대와 같았기 때문이라고 여겨진다. 이와 같은 추론 속에서 기병과 마찬가지로 1대를 100명으로 본다면 한 군의 보병 수는 약 8,000명이 된다.

이와 같이 일반 군의 각 군에는 기병 4,000기, 보병 8,000명이 있었을 것으로 추정되는데, 그렇다면 치중융거산병의 수는 어느 정도였을까? 전술한 『수서』 권37 열전2 이목자혼에 보이는 우문씨의 증언을 감안하면 일반 군 한 군의 병력은 약 25,000명 정도였다고 추정할 수 있는데, 그렇다면 치중융거산병은 25,000명에서 기병 4,000기와 보병 8,000명을 뺀 약 13,000명 정도였다고 볼 수 있다.

다음으로 천자 6군을 살펴보고자 하는데, 어영노수御營弩手 30,000명이 있었다는 기록을 주목해보고자 한다.[109] 천자 6군에 노수 30,000명이 있었다면 각 군마다 5,000명의 노수가 있었던 셈이 된다. 한편 수군水軍은 노수와 배찬수 각각 30,000명을 동원하였는데, 구성 비율로 보면 1 : 1이 된다. 이러한 수군水軍의 사례를 참고한다면 육군 각 군의 노수와 창병의 구성 비율 또한 1 : 1일 가능성이 높다. 즉, 천자 6군에 소속되어 있는 창병 또한 노수와 마찬가지로 30,000명이었고, 각 군마다 5,000명이 있었다고 여겨지는 것이다. 그렇다면 일반 군 한 군의 보병 수가 8,000명이었던 것과 달리 천자 6군은 각 군마다 10,000명의 보병이 있었다고 볼 수 있다. 이처럼 일반 군과 천자 6군 사이에 보병 수의 차이가 있다면 기병 수에 있

---

[109] 『隋書』 卷68 列傳33 何稠, "遼東之役, 攝右屯衛將軍, 領御營弩手三萬人."

어서도 차이를 보일 것이라고 여겨지는데, 병력 수의 비율을 통해 유추해 본다면 일반 군 한 군의 기병과 보병 수는 각각 4,000기와 8,000명으로 1:2이고 천자 6군 한 군의 보병 수가 10,000명이므로, 천자 6군의 한 군 기병 수는 5,000기였다고 추정할 수 있다.

이와 같이 천자 6군의 각 군에는 기병 5,000기, 보병 10,000명이 있었을 것으로 추정되는데, 그렇다면 치중융거산병의 수는 어느 정도였을까? 앞서 일반 군 한 군의 병력이 약 25,000명 정도였다고 추정한 바가 있는데, 34개의 군이 있었다고 하면 일반 군의 총 병력 수는 약 850,000명이 된다. 천자 6군의 병력 수는 육군 총 병력수인 1,063,800명에서 일반 군 병력수인 850,000명을 뺀 213,800명으로 볼 수 있는데, 그렇다면 천자 6군 각 군의 병력 수는 대략 35,000명이 된다.[110] 치중융거산병은 35,000명에서 기병 5,000기와 보병 10,000명을 뺀 20,000명 정도로 추산할 수 있겠다.

한편 수군水軍의 경우 전체 병력 70,000명 가운데 수수 10,000명을 뺀 60,000명이 전투 병력이었고, 노수와 배찬수가 각각 30,000명이었다는 것 이외에 더 이상은 자료 부족으로 알 수 없다.

3. 수군의 지휘체계

수문제시기에는 중앙과 지방에 표기부驃騎府와 거기부車騎府 등 군부軍府를 설치하여 부병을 관리하였고, 군부의 부병은 좌익위左翊衛, 우익위左翊

---

[110] 天子 6軍 각 군의 병력 수를 일반 군과 같은 25,000명으로 보면서 총 150,000명이었다는 견해가 있다(淺見直一郎, 「煬帝の第一次高句麗遠征軍-その規模と兵種」, 28쪽).

衛, 좌효위左驍衛, 우효위右驍衛, 좌무위左武衛, 우무위右武衛, 좌둔위左屯衛, 우둔위右屯衛, 좌어위左禦衛, 우어위右禦衛, 좌후위左候衛, 우후위右候衛 등 중앙 12위에 분속하였다. 그리고 수양제시기에는 중앙 12위에 각각 정3품 대장군大將軍 1인, 종3품 장군將軍 2인, 정4품 무분랑장武賁郎將 4인, 종4품 무아랑장武牙郎將 6인 그리고 정5품 장사長史 1인 등을 배속하였다.

612년 고구려-수 전쟁에 참전한 주요 지휘관의 관명을 보면 대장군, 장군, 무분랑장, 장사 등이 확인되는데, 이를 통해 중앙 12위 소속 인물들이 대거 지휘관에 임명되었음을 알 수 있다. 구체적으로 각 군에 소속된 지휘관들의 관명을 살펴보면, 요동도군에서 좌효위대장군左驍衛大將軍으로 형원항荊元恒[111] 그리고 검교좌익위대장군檢校左翊衛大將軍으로 관덕왕웅觀德王雄이 확인되는 것을 제외하면 각 군마다 대장군이나 장군의 관명을 가진 인물은 한 명씩만 확인되고 있다(〈표 2-1〉 참고). 한편 관덕왕웅의 경우 612년 원정 중에 노하진에서 병을 만나 죽음을 맞이하였는데,[112] 이를 감안하면 형원항은 관덕왕웅이 죽은 다음에 그를 대신해 새로이 임명된 지휘관일 가능성이 높다. 그렇다면 각 군마다 정3품인 대장군이나 종3품인 장군의 관등을 가진 인물은 1명만 있었고, 이들이 각 군의 최고 지휘관인 대장[113]을 맡았다고 여겨진다.

저자는 수 육군이 40개의 군으로 편성되어 있었다고 추정한 바 있다. 그렇다면 대장은 수군水軍 한 군을 포함해서 모두 41명이 필요한데, 대장으로 임명할 수 있는 중앙 12위 소속의 대장군과 장군은 모두 36명에 불과하다. 이 문제에 대해 수양제는 섭좌무위장군攝左武衛將軍,[114] 섭우둔위장

---

111 『資治通鑑』卷181 隋紀5 煬帝 大業 8년 6월, "左驍衛大將軍荊元恒出遼東道."
112 『隋書』卷43 列傳8 觀德王雄, "遼東之役, 檢校左翊衛大將軍, 出遼東道. 次瀘河鎮, 遘疾而薨."
113 『三國史記』卷20 高句麗本紀8 嬰陽王 23년 정월조에는 '上將'이라고 나온다.

군攝右屯衛將軍,[115] 검교좌익위대장군,[116] 검교좌무위장군檢校左武衛大將軍,[117] 검교우어위대장군檢校右禦衛大將軍[118] 등 "섭攝"이나 "검교檢校"를 부가한 대장군·장군직을 한시적으로 설치함으로써 해결하고자 한 것으로 보인다.

 정3품 대장군 혹은 종3품 장군이 각 군의 최고 지휘관인 대장을 맡았다면, 정4품 무분랑장이 대장 바로 아래인 아장亞將을 맡았다고 볼 수 있다. 612년 고구려-수 전쟁 당시 무분랑장을 맡았던 인물로는 전사웅錢士雄,[119] 맹금차孟金叉,[120] 염비閻毗,[121] 배구裵矩,[122] 음세사陰世師,[123] 양언광, 비청노費靑奴[124] 등이 확인되는데, 그들이 아장을 맡았다는 기록은 보이지 않는다. 양언광의 경우 613년 고구려-수 전쟁에서도 무분랑장으로 참전하였는데, 그의 관명은 노룡도군의 '군부軍副'였다.[125] 그리고 609년에 고구려군과 전투를 벌였던 두로실은 호분랑장虎賁郎將으로서 해명도군의 '부장副將'을 맡았다.[126] 무분랑장 양언광과 호분랑장 두로실이 맡았던 '군부'와 '부장'은 의미상 '아장'과 같은 급으로 추정된다.[127] 그렇다면 무분랑

---

114 『隋書』卷63 列傳28 樊子蓋, "遼東之役, 征攝左武衛將軍, 出長岑道."
115 『隋書』卷68 列傳33 何稠, "遼東之役, 攝右屯衛將軍, 領禦營弩手三萬人."
116 『隋書』卷43 列傳8 觀德王雄, "遼東之役, 檢校左翊衛大將軍, 出遼東道. 次瀘河鎭, 遘疾而薨."
117 『資治通鑑』卷181 隋紀5 煬帝 大業 8년 6월, "涿郡太守檢校左武衛將軍崔弘昇出遂城道."
118 『隋書』卷63 列傳28 衛玄, "遼東之役, 檢校右禦衛大將軍, 率師出增地道."
119 『隋書』卷4 帝紀4 煬帝下 大業 8년 3월.
120 『隋書』卷4 帝紀4 煬帝下 大業 8년 3월.『資治通鑑』卷181 隋紀5 煬帝 大業 8년 2월조와 『三國史記』卷20 高句麗本紀8 嬰陽王 23년 2월조에는 '孟叉', 『册府元龜』卷117 帝王部 117 親征 大業 8년 3월조에는 '孟金義'로 나온다.
121 『隋書』卷68 列傳33 閻毗.
122 『隋書』卷67 列傳32 裵矩.
123 『隋書』卷39 列傳4 陰世師.
124 『北史』卷76 列傳64 來護兒.
125 기사 C-⑤를 참고하기 바란다.
126 기사 A-①을 참고하기 바란다.

장이 '아장'을 맡았을 것이라는 추정도 큰 무리는 아니라고 여겨진다.

대장군 혹은 장군이 대장을 맡았고 무분랑장이 아장을 맡았다면,[128] 장사는 어떠한 역할을 맡았을까? 612년 고구려-수 전쟁 당시 장사로 참전한 인물로는 유원이 확인되는데, 그가 맡은 직책은 개모도군의 감군이었다.[129] 북주나 수 초기의 감군은 군사 결정권을 가지면서 제군諸軍을 통솔하는 막강한 권력을 가지고 있었다. 하지만 수 말기에 들어서면 감군의 전업화가 이루어지면서 위법을 감찰하는 역할로 축소되었는데, 612년 고구려-수 전쟁이 끝난 후에 이루어진 전쟁 패배의 책임자에 대한 유원의 옥사 심리는 수 말기 감군의 전형적인 역할을 보여주는 예라고 할 수 있다.[130] 당대唐代에 이르러서는 각 위衛에 속해 있으면서 사무 판정, 병장·깃발·거마 등의 검열, 문서·장부 처리, 늠료의 신청과 공급 등을 담당하였고 대장군을 도와 관원의 승진 혹은 좌천에도 관여하였다.[131] 이상의 장사가 맡았던 감군의 업무 그리고 당대의 업무를 참고해 볼 때 당시 장사는 대장군을 보조하면서 군을 전체적으로 관리·감독·감시·통제하는 역할을 하였던 것으로 추정된다.

한편 각 군에는 특수 보직으로 수항사자受降使者 1명이 배치되었다. 일단 수항사자라는 관명을 상기하면 정식으로 고구려군의 항복을 받아내는 사자였다고 볼 수 있다. 또한 황제의 조서를 받들어 위무하는 것도 수항사자의 임무였다. 수항사자는 높은 품계의 장수나 문관이 탈 수 있는 초거軺車로 이동하였고 초거로 이동할 때에는 기리騎吏 3명을 포함한 15

---

127 孫繼民,『唐代行軍制度硏究』, 71쪽.
128 각 군에서 亞將을 맡지 못한 武賁郎將은 기사 E에 보이는 '偏將'을 맡았을 것이다.
129 기사 C-③을 참고하기 바란다.
130 孫繼民,『唐代行軍制度硏究』, 78쪽.
131 김택민 주편,『譯註 唐六典(下)』, 신서원, 2005, 182~183쪽.

명의 수행을 받았으며 대장의 통제도 받지 않았다.[132] 특히 대장의 통제를 받지 않았다는 점은 수항사자가 대장을 보조하면서 명령을 수행하는 관직이 아니라 대장과 더불어 막강한 권력을 가지고 있었음을 보여주는 것으로 시사하는 바가 크다.

그렇다면 수항사자로 누가 임명되었을까? 수항사자로 참전한 인물로는 육지명陸知命이 확인되는데, 동이도군의 수항사자로 참전하였다가 군대에서 죽었다.[133] 당시 육지명은 정5품 치서시어사治書侍御史였는데, 치서시어사는 3대臺 가운데 감찰관부라고 할 수 있는 어사대御史臺 소속으로 백관을 감찰·탄핵하고 옥안과 송사를 추국하는 일을 관장하였다.[134]

한편 우중문于仲文이 이끄는 낙랑도군에 위무사慰撫使로 류사룡劉士龍이 있었다. 류사룡은 고구려의 장수 을지문덕乙支文德이 수군의 동정을 살피려 왔을 때 을지문덕을 사로잡으려는 우중문의 계획을 반대하였다가,[135] 결국 전쟁 패배에 대한 책임으로 참형을 당한 인물이다.[136] 그의 관명에 보이는 '위무慰撫'는 수항사자의 임무 가운데 하나였다. 또한 류사룡이 낙랑도군의 대장인 우중문의 의견에 맞서는 모습은 대장의 통제를 크게 받지 않는다는 인상을 준다. 그리고 '위무사'라는 관명 또한 수항사자와 마찬가지로 612년에 처음 확인된다.[137] 이러한 점들을 감안하면 위무사가 바로 수항사자이고, 류사룡은 낙랑도군의 수항사자였다고 여겨진다.[138]

---

132 『隋書』卷8 禮儀3 大業 7년, "受降使者一人, 給二馬軺車一乘, 白獸幡及節各一, 騎吏三人, 車輻白從十二人. 承詔慰撫, 不受大將制."
133 『隋書』卷66 列傳31 陸知命, "遼東之役, 爲東曬道受降使者, 卒於師."
134 김택민 주편, 『譯註 唐六典(中)』, 신서원, 2005, 320쪽.
135 『隋書』卷60 列傳25 于仲文.
136 『隋書』卷4 帝紀4 煬帝下 大業 8년 11월.
137 寧志新, 『隋唐使職制度硏究』, 中華書局, 2005, 70쪽.
138 서인한도 劉士龍을 受降使者로 파악한 바 있다(서인한, 『동북아의 왕자를 꿈꾸다』, 플래닛미디어, 2009, 218쪽).

당시 류사룡은 상서우승尙書右丞이었는데, 상서우승은 5성 가운데 하나인 상서성尙書省의 6조曹 소속으로 관료들의 위반사항을 감찰하고 법제를 바로 잡는 업무를 맡았으며, 수 초기에는 종4품이었다가 수양제 때에는 정4품으로 승급되었다.[139]

이와 같이 수항사자로는 5성과 3대에 소속된 인물이 임명되었다. 그렇다면 왜 이들 소속의 인물을 수항사자로 임명하여 각 군에 파견하였을까? 아마도 중앙 12위 소속인 대장이 수항사자에 대해 영향력을 미치는 것을 방지하기 위해서라고 여겨진다. 이와 같이 대장의 영향력이 미치지 못하는 비非12위 소속 인물을 임명하였다는 점, 대장의 통제를 받지 않았다는 점 그리고 대장과 더불어 권한이 막강하였다는 점 등을 감안하면, 수항사자는 고구려군의 항복을 받고 황제의 조서를 받드는 공식적인 역할 이외에 대장을 통제하는 역할 또한 맡았던 것으로 보인다.

수항사자는 612년 고구려-수 전쟁 때만 설치되었고 그 이후에는 다시 설치되지 않았는데,[140] 수양제는 왜 각 군마다 수항사자를 두었을까? 수양제는 고구려와의 전쟁을 준비하면서 '고구려의 무리는 우리 한 군도 감당하지 못할 것인데, 백만여 명의 군을 이끌고 가면 당연히 승리하지 않겠는가'라고 언급한 바 있다.[141] 진을 멸망시킬 때 50여만 명의 병력을 동원하였는데, 고구려 원정에서는 두 배가 넘는 병력을 동원하였으니 절대 질 리 없다고 생각한 것이다. 그리고 고구려보다 더 위협적이라고 생각했던 돌궐을 복속시켰다는 점 또한 수양제가 승리를 확신한 요인이 되었을 것이다.

---

139 김택민 주편, 『譯註 唐六典(上)』, 신서원, 2005, 118~123쪽.
140 寧志新, 『隋唐使職制度硏究』, 70쪽.
141 『資治通鑑』卷181 隋紀5 煬帝 大業 8년 정월조, "高麗之衆不能當我一郡, 今朕以此衆伐之, 卿以爲克不."

위와 같은 전쟁 승리에 대한 확신 속에서 수양제는 수군 지휘부에게 전투에 대한 모든 상황을 자신에게 보고하고 지시를 따르도록 하였다. 전투에 대한 지휘권을 각 군 대장에게 부여하지 않고 자신이 행사하고자 한 것이다. 이는 황제의 일원적 명령체계 하에 명문 출신의 장수부터 사병에 이르기까지 일사분란하게 움직이게 함으로써 황제의 권위를 확인시키고 위엄을 과시하는 한편,[142] 누구와도 승리의 영광을 나누지 않고 전쟁 승리에 대한 공을 오로지 자신에게 돌려 승리를 거둘 줄 아는 군주임을 대거 표출함으로써 황제권을 강화하기 위한 의도로 볼 수 있다.

수양제의 수항사자 파견 또한 같은 의도에서 이루어진 것이라고 볼 수 있다. 고구려군의 항복을 군의 최고 지휘관인 대장이 아니라 자신을 대변하는 수항사자를 통해 받도록 함으로써 대장의 전공이 부각되는 것을 막고, 또한 자신의 지휘와 의도를 따르지 않으려는 대장을 견제·통제하여 군내에 자신의 영향력을 강하게 행사함으로써 황제권을 강화하고자 한 것이다.[143] 이와 같이 수군의 지휘체계 상에서 수양제의 황제권 강화 의도를 읽을 수 있다면, 수양제가 고구려 원정을 결심한 또 다른 배경으로 '전쟁 승리를 통한 황제권 강화'를 추가로 제시할 수 있을 것이다.

이상에서 보듯 수군으로 편성된 각 군에는 대장, 아장, 편장, 감군, 수항사자 등이 있었고 지휘체계는 수양제로 일원화되었다. 이는 598년 고구려-수 전쟁에서 행군원수 양량楊諒과 원수장사元帥長史 고경高熲 사이에

---

142 김선민, 「隋 煬帝의 軍制改革과 高句麗遠征」, 189~190쪽.
143 受降使者로 파견된 陸知命과 劉士龍이 맡고 있었던 관직 즉, 御史臺 治書侍御史와 尙書省 尙書右丞은 공통적으로 관료 감찰이라는 업무를 담당하였다. 즉, 이들은 大將을 제어하는 데 적합한 관직을 맡고 있었던 것이다. 이를 통해 隋煬帝가 수항사자로 하여금 대장을 견제·통제하고자 하였음을 다시 한번 확인할 수 있다. 한편 수양제가 수항사자를 둔 이유에 대해 적군을 위무하는 군주상을 가시적으로 보여줌으로써 항복한 적에게 아량을 베풀 줄 아는 군주라는 평가를 받고 싶어 했기 때문이라는 견해가 있다(김택민, 「麗·隋 力學關係와 戰爭의 樣相」, 258쪽).

직책의 상하관계가 명확하지 않음에 따라 복수의 지휘체계가 있었던 것과 차이가 있다. 당시에는 지휘체계가 일원화되지 않음으로 인해 수군이 분열되는 문제점이 발생하였다. 612년 고구려-수 전쟁에서는 지휘체제가 수양제로 일원화되었기 때문에 그러한 문제점은 발생하지 않았지만, 대신에 다른 문제점을 야기하였는데, 이에 대해서는 3부에서 살펴보도록 하겠다.

3부

612년 고구려-수 전쟁의 발발과
고구려의 대수對隋 전략·전술

1장

성곽전의 전개와
고구려의 방어·무기체계 정비

1. 고구려군과 수군 간 성곽전

수양제隋煬帝는 전쟁 준비를 마친 후 612년 1월 신사일辛巳(1일)에 고구려 원정에 나서는 모든 군사를 탁군涿郡에 집결시켰다. 그리고 고구려를 토벌하라는 조서詔書를 내리면서[1] 전쟁은 시작되었다. 수군은 고구려 원정에 나서면서 모든 군을 한꺼번에 출발시키지 않고 하루에 한 군만 출발시켰다.[2] 그리고 북과 호각소리를 크게 불며 요란하게 진군하였다. 이러한 일련의 행위는 일종의 무력시위라고 볼 수 있는데, 대군의 위용을 부각시킴으로써 고구려군의 항복을 이끌어 내거나 혹은 전쟁 수행의지를 꺾고자 한 것이다.[3]

---

1 『隋書』卷4 帝紀4 煬帝下 大業 8년 정월.
2 『隋書』卷8 禮儀3 大業 7년.

수군은 1월에 탁군을 출발한 후 임유관臨渝關과 유성柳城을 지나⁴ 노하진瀘河鎭 혹은 회원진懷遠鎭에서 군량 등 군수물자를 보급 받고⁵ 3월 갑오일甲午(15일)에 요수遼水(랴오허강[遼河])에 이르렀는데, 598년 고구려-수 전쟁에서 6월에 임유관을 통과하였던 것과 비교하면 빠른 행보를 보여주고 있다. 이는 598년 전쟁 당시 수군이 고구려로 진군하는 도중에 여름철 장마와 홍수를 만나 군량 수송이 원활하게 이루어지지 못함에 따라 기아에 시달리고 전염병이 유행하여 철군할 수밖에 없었던 경험을 의식한 행보로 볼 수 있다.

　당시 요수 도하로로는 신민新民 가오타이산高臺山 - 선양瀋陽의 북로, 타이안臺安 쑨청즈孫城子 - 안산鞍山의 중로, 반산般山 - 가오핑高平 - 뉴좡牛莊 - 하이청海城의 남로 등이 있었다.⁶ 북로는 645년 고구려-당唐 전쟁 당시 이세적李世勣의 군대가 통정진通定鎭⁷에서 요수를 건넌 도하로였다. 중로는

3　韓昇,「隋煬帝伐高麗之謎」,『滾川師院學報』1996-1, 1996, 63쪽 ; 張豔,「朝貢關系下隋唐對高句麗戰爭的原因分析」,『周口師範學院學報』2015-6, 2015, 112쪽.

4　『隋書』卷78 列傳43 藝術 庾質에는 隋煬帝가 612년 고구려 원정 도중 庾質을 만났다는 기록이 있는데, 만남이 이루어졌던 장소는 臨渝關이었다. 그리고 수양제가 遼水를 건넌 후 반포한 詔書를 보면 役丁과 夫匠으로 원정에 참여한 자에게 진군 거리에 따라 차등을 두어 부세 면제 혜택을 주었다고 하는데 涿郡, 임유관, 柳城, 通定鎭 그리고 渡遼鎭이 기준이 되었다(『册府元龜』卷83 帝王部83 赦宥2 大業 8년 4월). 위의 기록들을 감안하면 탁군을 출발한 수군은 임유관과 유성을 거쳐 고구려로 진군하였다고 볼 수 있다.

5　612년 고구려-수 전쟁 당시 隋軍의 최전방 군수물자 보급기지가 있었던 瀘河鎭을 遼寧省 錦州 일대로 비정할 수 있다면 노하진은 臨渝關에서 시작되는 遼西走廊의 종점에 해당한다. 요서주랑 전체 구간을 이용하면 임유관에서 곧장 노하진으로 진군할 수 있음에도 불구하고 柳城을 거쳤다는 것은 598년 고구려-수 전쟁과 마찬가지로 요서주랑 전체 구간을 이용하지 않았음을 의미하는데, 노하진으로 이동한 시기가 겨울철인 1~2월이었다는 점까지 감안하면 요서주랑은 기상과 상관없이 당시 주요 교통로로 크게 활용되지 않았다고 여겨진다.

6　여호규,『고구려성(2)』, 국방군사연구소, 1999, 66쪽.

7　612년 고구려-수 전쟁 당시 隋가 고구려의 武厲邏를 차지하고 설치한 遼東郡의 치소로 추정된다(이병도,『국역 삼국사기(상)』, 을유문화사, 2005, 461쪽). 그 위치에 대해서는 대체로 遼寧省 新民 일대로 비정되고 있다(松井等,「隋唐二朝高句麗遠征の地理」,『朝鮮歷史地理(1)』, 南滿洲鐵道株式會社, 1913, 387~388쪽 ; 孫進己・馮永謙,『東北歷史地理(2)』, 黑龍江人民出版社, 1989, 209쪽 ; 여호규,『고구려성(2)』, 239쪽 ; 金毓黻, 동북아역사재단 역,『東北通史

회원진에서 요택遼澤을 지나 요수를 건너는 도하로로 고구려의 요충지인 요동성遼東城(랴오닝성[遼寧省] 랴오양[遼陽])에 이를 수 있었다. 남로는 요수 하류에서 건너는 도하로로 고구려의 요충지인 건안성建安城(랴오닝성 카이저우[蓋州] 고려성산성[高麗城山城])에 이를 수 있었다.[8]

〈자료 3-1〉 고구려-수 전쟁 당시 고구려의 첫 번째 방어선이 되었던 랴오허강(여호규 제공)

수군은 요수에 도달하였지만 도하는 녹록치 않았다. 고구려가 요수 동쪽에 군사를 배치하면서 적극적인 방어 태세를 취하고 있었기 때문이었다(〈자료 3-1〉). 중로를 통해 요동성으로 진군하고자 했던 수양제는 요수 도하를 위해 공부상서工部尙書 우문개宇文愷에게 명하여 부교浮橋 3개를 제작토록 하였다. 그리고 완성된 부교의 한쪽 끝을 요수 동쪽에 대고자 하였

(下)』, 동북아역사재단, 2007, 483쪽 ; 趙曉剛·沈彤林, 「隋遼東郡及通定鎭考略」, 『沈陽考古文集』 1, 科學出版社, 2007 ; 이정빈, 『고구려-수 전쟁 : 변경 요서에서 시작된 동아시아 大戰』, 주류성, 2018, 19~20쪽.

8　金毓黻, 『東北通史(下)』, 483~486쪽.

으나, 부교의 길이가 짧아 댈 수 없었다. 이때 고구려군이 나타나자 수군은 강물로 뛰어들어 교전을 펼쳤는데, 고구려군이 높은 언덕에 올라 수군을 공격함으로써 도하를 저지하였다. 요수 주변의 지형을 적절히 활용하여 도하를 막았던 것이다. 도하에 실패한 수양제는 부교의 필요성을 절감하면서 소부감少府監 하조何稠에게 이전보다 긴 부교를 제작토록 명하였다. 그리고 완성된 부교를 요수 동쪽 기슭에 대는 데 성공함으로써 비로소 도하할 수 있었고 요수 동쪽에서 고구려군 만여 명을 전사시켰다.

한편 『수서隋書』 제기帝紀를 보면 고구려와 수의 요수 전투가 3월에 있었고, 갑자甲子일에 수군이 요수를 건넜다고 나온다.[9] 그런데 612년 3월에는 갑자일이 없다. 일간지日干支의 오류가 보이는 것이다. 『자치통감資治通鑑』을 보면 수양제의 요수 도착, 수군의 요수 도하 그리고 후술할 요동성 포위 모두 612년 2월에 이루어진 것으로 나온다.[10] 기본적으로 『수서』를 인용하였지만 3월에 해당하는 일간지가 역법에 맞지 않기 때문에 그 일간지를 적지 않고 생략해버린 것이다. 그렇다면 갑자일은 혹 갑오일甲午(15일)의 오기가 아닐까? 그렇게 본다면 고구려의 거센 저항으로 요수를 건너지 못했다는 3월 무술일戊戌(19일) 등의 일간지와 맞출 수 없게 된다.[11] 갑오일이라고 보기도 어려운 것이다.

갑자일은 비록 612년 3월에는 없지만 4월에는 있다. 그리고 『수서』 제기의 기사를 보면 3월 다음에 4월 없이 5월로 넘어간다. 이러한 점들을 감안하면 『수서』 제기에 보이는 수양제와 수군이 요수를 건넜다는 갑자

---

9 『隋書』卷4 帝紀4 煬帝下 大業 8年 3月, "甲子, 車駕渡遼. 大戰於東岸, 擊賊破之, 進圍遼東."
10 『資治通鑑』卷181 隋紀5 煬帝 大業 8年 2月.
11 이정빈, 『고구려-수 전쟁 : 변경 요서에서 시작된 동아시아 大戰』, 192쪽.

일은 3월이 아닌 4월 갑자일(15일)이라고 추정된다. 『책부원귀册府元龜』를 보면 수양제가 요수 도하 후에 행한 조서 반포가 4월에 있었다고 나오는데,[12] 이 또한 수군의 요수 도하가 4월에 이루어졌음을 시사한다. 만약 수군의 요수 도하가 612년 4월 갑자일에 이루어졌다면 수군은 요수를 건너는 데 한 달여가 걸린 셈이다. 요수를 지키던 고구려군은 비록 수군의 도하를 저지하는 데는 실패하였지만, 도하를 한 달 가까이 지연시킴으로써 후방에 있는 아군에게 전투에 대비할 수 있는 충분한 시간을 벌어 주었다.

4월 중순에 수군이 요수를 건넌 이후에는 양국 간에 성곽전이 전개되었다. 고구려군은 요수를 사이에 두고 수군과 전투를 벌이기는 하였지만, 성을 중심으로 한 방어에 중점을 두었다. 수군과 비교했을 때 병력 수에서 큰 차이를 보이고 있는 만큼 최대한 군사들을 노출시키지 않은 채 피해를 최소화하면서 방어해야 했기 때문이다.[13] 고구려군은 성에 미리 군량과 무기를 충분히 비축하면서[14] 수군과의 성곽전에 대비하였다.

고구려가 성곽전 위주의 전략·전술을 펼 수 있었던 것은 성 중심의 방어체계가 견고하게 구축되어 있었기 때문이다. 고구려는 도성에 평지성과 산성을 동시에 두는 이원적 도성체계, 국경지대에서 도성에 이르는 교통로 상에 성을 촘촘히 배치하는 축선 방어체계를 구축하였다. 또한 도성으로 들어오는 길목마다 성을 축조하면서 호형 방어선을 구축하였

12 　『册府元龜』卷83 帝王部83 赦宥2 大業 8년 4월.
13 　고구려의 성 방어체계에 대해서는 여호규, 「고구려의 성과 방어체계」, 『고구려의 문화와 사상』, 동북아역사재단, 2007을 참고하기 바란다.
14 　645년 고구려-당 전쟁 때 蓋牟城에는 양곡 10여만 석(『新唐書』卷236 列傳145 高麗), 遼東城에는 양곡 50만 석이 있었다고 하는데(『舊唐書』卷199上 列傳149上 高麗), 이와 같이 고구려 성에 군량이 비축되어 있는 모습은 고구려-수 전쟁 때에도 다르지 않았다고 여겨진다.

는데, 이와 같은 여러 계통의 성 방어체계가 개별·분산적으로 존재하는 것이 아닌 유기적으로 결합됨으로써 고구려 영역 전체에 걸친 입체적 군사 방어체계를 구축하였다.[15] 고구려는 바로 이러한 성 방어체계를 바탕으로 성곽전 수행은 물론, 청야전이나 유인전 등과 같은 다양한 전술을 구사할 수 있었다.

고구려가 견고한 성 방어체계를 바탕으로 적극적인 성곽전을 수행하고자 하였을 때, 수군은 당황하였을 가능성이 높다. 전술하였듯이 수군은 대규모 병력을 동원한 무력시위를 통해 고구려군의 항복을 이끌어 내거나 혹은 전쟁 수행의지를 꺾고자 하였다. 수군은 요수 도하에도 성공한 만큼 고구려군의 전쟁 수행의지가 꺾였을 것이라 예상했지만, 고구려는 계속해서 항전 의지를 보여주었던 것이다.

양국 간의 가장 대표적인 성곽전이라고 한다면 4월부터 벌어진 요동성 전투를 들 수 있다. 요동성은 전술하였듯이 랴오닝성 랴오양에 위치하고 있었다.[16] 랴오양은 고대부터 동북지방의 중심지로 랴오둥평원遼東平原과 톈산산맥千山山脈의 접이지대에 자리잡고 있는데, 예로부터 랴오둥평원을 따라 랴오둥반도遼東半島와 훈허강渾河 방면뿐만 아니라 톈산산맥을 넘어 압록강 일대로 나아가는 육상로가 발달한 교통의 요충지였다.[17]

---

15 여호규, 『고구려성(2)』, 46~47쪽 ; 「고구려의 성과 방어체계」, 318쪽.
16 柳城(遼寧省 朝陽)에서 遼東城(랴오닝성 遼陽)까지의 구체적인 隋軍 경로를 규명하는 데 있어서 『新唐書』 地理志에 인용되어 있는 賈耽의 『古今郡國縣四夷述』 逸文 중 營州入安東道가 주목된다. 영주입안동도는 唐代의 교통로로서 營州(차오양)에서 출발하여 燕郡城과 汝羅守捉을 거쳐 安東都護府, 즉 랴오양에 도달하였다고 한다. 영주의 柳城郡에 있었던 汝羅, 懷遠, 巫閭, 襄平 등의 守捉까지 감안하면 영주입안동도는 영주-연군성(랴오닝성 義縣)-여라수착(이현 王民屯 혹은 盧君堡)-회원수착(랴오닝성 北鎭)-무려수착(북진 寥屯鄕 大亮甲村)으로 이어졌다고 볼 수 있는데(이성제, 「高句麗와 遼西橫斷路」, 『한국사연구』 178, 한국사연구회, 2017, 43~48·57쪽), 수군은 바로 이 경로를 통해 차오양에서 다량자촌에 이른 후 臺安孫城子-鞍山의 중로를 통해 遼河를 건너 랴오양에 도달하였던 것으로 추정된다.
17 여호규, 『고구려성(2)』, 304쪽.

이와 같이 랴오양이 교통의 요충지로서 전략적으로 매우 중요하였기 때문에 수는 물론 당 또한 고구려 원정에 나섰을 때 요동성을 함락시키고자 심혈을 기울였다.[18]

현재는 요동성의 흔적을 전혀 찾아볼 수 없지만, 북한 평안남도 순천군 용봉리에 위치한 요동성총에 요동성 성곽도가 그려져 있어 어느 정도 그 모습을 유추할 수 있다.[19] 벽화에 담겨 있는 요동성을 보면 평지성으로 성의 서쪽에는 산이 있고 동쪽에는 강이 흐르고 있다. 평면은 장방형이고 외성外城과 내성內城으로 이루어져 있다. 문으로는 외성에 동문, 서문, 남문이 있는데, 문루를 갖추고 있다. 성벽에는 성가퀴와 치가 있고, 모서리마다 각루를 갖추고 있다. 그리고 내성에는 2층 기와집과 3층 목탑이 있다. 지배층의 저택과 관청 그리고 사찰 등이 들어서 있는 것을 볼 때 항시적으로 군사와 주민이 주둔하던 지방 거점성으로 추정된다.

수군은 요동성에 대해 포차抛車,[20] 운제雲梯,[21] 충제衝梯,[22] 비루飛樓,[23] 당차撞車,[24] 지도地道,[25] 팔륜누거八輪樓車[26] 등 각종 공성기구들을 총동원하면

---

18 여호규·강현숙·백종오·김종은·이경미·정동민, 『중국 소재 고구려 유적과 유물(VII) : 요동반도·태자하 유역』, 동북아역사재단, 2020, 405쪽.

19 고고학 및 민속학 연구소, 「평안남도 순천군 룡봉리 요동성총 조사보고」, 『고고학자료집』 1, 1958.

20 지레의 원리를 이용하여 石環을 발사하는 攻城기구로, 人馬를 살상하기 위한 목적보다는 성벽이나 망루 등의 방어시설이나 방어병기 그리고 성 안에 있는 각종 시설을 파괴하는 데 사용하였다(임용한, 『전쟁과 역사-삼국편』, 혜안, 2001, 151~152쪽 ; 篠田耕一, 신동기 역, 『무기와 방어구(중국편)』, 들녘, 2001, 180~182쪽 ; 市川定春, 이규원 역, 『환상의 전사들』, 들녘, 2007, 325~326쪽 ; 水野大樹, 이재경 역, 『도해 고대병기』, AK triva book, 2012, 144~145쪽).

21 긴 사다리가 탑재된 차로 사다리를 타고 성 안에 들어가거나 정찰할 때 사용하였다(임용한, 『전쟁과 역사-삼국편』, 153~154쪽 ; 篠田耕一, 『무기와 방어구(중국편)』, 214쪽 ; 市川定春, 『환상의 전사들』, 322쪽 ; 水野大樹, 『도해 고대병기』, 122~123쪽).

22 사다리에 무거운 것을 달고 성문이나 성벽에 충격을 가해 무너뜨리는 차이다.

23 누각 같은 것을 높이 세운 차로 성 안을 정찰하거나 공격하는 데 사용하였다(市川定春, 『환상의 전사들』, 325쪽 ; 篠田耕一, 『무기와 방어구(중국편)』, 208쪽 ; 水野大樹, 『도해 고대병기』, 130~131쪽).

서²⁷ 대대적인 공세를 펼쳤지만 결국 함락시키지 못하였다. 그 이유에 대해 사료에는 다음과 같이 기록하고 있다.

> **A** 황제(수양제)는 여러 군에 명하여 (요동성을) 공격하게 하였다. 또한 여러 장수에게 명하여 "고(구)려가 만약 항복을 하면 마땅히 위무하여 받아들이고, 함부로 군사를 풀어 약탈해서는 안된다"고 하였다. 성이 막 함락될 즈음 적(고구려)은 곧 항복하겠다고 청하였으나, 여러 장수들이 황제(수양제)의 교지帝旨에 따라 감히 그 기회를 이용하여 공격하지 못하고 먼저 달려가서 아뢰었다. 답보가 도착할 무렵이면 적들의 수비 역시 정비되어 나와서 저항하였다. 이와 같이 하기를 두세 번 되풀이하였으나 황제(수양제)는 깨닫지 못하였다. 이로 말미암아 군량은 다하고 군사는 지친 데다, 군량 수송마저 이어지지 않아 여러 군이 패전하니, 결국 군대를 돌리고 말았다.²⁸
>
> 『수서』 권81 열전46 고려

---

24 성문이나 성벽을 부수기 위한 당추가 달려 있는 차이다(임용한, 『전쟁과 역사-삼국편』, 152쪽 ; 水野大樹, 『도해 고대병기』, 118~119쪽).

25 땅을 파는 도구라는 견해(이병도, 『국역 삼국사기(상)』, 462쪽), 성벽 밑에 판 통로라는 견해(市川定春, 『환상의 전사들』, 323~324쪽 ; 水野大樹, 『도해 고대병기』, 142~143쪽), 성벽을 무너뜨리기 위해 성벽 밑에 설치한 장치라는 견해(『三才圖會』器用8 地道) 등이 있다.

26 망루가 설치되어 있는 바퀴 8개 달린 차이다. 바퀴가 꼭 8개라는 것이 아니라 바퀴가 많은 차를 가리킨다고 보기도 한다(임용한, 『한국고대전쟁사(2)』, 혜안, 2012, 88쪽).

27 隋軍의 遼東城 공격 양상에 대해서는 비록 1년 후의 기록이기는 하나, 613년 고구려-수 전쟁 당시 遼東城 전투를 참고하였다(『資治通鑑』 卷182 隋紀6 煬帝 大業 9년 4월). 한편 요동성에서 八輪樓車를 제작하여 성곽전에 투입하였다는 기록을 볼 때(『資治通鑑』 卷181 隋紀5 煬帝 大業 9년 6월, "又作八輪樓車, 高出於城.") 공성기구는 전장에서 제작하였던 것으로 추정된다(이동준, 「隋煬帝의 高句麗 원정과 군사전략」, 『學林』 30, 연세사학연구회, 2009, 152쪽). 공성기구는 크고 무거워 먼 거리를 이동하기가 쉽지 않다. 그러므로 공성기구 자재들을 戎車 등을 통해 가져와서, 함락하고자 하는 성곽에 맞추어 輜重戎車散兵으로 참전한 工人들이 공성기구를 제작하고 이를 전투에 투입시켰던 것으로 추정된다.

28 『隋書』 卷81 列傳46 高麗, "帝令諸軍攻之. 又勅諸將 高麗若降者, 即宜撫納, 不得縱兵. 城將陷, 賊輒言請降, 諸將奉旨不敢赴機, 先令馳奏. 比報至, 賊守禦亦備, 隨出拒戰. 如此者再三, 帝不悟. 由是食盡師老, 轉輸不繼, 諸軍多敗績, 於是班師."

기사 A에 따르면 수군 지휘부는 전투에 대한 모든 상황을 수양제에게 보고하고 그 지시를 따라야만 했는데, 수군 지휘부가 수양제에게 보고하고 지시를 기다리는 사이 고구려군이 전열을 재정비하면서 요동성을 지켜낼 수 있었다고 한다. 기사대로 수군 지휘부와 수양제 간 보고·지시가 이루어지는 사이에 고구려군이 전열을 재정비할 수 있었다고 한다면 보고·지시가 이루어지는 시간이 그리 짧지 않았다고 볼 수 있다. 즉, 요동성 전투 당시 수양제가 전장인 요동성이 아닌 다른 곳에 있으면서 전투 상황을 보고받고 지시를 내렸다고 볼 수 있다는 것이다. 실제 수양제가 '6월 기미일己未(11일)에 요동성에 도착하여 제장을 책망하였다'라는 기록을 보면[29] 4~5월에 수양제가 요동성에 있지 않았음을 확인할 수 있다.

그렇다면 요동성 전투가 한창이었던 4~5월에 수양제는 어디에 있었던 것일까? 이와 관련하여 아래의 기사가 주목된다.

> **B-①** (대업 8년[612년] 3월) 갑자甲子일에 거가가 요遼(요수)를 건너 동쪽 언덕 東岸에서 크게 싸웠는데, 적(고구려군)을 공격하여 그들을 격파하고, 나아가 요동성遼東城을 포위하였다. (수양제는) 을미乙未일에 대돈大頓에서 큰 새 두 마리를 보았다. 키는 1장丈여이며, 하얀 몸에 붉은 발을 하고 있었고, 유유자적하며 헤엄치고 있었다. 황제(수양제)가 이를 기이하게 여겨 공인工에게 명하여 그리게 하고, 아울러 칭송하는 글을 새기도록 하였다. 5월 임오壬午일에 납언納言 양달楊達이 죽었다.[30]
>
> 『수서』 권4 제기4 양제하 대업 8년 3·5월

---

29 『隋書』 卷4 帝紀4 煬帝下 大業 8년 6월, "六月, 己未, 幸遼東, 責怒諸將."
30 『隋書』 卷4 帝紀4 煬帝下 大業 8년 3·5월, "甲子, 車駕渡遼, 大戰於東岸, 擊賊破之, 進圍遼東. 乙未, 大頓見二大鳥, 高丈餘, 縞身朱足, 遊泳自若. 上異之, 命工圖寫, 并立銘頌. 五月, 壬午, 納言楊達卒."

> B-② (대업 8년[612년]) 요동遼東(고구려)으로 출정하였다. 황제(수양제)가 임해돈臨海頓에 머물렀는데, 큰 새를 보고 기이하게 여기었다. (우)작綽에게 명하여 글을 새기게 하였다. 그 글은 다음과 같으니 "대업 8년 임신壬申 여름 4월 병자丙子일, 황제가 요갈遼碣을 평정하고, 군대를 돌려 황제가 탄 수레가 남쪽으로 가다가, 란기鸞旗가 서쪽으로 가서 행궁이 유성현柳城縣의 임해돈에 다다랐다".[31]

『수서』 권76 열전41 우작

기사 B-①에 따르면 수양제는 612년 3월 갑자일에 요수를 건너 요동성을 포위하였고, 을미乙未일에 대돈大頓에서 큰 새 두 마리를 보았다고 한다. 전술하였듯이 수군은 3월이 아닌 4월 갑자일 즉, 4월 15일에 요수를 건넜던 것으로 추정된다. 대돈에서 큰 새를 보았다는 을미일은 5월에 있는데, 5월 17일에 해당한다. 그리고 을미일 기사 다음으로는 임오壬午일에 양달楊達이 죽었다는 내용이 이어지는데, 임오일은 5월 4일에 해당한다. 즉, 일간지 상에 오류가 보이는 것이다. 그러므로 이 기사를 통해서는 수양제가 대돈에 머무른 시기를 파악하기 어렵다.

하지만 기사 B-②를 통해서 수양제가 머물렀다는 대돈이 임해돈臨海頓이었고, 4월 병자일丙子(27일)에 도착하였음을 알 수 있다. 즉, 수양제는 4월 병자일부터 요동성으로 떠나는 6월 초까지 임해돈에 머무르고 있었던 것이다. 임해돈은 고구려-수 전쟁 당시 사예대司隷大의 장관격인 사예대부司隷大夫 왕침王綝이 감독하였고[32] 수군이 철군할 때 다음 원정을 대비하여 군량을 미리 옮겨 놓았을 만큼 중요한 곳이었다.[33]

---

31 『隋書』卷76 列傳41 虞綽, "從征遼東, 帝舍臨海頓, 見大鳥, 異之. 詔綽爲銘. 其辭曰, 維大業八年, 歲在壬申, 夏四月, 丙子, 皇帝底定遼碣, 班師振旅, 龍駕南轅, 鸞旗西邁, 行宮次於柳城縣之臨海頓焉."

32 『隋書』卷43 列傳8 觀德王雄弟達, "帝令綝於臨海頓別有所督."

그렇다면 수양제가 머물렀던 임해돈은 어디일까? 임해돈은 망해돈望海頓이라고도 부르는데, 기사 B-②에 보이는 것처럼 유성현柳城縣의 관할에 있었다. 임해돈은 기사 B-②에 보이는 수양제의 이동 경로와 그 명칭을 볼 때 요동성의 남서쪽으로 바다와 가까운 지역에 있었다고 추정된다.[34] 그리고 『자치통감』의 주註를 작성한 호삼성胡三省은 '요서遼西의 변경에 있었다'라고 기록하였는데,[35] 이를 참고하면 당시 수군의 최전방 군수물자 보급기지였던 회원진이나 노하진과 거의 같은 선상이거나 약간 서쪽에 위치하고 있었던 것으로 보인다.[36] 이를 종합해 본다면 임해돈은 다링허강大凌河 하류의 랴오닝성 진저우錦州 일대에 있었을 것으로 추정된다.[37] 요동성이 위치한 랴오양에서 진저우까지의 거리는 약 200여 km이다. 요동성에 있던 수군 지휘부가 임해돈에 머물고 있던 수양제에게 보고하고 그 지시를 받는 데 최소 400km라는 공간적 거리가 형성된 것이다.

수양제는 수군이 요수를 건너 요동성을 포위하였을 때 승리를 확신하였던 것으로 추정된다. 그리하여 요동성 주변에 머무르지 않고 후방인 임해돈에 머무르면서 전쟁을 지휘하였던 것으로 보인다.[38] 이로 인해 수

---

33 『資治通鑑』卷181 隋紀5 煬帝 大業 8년 8월.
34 이정빈, 「6세기 후반~7세기 초반 고구려의 서방 변경지대와 그 변화-요서 고구려의 邏와 수의 鎭·戍를 중심으로」, 『역사와 현실』82, 한국역사연구회, 2011, 123쪽.
35 『資治通鑑』卷181 隋紀5 煬帝 大業 8년 7월 胡三省 註, "望海頓, 當在遼西界."
36 臨海頓이 瀘河鎭의 별칭 내지 그 부속시설이었다는 견해가 있다(이정빈, 「6세기 후반~7세기 초반 고구려의 서방 변경지대와 그 변화-요서 고구려의 邏와 수의 鎭·戍를 중심으로」, 123쪽).
37 譚其驤 主編, 『中國歷史地圖集(5)』, 地圖出版社, 1982, 20쪽; 林汀水, 「遼東灣海岸線的變遷」, 『中國歷史地理論叢』1991-2, 1991, 6쪽; 이정빈, 「6세기 후반~7세기 초반 고구려의 서방 변경지대와 그 변화-요서 고구려의 邏와 수의 鎭·戍를 중심으로」, 122~123쪽.
38 기사 B-②에 따르면 隋煬帝는 遼水를 건넌 후 남쪽으로 향하였다가 다시 서쪽으로 향하면서 臨海頓(遼寧省 金州)에 도달하였다고 하는데, 그 이동 방향을 감안하면 처음에 수양제가 요수로 진군했던 경로, 즉 랴오닝성 北鎭 寥屯鄕 大亮甲村에서 臺安 孫城子-鞍山의 중로를 통해 遼河를 건넜던 경로로서 임해돈으로 이동하였다고 보기 힘들다. 아마도 랴오닝성 朝陽에서 遼臺(랴오닝성 海城 西四鎭)를 거쳐 遼陽에 이르는 古道를 이용하였다고 여겨지는데, 구체적으

양제와 전장에 있던 지휘관 사이에 공간적인 거리가 형성되어 지휘관과 수양제 간 보고·지시의 신속성이 크게 떨어졌고, 전선 부대는 장기간 공황 상태에 빠지게 되었다.

지휘관들이 수양제에게 전투에 대한 상황을 보고하고 지시를 기다리는 사이에 전투 양상은 시시각각 변했다. 하지만 이러한 지휘체계로 인하여 수군은 그 변화에 바로 대처하지 못하였다. 결국 고구려군은 수군 지휘체계의 문제점으로 인해 전열을 재정비할 수 있는 시간을 얻게 되었고 수군의 계속된 공격을 막아낼 수 있었다. 6월에 이르러서는 수양제가 요동성에 다시 가서 전투를 지휘하였지만 수군은 끝내 요동성 함락에 실패하였다.

위와 같이 수군이 요동성에서 승리하지 못한 이유로 '전투 지휘관과 수양제 간 보고·지시의 신속성 결여'라는 지휘체계의 문제점을 들 수 있었는데, 지휘체계에 있어 또 다른 문제점도 있었던 것으로 보인다. 전술하였듯이 각 군에는 수항사자 1명이 배치되어 있었는데, 그 역할 가운데 하나는 황제의 조서를 받드는 것이었다. 이로 미루어 볼 때 각 군 최고 지휘관인 대장大將의 전투에 대한 주요 상황 보고나 의견 표명 또한 수항사자를 통해 수양제에게 전달되었을 것으로 여겨진다.[39] 그런데 수항사자의 또 다른 역할이 대장을 통제·견제하는 것이었기 때문에 대장의 보고나 의견을 일부 무시하거나 임의로 내용을 선택하여 수양제에게 보고를 올렸을 가능성이 있다. 즉 '수양제가 전투를 지휘하는 대장으로부터 직접 보고를 받지 못함으로 인한 정확한 전황 파악 실패' 또한 지휘체계의

로 안산-牛莊-시시진(요대)-般山-다량자촌-北鎭(懷遠鎭)-진저우(瀘河鎭)를 거쳐 도달하였다고 추정된다.

39 서인한, 『동북아의 왕자를 꿈꾸다』, 플래닛미디어, 2009, 217·237쪽.

문제점으로 들 수 있는 것이다.

이와 같이 수군 내부 지휘체계의 문제점 속에서 요동성을 차지하지 못한 이유를 찾을 수 있었는데, 그렇다면 고구려는 이러한 수군 지휘체계의 문제점을 인식하고 수군과 전투를 벌였을까? 고구려군이 그 문제점을 간파하여 의도적으로 '항복 의사'를 표명하고 시간을 벌었다는 견해가 있으나,[40] 명확한 정황은 딱히 보이지 않는다. 다만 수군 지휘체계의 문제점으로 인하여 고구려는 여러 차례 방어 태세를 재정비하여 요동성을 지킬 수가 있었고 전쟁을 장기전으로 몰아갈 수 있었다. 그리고 후술하겠지만 '별동대 편성'이라는 수군의 새로운 전술을 야기하기도 하였다.

2. 고구려의 성 방어체계 작동과 원사무기의 활약

종래에는 양국 간 성곽전이 요동성에서만 이루어진 것으로 많이 이해하여 왔다. 이러한 이해는 수군이 각기 다른 경로로 진군한 것이 아니라 랴오허강을 도하한 후 곧바로 요동성으로 접근하는 단일 경로를 선택하였다는 견해와 밀접하게 연관되어 있다.[41] 그렇다면 성곽전은 정말로 요동성에서만 이루어졌던 것일까? 비록 성곽전과 관련한 기록은 요동성 전투 밖에 없지만, 다음의 기사는 다른 지역에서도 성곽전이 전개되었을 가능성을 보여준다.

---

40 김영수, 「612년 여·수 전쟁과 고구려의 첩보전」, 『민족문화』 30, 한국고전번역원, 2007, 294쪽 ; 서인한, 『동북아의 왕자를 꿈꾸다』, 237쪽.
41 이동준, 「隋煬帝의 高句麗 원정과 군사전략」, 153쪽.

C (대업 8년[612년]) 5월 이미 고(구)려의 각 성高麗各城이 지켜지고 있으니 공격해도 함락되지 않았다.⁴²

『수서』 권4 제기4 양제하 대업 8년 5월

기사 C는 612년 5월경의 전황을 보여주고 있는데, 수군이 고구려의 성을 함락시키지 못함에 따라 고전하였다고 한다. 그런데 수군이 함락시키지 못한 '고려각성高麗各城'은 '고구려의 각 성'으로 해석할 수 있다. 즉, 수군은 고구려의 여러 성에서 고전하였다는 것이다.

회원진과 노하진 두 진에 최전방 군수물자 보급기지를 두었다는 기록,⁴³ 수양제가 제장에게 '세 길을 나누어 공격하면 반드시 서로 알게 하고, 독단적으로 행동하지 말며, 군대가 움직이게 된다면 반드시 상주문을 올리고 회보를 기다리라'고 명했다는 기록,⁴⁴ 왕인공王仁恭이라는 장수가 한 개의 군을 이끌고 가서 고구려군을 격파하였다는 기록,⁴⁵ 그리고 고구려의 성곽인 무려라武厲邏를 차지하였다는 기록⁴⁶ 등을 감안하면 수군이 여러 경로를 통해 고구려로 진군하였다고 여겨지는데, 여러 경로로 진군하던 중에 그 경로상에 위치한 고구려 성에서 전투를 벌였을 가능성은 매우 높다고 볼 수 있다.

이와 같이 고구려와 수 사이의 성곽전은 요동성 이외에 여러 고구려 성에서도 전개되었을 것으로 추정된다. 그리고 고구려군은 수군의 공격

---

42 『隋書』卷4 帝紀4 煬帝下 大業 8년 5월, "五月, 旣而高麗各城守, 攻之不下."
43 『資治通鑑』卷181 隋紀5 煬帝 大業 7년 12월, "又發民夫運米, 積於瀘河・懷遠二鎭."
44 『資治通鑑』卷181 隋紀5 煬帝 大業 8년 5월, "公等進軍, 當分爲三道, 有所攻擊, 必三道相知, 毋得輕軍獨進, 以致失亡. 又, 凡軍事進止, 皆須奏聞待報, 毋得專擅."
45 『隋書』卷65 列傳30 王仁恭, "明年, 復以軍將指扶餘道, 帝謂之曰, 往者諸軍多不利, 公獨以一軍破賊."
46 『隋書』卷81 列傳46 高麗, "是行也, 唯於遼水西拔賊武厲邏, 置遼東郡及通定鎭而還."

을 막아내며 성을 지켜냈다. 그렇다면 고구려군이 수성할 수 있었던 요인은 무엇이었을까? 여러 요인이 있겠지만 전투 수행에 있어 기본 요소인 무기·무장武裝을 빼놓을 수는 없을 것이다. 그렇기 때문에 당시 고구려의 무기·무장에 대하여 살펴볼 필요가 있다.

당시 고구려가 수성전에 사용한 무기·무장을 살펴보는 데 있어 랴오닝성 선양瀋陽에 위치하고 있는 석대자산성石臺子山城을 주목하고자 한다 (〈자료 3-2〉). 고구려의 무기·무장과 관련된 유물이 많이 출토되었고, 비교적 후대에 축조된 것으로 추정되면서 고구려 후기의 성곽전 상황을 파악하는 데 적합하다고 여겨지기 때문이다.[47] 특히 토축 성벽에서 수대隋代 오수전五銖錢이 출토되었다는 점은 주목할 만하다. 589년 수가 중국 대륙을 통일하였을 때 고구려 평원왕平原王은 군사를 훈련시키고 군량을 확보하였는데,[48] 이를 통해 고구려가 수의 침입에 대비해 군사적 대책을 세우고 있었음을 알 수 있다. 이와 같이 군사적 대책을 세우는 상황에서 기존 성곽에 대한 개축·보수 작업도 하였을 것이라고 추정되는데, 토축 성벽에서 출토된 수대 오수전은 석대자산성 또한 수의 침입에 대한 대비 속에서 개축·보수되었을 가능성을 시사한다.[49]

---

[47] 瀋陽 石臺子山城은 1980년에 처음 발견된 후 1987년부터 장기간에 걸쳐 꾸준한 발굴이 이루어졌는데, 산성에 대한 발굴 조사 및 자세한 내용은 遼寧省文物考古硏究所·瀋陽市文物考古硏究所, 『石臺子山城(上·下)』, 文物出版社, 2005 ; 여호규·강현숙·백종오·김종은·이경미·정동민, 『중국 소재 고구려 유적과 유물(Ⅸ : 심양 석대자산성)』, 동북아역사재단, 2020을 참고하기 바란다.

[48] 『隋書』卷81 列傳46 高麗, "及平陳之後, 湯大懼, 治兵積穀, 爲守拒之策."

[49] 여호규는 서남문에서 안쪽 토석혼축벽이 석축 성벽의 문길을 덮고 있으며 토축 성벽에서 隋代 五銖錢이 출토된 점을 근거로 石臺子山城이 2차에 걸쳐 사용되었고 성벽도 2차에 걸쳐 축조되었을 것으로 추정하였다. 그러면서 석축 성벽은 정교하고 치밀하게 축조되었다는 점을 들어 비교적 안정된 시기에 축조되었고, 토축 성벽은 7세기 전반의 국가적 위기 상황에서 급히 개축되었던 것으로 보았다(여호규, 『고구려성(2)』, 235쪽).

〈자료 3-2〉 선양 석대자산성의 원경(위)과 표지석(아래)

석대자산성에서는 동기, 철기, 토기, 석기, 골각기 등 1,100여 점의 유물이 출토되었다. 그 가운데 철제 방어구로는 투구편과 소찰小札, 그리고 철제 공격용 무기로는 화살촉, 칼刀, 창矛, 창고달이, 도자削, 비수匕首 등이 출토되었다. 그 외에 성곽 방어와 관련한 무기로 마름쇠 1점과 투석용 석환石環 2점이 출토되었다.

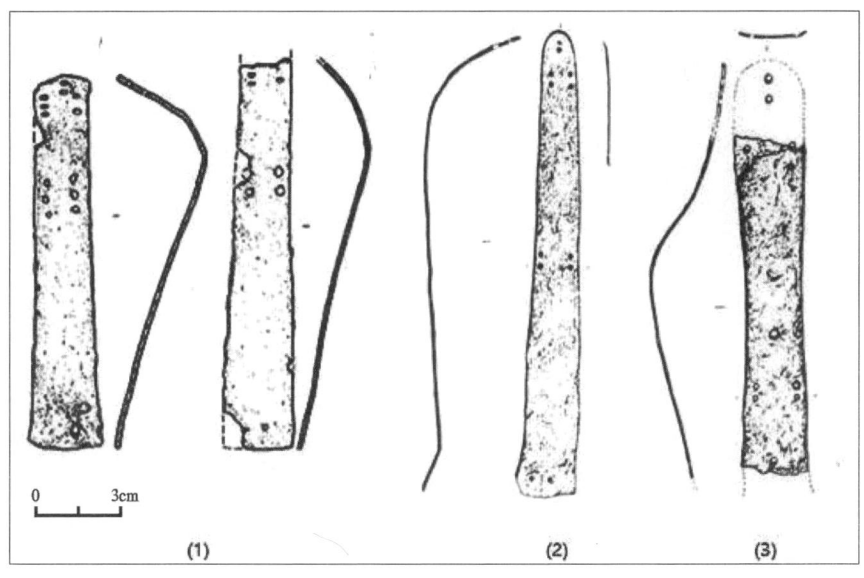

〈자료 3-3〉 고구려 유적에서 출토된 만곡종장판주 장찰
(1) 선양 석대자산성 (2) 지안 마선구2100호분 (3) 지안 태왕릉
(遼寧省文物考古硏究所·潘陽市文物考古硏究所,『石臺子山城(上)』, 文物出版社, 2012, 112쪽 ; 吉林省文物考古硏究所·集安市博物館,『集安高句麗王陵』, 文物出版社, 2004, 159·281쪽)

먼저 방어구를 살펴보면 투구편은 15점이 출토되었다. 모두 윗부분은 좁고 아랫부분이 넓은 세방형細方形으로 일부는 "S"자형으로 휘어져 있다 (〈자료 3-3〉의 (1)).[50] 한편 이와 비슷한 형태의 투구편이 고구려의 두 번째

---

50 遼寧省文物考古硏究所·潘陽市文物考古硏究所,『石臺子山城(上)』, 113·131~132·144쪽.

〈자료 3-4〉 푸순 고이산성에서 출토된 만곡종장판주

수도인 지린성吉林省 지안集安의 마선구2100호분麻線溝2100號墳(〈자료 3-3〉의 (2)),[51] 태왕릉太王陵(〈자료 3-3〉의 (3))[52] 등에서 출토되었는데, 이들 투구편은 만곡종장판주彎曲縱長板冑의 장찰長札로 추정되고 있다.[53] 이를 감안하면 석대자산성에서 출토된 투구편 또한 만곡종장판주의 장찰로 볼 수 있다.[54] 고구려 유적에서 출토된 유물과 고분벽화를 참고해보면 4세기 중반에 종장판주縱長板冑와 만곡종장판주, 5세기 중엽에 소찰주小札冑가 나타난 것으로 추정된다. 그런데 고구려 후기의 성곽으로 추정되는 석대자산성에서 만곡종장판주의 장찰이 출토되었다는 점에서 만곡종장판주는 소찰주가 등장한 이후에도 계속해서 사용된 것으로 보인다(〈자료 3-4〉).

또 다른 방어구 관련 유물인 소찰은 200점이 출토되었는데, 이를 통해 고구려군이 찰갑札甲을 착용하고 있었음을 알 수 있다. 찰갑은 소찰들을 연결하여 제작한 갑옷으로 유동성이 좋도록 신체에 맞게 제작되면서 활

---

51 吉林省文物考古硏究所·集安市博物館,『集安高句麗王陵』, 文物出版社, 2004, 158~161쪽.
52 吉林省文物考古硏究所·集安市博物館,『集安高句麗王陵』, 281~282쪽.
53 송계현,「환인과 집안의 고구려갑주」,『북방사논총』3, 고구려연구재단, 2005, 174~175쪽.
54 集安 禹山下3319號墳에서 출토된 일부 小札 또한 彎曲縱長板冑의 長札로 추정된다(吉林省文物考古硏究所·集安市博物館,「洞溝古墳群禹山墓區JYM3319號墓發掘報告」,『吉林集安高句麗墓葬報告集』, 科學出版社, 2009, 264·267쪽).

동하기가 용이하였다. 또한 끈으로 연결된 소찰들이 외부의 충격을 흡수함으로써 방어력이 높은 갑옷으로 평가 받고 있다.[55] 소찰은 많은 고구려의 성곽과 고분에서 출토되었다. 그리고 찰갑은 고분벽화를 통해 확인할 수 있다.[56] 소찰이나 찰갑을 확인할 수 있는 유적 가운데 지안의 만보정 242호분萬寶汀242號墳,[57] 칠성산211호분七星山211號墳[58] 등이 축조시기가 가장 이른 것으로 여겨지는데, 대체로 3세기 중·후반 경으로 추정되고 있다. 이를 감안하면 고구려는 그 무렵부터 찰갑을 제작하였다고 볼 수 있다.

고분벽화에 보이는 갑옷을 보면 그 유형을 알 수 없는 남포 덕흥리벽화고분과 용강 감신총 등을 제외하고 모두 찰갑이다.[59] 그리고 고구려 유적에서 갑옷과 관련한 유물로 소찰 이외에 아무 것도 발견되지 않았다. 이로 볼 때 고구려시기의 대표적인 갑옷은 찰갑이었고, 장기간에 걸쳐 사용되었을 것으로 추정된다. 즉, 고구려-수 전쟁 당시 고구려군은 만곡종장판주와 찰갑을 착용하고 전투에 나섰을 가능성이 높은 것이다.

다음으로 공격용 무기를 살펴보면 화살촉 265점, 도자 23점, 칼 3점, 비수 1점, 창 2점, 창고달이 1점 등이 출토되었다. 출토된 공격용 무기의

---

55 고구려 유적에서 출토된 小札에 대해서는 본서 부록 Ⅲ장 2절을 참고하기 바란다.
56 고구려의 札甲은 桓仁 五女山城의 철기저구구덩이에서 출토된 바 있다(遼寧省文物考古硏究所, 『五女山城-1996~1999, 2003年 桓仁五女山城調査發掘報告』, 文物出版社, 2004, 180쪽). 고구려의 유적에서 확인되는 투구 및 갑옷의 모습과 변화에 대해서는 본서 부록 Ⅲ장 2절을 참고하기 바란다.
57 吉林集安縣文管所,「集安萬寶汀墓區242號古墳淸理簡報」,『考古與文物』1982-6, 1982, 19쪽.
58 여호규,「集安地域 고구려 超大型積石墓의 전개과정과 被葬者 문제」,『한국고대사연구』41, 한국고대사학회, 2006, 97쪽.
59 남포 덕흥리벽화고분의 행렬도에서 중장기병이 착용한 갑옷에 대해 明光甲으로 보는 견해(장경숙,「고구려 고분벽화에 묘사된 갑주」,『慶州文化硏究』6, 경주대학교 경주문화연구소, 2003, 127~128쪽)와 板甲으로 보는 견해(송계현,「韓國 古代의 甲冑」,『한국고대의 갑옷과 투구』, 국립김해박물관, 2002, 67쪽)가 있다. 그리고 용강 감신총에 그려져 있는 문지기가 착용한 사선과 평행선으로 표현된 갑옷에 대해 布나 皮로 제작한 것으로 보기도 한다(송계현,「韓國 古代의 甲冑」, 67쪽 ; 국사편찬위원회,『나라를 지켜낸 우리 무기와 무예』, 두산동아, 2007, 50쪽).

수량을 감안한다면 고구려군은 활, 칼, 창 등을 주로 사용하였고, 수성전의 특성상 원사무기를 적극적으로 활용하였다고 여겨진다.

공격용 무기 가운데 가장 많이 출토된 화살촉을 살펴보면 265점 가운데 보존이 양호한 것은 251점이다. 촉두鏃鋒의 형태를 보면 규형圭形은 102점, 추형錐形은 41점, 모형矛形은 61점, 유엽형柳葉形은 23점, 삼익형三翼形은 10점, 산형鏟形은 13점이다. 그리고 평균적으로 촉두는 길이 3.17cm, 너비 0.94cm, 두께 0.43cm, 촉신鏃身은 길이 7.36cm, 너비 0.6cm, 두께 0.39cm이다.

〈표 3-1〉 석대자산성과 남한 고구려 보루 출토 철제 화살촉의 속성(단위 : cm)

출토 유적	분석대상 수량	촉두			촉신		
		평균 길이	평균 너비	평균 두께	평균 길이	평균 너비	평균 두께
석대자산성	251	3.17	0.94	0.43	7.36	0.6	0.39
아차산3보루[60]	65	1.89	0.82	0.29		0.62	0.44
아차산4보루[61]	51	2	0.88	0.38		0.66	0.51
시루봉보루[62]	27	1.98	0.82	0.33			
홍련봉2보루[63]	126	1.6	0.8				
용마산2보루[64]	18	2.23	1.05	0.36			0.46
구의동보루[65]	8	1.52			12		
남성골산성[66]	56	2.3			5		
호로고루성[67]	31	2.35			7.8		
평균 (석대자산성 제외)		1.98	0.87	0.34	8.27	0.64	0.47

---

[60] 고려대학교 고고환경연구소 · 구리시,『아차산 제3보루-1차 발굴조사보고서』, 2007.

한편 남한의 고구려 보루에서도 많은 화살촉이 출토되었다. 이들 보루는 축조시기가 5세기 후반~6세기 중반으로, 비교적 명확한 축조연대를 가지고 있기 때문에 석대자산성에서 출토된 화살촉을 살펴보는 데 중요한 비교 자료가 될 수 있다. 이들 보루에서 출토된 화살촉을 보면 촉신이 긴 유엽형이 주류를 이룬다. 그리고 촉두와 촉신의 평균 길이, 너비, 두께는 〈표 3-1〉과 같다.

석대자산성과 남한 고구려 보루에서 출토된 화살촉의 촉두 길이, 너비, 두께를 평균 내어 비교해 보았을 때 석대자산성에서 출토된 화살촉의 촉두가 길고 넓으며 두껍다. 개별 유적 단위로 비교를 해봐도 석대자산성에서 출토된 화살촉의 촉두가 가장 길고 두꺼우며, 너비는 용마산2보루 다음으로 넓다.

기존 연구에 따르면 고구려의 화살촉은 건국 초기~4세기에는 넓고 납작한 촉두와 경부만 있는 유형, 4~5세기에는 촉두의 너비가 좁고 촉신부가 없는 유형, 5~6세기에는 촉두의 너비가 좁고 촉신부가 긴 유형이 주를 이룬다고 한다. 시간이 지날수록 갑주甲冑 등의 방어구가 발전함에 따라 관통력을 높이기 위해 화살촉 촉두의 너비를 좁게 제작함으로써 세장형細長形을 띠게 된다는 것이다.[68] 그런데 석대자산성에서 출토된 화살촉

---

61 서울대학교박물관·서울대학교인문학연구소·구리시·구리문화원,『아차산 제4보루』, 2000.
62 서울대학교박물관·서울대학교인문학연구소·구리시·구리문화원,『아차산 시루봉 보루-발굴조사 종합보고서』, 2002.
63 서울대학교박물관·서울특별시,『홍련봉 제2보루-1차 발굴조사보고서』, 2007.
64 서울대학교박물관·서울특별시,『용마산 제2보루-발굴조사 종합보고서』, 2009.
65 구의동보고서간행위원회,『한국유역의 고구려요새-구의동유적발굴조사종합보고서』, 도서출판 소화, 1997.
66 김보람,「고구려 철촉 연구」, 고려대학교 석사논문, 2013.
67 김보람,「고구려 철촉 연구」.
68 김보람,「고구려 철촉 연구」, 94쪽.

의 촉두는 길고 넓으며 두껍다. 고구려 후기에 들어서 화살촉의 또 다른 변화 양상을 확인할 수 있는 것이다.

주지하듯이 화살촉 촉두의 너비가 좁고 두께가 얇을수록 관통력은 증가한다. 그런데 석대자산성에서 출토된 화살촉의 촉두는 다른 고구려유적에서 출토된 것과 비교해 넓고 두껍다. 그렇다고 해서 고구려가 화살촉의 관통력을 포기하였다고 볼 수 있을까? 전술하였듯이 시간이 지날수록 갑주 등의 방어력이 더욱 강화되고 있는 상황에서 고구려가 관통력을 포기하였으리라고 생각하기는 어렵다. 그렇다면 화살촉의 촉두가 넓고 두꺼워도 적군의 갑주를 뚫을 수 있는 발사장치가 개발된 것은 아닐까? 이와 관련하여 다음의 기사가 주목된다.

> D-① (고구려는) 기력이 있고, 궁시弓矢·칼刀·창矛을 잘 다루며, 갑옷鎧이 있고, 전투에 능하다.[69]
>
> 『태평어람』 권783 소인 『위략』

> D-② (고구려의) 병기兵器에는 갑옷, 쇠뇌弩, 활, 극戟, 삭矟, 모矛, 정鋌 등이 있다.[70]
>
> 『주서』 권49 열전41 고려

> D-③ "태부太府의 공인工人은 그 수가 적지 않으니 (고구려) 왕이 반드시 써야 한다면 주문奏聞하는 것이 당연한 데도 여러 해 전에는 몰래 재물을 써서 소인小人을 움직여, 사사로이 노수弩手를 데리고 그대의 나라로 도망갔다. 병기를 수리하는 의도가 좋지 못했기 때문에 바깥 소문이 두

---

69 『太平御覽』 卷783 所引 『魏略』, "有氣力, 便弓矢·刀·矛, 有鎧, 習戰."
70 『周書』 卷49 列傳41 高麗, "兵器有甲·弩·弓箭·戟·矟·矛·鋌."

려워 도둑질한 것이 아니겠는가".[71]

『수서』 권81 열전46 고려 개황 17년

D-④ 요동遼東(고구려)을 정벌하게 되자 (염비가) 본관령무분랑장本官領武賁郎將으로 숙위宿衛를 맡았다. 이 때 많은 군중軍이 요동성遼東城을 포위하였는데, 황제(수양제)가 염비閻毗로 하여금 성 아래로 가서 선유하게 하였다. 적군(고구려)은 활과 쇠뇌弩를 마구 쏘았고 탄 말이 화살에 맞았으나, 염비는 얼굴색이 변하지 않았다.[72]

『수서』 권68 열전33 염비

기사 D-①은 『태평어람太平御覽』에 인용되어 있는 『위략魏略』의 기록으로 고구려 초기 무기·무장의 구성을 보여주고 있다. 대체로 3세기 중반의 상황이 반영되어 있다고 추정되는데, 방어구로 갑옷을 착용하였고 단병기로 칼刀, 장병기로 창矛 그리고 원사무기로 활을 사용하였다고 한다.[73]

기사 D-②는 『주서周書』의 기록으로 6세기 중반경의 고구려 무기체계를 보여주고 있다고 추정되는데, 방어구로 갑옷을 착용하였고 장병기로 극戟, 삭矟, 모矛, 정鋌 그리고 원사무기로 활과 쇠뇌弩를 사용하였다고 한다. 기사 D-①에 보이는 3세기 중반의 고구려 무기체계와 비교해 보면 먼저 단병기가 약화되고 장병기는 다양하게 분화되는 양상을 확인할 수 있다. 이는 당시 중장기병을 이용한 전술과 더불어 공민公民에 대한 징병을 근간으로 한 대규모 전술 운용과 관련이 있다고 여겨진다. 그리고 원

---

71 『隋書』 卷81 列傳46 高麗, "太府工人, 其數不少, 王必須之, 自可聞奏, 昔年潛行財貨, 利動小人, 私將弩手, 逃竄下國. 豈非修理兵器, 意欲不藏, 恐有外聞, 故爲盜竊."
72 『隋書』 卷68 列傳33 閻毗, "及征遼東, 以本官領武賁郎將, 典宿衛. 時衆軍圍遼東城, 帝令毗詣城下宣諭. 賊弓弩亂發, 所乘馬中流矢, 毗顔色不變."
73 여호규, 「高句麗 中期의 武器體系와 兵種構成」, 『韓國軍事史研究』 2, 국방군사연구소, 1999, 7쪽.

사무기로 활 이외에 쇠뇌가 활용되고 있는 양상을 확인할 수 있다.[74]

기사 D-③은 590년 수문제隋文帝가 고구려왕(평원왕)에게 보낸 새서璽書 내용의 일부인데, 고구려가 수의 쇠뇌 제작자를 몰래 빼내간 일에 대해 비난하고 있다. 당시 쇠뇌는 수에서도 매우 중요한 무기 가운데 하나였기 때문에[75] 이 같은 고구려의 행위에 예민하게 반응하면서 외교 마찰로까지 비화되었던 것이다. 이와 같이 고구려는 6세기 후반에 수와의 외교 마찰을 감수하면서까지 우수한 쇠뇌 제작에 심혈을 기울였다. 그리고 결국 우수한 쇠뇌 제작에 성공하면서 넓고 두꺼운 촉두를 갖춘 화살촉을 대거 활용할 수 있었던 것으로 추정된다.

기사 D-④에는 612년 고구려-수 전쟁 당시 요동성 전투에서 염비閻毗가 성 아래를 선유하다가 부상당하였다는 내용이 담겨져 있는데, 고구려군의 활과 더불어 쇠뇌의 공격을 받아 부상을 입었다고 한다. 고구려군이 성곽전에서 쇠뇌를 활용하고 있었음을 확인할 수 있는 것이다. 위의 기사들을 종합하면 고구려는 6세기 중반 이전에 쇠뇌를 사용하고 있었고 6세기 후반에 이르러서는 우수한 쇠뇌 제작에 힘을 기울였으며 612년 고구려-수 전쟁 때에는 성곽전에서 적극 활용하였다고 볼 수 있다.

쇠뇌는 방아쇠를 사용해서 쏘는 원사무기로 전국戰國시기에 처음 제작되었는데, 화살의 비거리나 파괴력이 활보다 강했다.[76] 그리고 활이 현을

74　여호규, 「高句麗 中期의 武器體系와 兵種構成」, 11~15·72~73쪽.
75　612년 고구려-수 전쟁 당시 隋煬帝가 머물렀던 六合城에 쇠뇌를 대거 설치한 점(『隋書』卷12 志7 禮儀7 大業 4년), 水軍으로 동원된 7만 명 가운데 3만 명이 弩手였고(『資治通鑑』卷181 隋紀5 煬帝 大業 7년 4월) 天子 6軍에만 노수 3만 명이 있었던 것처럼(『隋書』卷68 列傳33 何稠) 군대 내 노수의 비중이 적지 않았던 점, 613년 고구려-수 전쟁 당시 郭榮이 수양제의 친정을 만류하면서 "천균의 강한 쇠뇌는 생쥐를 위해서 쏘지 않는다"며 隋軍의 우수한 무기로 쇠뇌를 언급한 점(『隋書』卷50 列傳15 郭榮) 그리고 618년 고구려가 倭에 사신을 파견하여 수를 격파한 사실을 알리면서 수 포로와 더불어 전리품인 쇠뇌를 보낸 점(『日本書紀』卷22 推古紀 26년 8월) 등을 통해 쇠뇌가 수군의 중요한 무기였음을 알 수 있다.

당긴 상태에서 최적의 순간에 쏘아야 했다면 쇠뇌는 장전된 상태에서 보다 여유롭게 최적의 순간을 포착하여 쏠 수 있다는 장점이 있었다.[77] 하지만 방아쇠 장치가 시위를 당기고 발사하기까지 강한 압박을 견딜 수 있을 만큼 견고하고 정교하게 제작되어야만 했기 때문에 그 제작에 있어 전문 기술자가 필요했다.[78] 기사 D-③에 보이는 쇠뇌 기술자를 둘러싼 고구려와 수의 갈등은 바로 이러한 쇠뇌의 특징을 보여주는 것이라 하겠다.

408년에 축조된 남포 덕흥리벽화고분의 행렬도를 보면 쇠뇌가 그려져 있고 그 위에는 "계현령착헌노薊懸鈴捉軒弩"명 묵서가 있다. 이를 감안할 때 고구려는 5세기 초반 이전에 쇠뇌를 도입하였던 것으로 추정된다.[79] 그런데 기사 D-③에서 수의 쇠뇌 기술자를 빼내 갔다는 기록을 보면 쇠뇌 제작에 있어 일정한 한계를 가지고 있었던 것으로 추정된다. 이는 고구려가 6세기 중반까지 기병 및 중장기병 중심의 전술을 운용하면서 기병의 방호력을 중시하고 상대적으로 쇠뇌에 대해서는 큰 관심을 가지지 않았기 때문이라고 여겨진다.

그렇다면 고구려는 왜 6세기 후반에 쇠뇌 제작에 심혈을 기울였을까?

---

[76] 쇠뇌는 일반적으로 적과의 거리가 150m 정도였을 때 쏘았고, 유효 사거리는 약 360m, 비거리는 800m를 넘었다고 한다(篠田耕一,『무기와 방어구(중국편)』, 161쪽).

[77] 반면 쇠뇌의 단점도 있는데, 먼저 구조가 복잡하여 제조 비용이 높고 유지 보수에도 상당한 노력을 기울여야 했다. 그리고 한번 사격하고 난 뒤 다음 화살을 장전해서 발사하는 데까지 많은 시간이 소요되었는데, 이 단점을 해결하기 위해 쇠뇌부대를 여러 겹으로 나누어 배치시켜 순서에 따라 계속적으로 발사하는 전술을 구사하거나, 연속적으로 화살을 발사할 수 있는 연발식 쇠뇌와 여러 개의 화살을 동시에 발사할 수 있는 다발식 쇠뇌를 개발하기도 하였다(篠田耕一,『무기와 방어구(중국편)』, 165쪽 ; 市川定春,『환상의 전사들』, 149쪽 ; 계동혁,『역사를 바꾼 신무기』, 플래닛미디어, 2009, 242~244쪽).

[78] 이정빈,「6~7세기 고구려의 쇠뇌 운용과 군사적 변화」,『軍史』77, 국방부 군사편찬연구소, 2010, 64쪽. 쇠뇌에 대한 자세한 내용은 같은 논문을 참고하기 바란다.

[79] 樂浪 고분에서 다량의 쇠뇌가 출토된 점을 감안하면 일찌감치 고구려에 보급되었을 가능성도 있다. 반면 고구려 유적에서 쇠뇌가 출토되지 않았다는 점을 들어 평원왕 이전까지 사용하지 않았다는 견해도 있다(김성태,「高句麗의 武器(2)-鐵矛, 戟, 弩, 도끼」,『문화재』27, 문화재관리국, 1994, 239쪽).

이에 대해서는 기사 D-④를 주목할 필요가 있는데, 612년 고구려-수 전쟁 때 고구려군이 수군과 성곽전을 벌이면서 쇠뇌를 적극 활용하고 있는 것이다. 6세기 후반 수는 진陳을 멸망시켜 중국 대륙을 통일하였고 돌궐을 복속시켰으며 요서까지 영향력을 미치면서 고구려를 압박하였다. 이에 고구려는 수의 침입에 대비해야만 했는데, 당시 수는 진 원정에 50여만 명을 동원하는 등 대규모 병력을 갖추고 있었다. 고구려는 수가 대규모 병력을 이끌고 침략하였을 때 전술하였듯이 적극적인 성곽전을 펼칠 계획을 가지고 있었던 것으로 보인다. 그런데 성곽전의 경우 성벽이라는 장애물로 인하여 근접 전투가 용이하지 않기 때문에 원사무기의 중요성이 더욱 커질 수밖에 없다.[80] 아마 이러한 배경 속에서 고구려가 우수한 쇠뇌 제작에 힘을 기울였던 것으로 추정된다.[81]

한편 수는 전술하였듯이 북주北周의 군사제도를 계승하는 과정에서 중장기병을 그대로 활용하여 기병의 주력으로 삼았다. 그렇기 때문에 고구려로서는 수의 중장기병에 대해서도 대비해야만 했다. 전술하였듯이 석대자산성에서 출토된 화살촉의 촉두를 보면 기존에 비해 넓고 두껍게 제작하였다.[82] 이는 갑주를 뚫는 것에 그치는 것이 아니라 관통 상처를 크게 내어 보다 치명적인 상처를 내기 위해서라고 여겨지는데, 그 대상 가운데 하나가 바로 중장기병이었을 것으로 추정된다. 수의 중장기병에 대비하기 위해서는 우수한 쇠뇌 도입이 필수적이었던 것이다.

---

80 이정빈, 「6~7세기 고구려의 쇠뇌 운용과 군사적 변화」, 74쪽.
81 고구려가 隋의 쇠뇌 제작기술을 도입하면서 우수한 強弩도 제작하였을 것으로 여겨지는데, 강노의 주 공격대상은 공성도구였을 것으로 추정된다.
82 瀋陽 石臺子山城에서 출토된 삼각형 혹은 사각형 鏃身을 갖추고 있는 錐形 철제 화살촉에 대해 漢代의 추형 동제 화살촉이 대부분 쇠뇌촉으로 사용되었다는 점을 감안하면서 쇠뇌촉으로 파악하기도 한다(김길식, 「고구려의 무기체계의 변화」, 『한국 고대의 Global Pride-고구려』, 고려대학교 박물관, 2005, 238쪽).

위와 같이 내부 지휘체계의 문제점 그리고 우수한 원사무기를 바탕으로 한 고구려의 성 방어전술에 막혀 수군은 고구려 성들을 함락시키지 못하고 더 이상 진군하지 못하는 상황에 이르렀다.[83]

---

83 612년 3월 고구려군이 隋軍의 遼水 도하를 한 달여 동안이나 막을 수 있었던 이유 가운데 하나가 우수한 쇠뇌를 갖추고 있었기 때문이라고 여겨진다.

2장

성곽전의 고전에 따른
수군의 전략 변경과 고구려의 대응

1. 수군의 별동대 편성

성곽전에서의 고전으로 인해 전체적인 원정 일정에 차질을 빚은 수군은 점차 초조해질 수밖에 없었다. 이에 수양제는 특단의 대책을 마련하였는데, 함락하지 못한 고구려의 성들을 우회하면서 곧장 평양성으로 진군하려는 계획을 세웠다(〈자료 3-5〉). 그리고 이 같은 계획을 실행할 별동대의 편성을 지시하였다.[84] 수의 별동대에 대해서는 아래의 기사가 주목되었다.

---

[84] 별동대 편성을 지시한 인물이 隋煬帝가 아니라 平壤城 함락 시일이 늦추어지는 것에 대한 수양제의 문책을 우려했던 于仲文이었다는 견해가 있다(熊義民, 「隋煬帝第一次東征高句麗兵力新探」, 『暨南學報』 2002-4, 2002, 118쪽). 하지만 전쟁에 대한 전권을 수양제가 가지고 있었던 만큼, 수양제의 지시 없이 우중문이 단독으로 별동대 편성을 지시하였을 가능성은 낮다고 여겨진다.

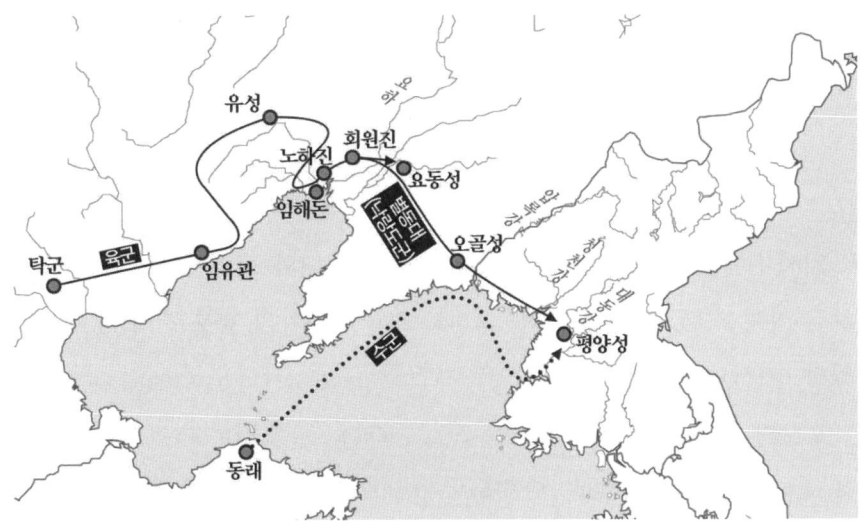

〈자료 3-5〉 612년 고구려-수 전쟁 당시 수군의 주요 진군로

E (대업 8년[612년] 6월) 좌익위대장군左翊衛大將軍 우문술宇文述은 부여도扶餘道로 나아가고, 우익위대장군右翊衛大將軍 우중문于仲文은 낙랑도樂浪道로 나아가고, 좌효위대장군左驍衛大將軍 형원항荊元恒은 요동도遼東道로 나아가고, 우익위대장군右翊衛大將軍 설세웅薛世雄은 옥저도沃沮道로 나아가고, 우둔위장군右屯衛將軍 신세웅辛世雄은 현도도玄菟道로 나아가고, 우어위장군右御衛將軍 장근張瑾은 양평도襄平道로 나아가고, 우무후장군右武候將軍 조효재趙孝才는 갈석도碣石道로 나아가고, 탁군태수涿郡太守 검교좌무위장군檢校左武衛將軍 최홍승崔弘昇은 수성도遂城道로 나아가고, 검교우어위호분랑장檢校右御衛虎賁郎將 위문승衛文昇은 증지도增地道로 나아가서 모두 압록수鴨綠水 서쪽에서 모였다. (우문)술 등의 군사는 노하瀘河・회원懷遠 두 진鎭에서 사람과 말 모두 100일치 군량을 보급 받았고, 또 방패, 갑옷, 창槊, 옷감, 무기, 화막火幕 등을 지급받았는데, 사람마다 3섬 이상으로, 무거워 능히 운반할 수 없었다. 군중軍中에 명령을 내려 "미속米粟을 버리는 자는 참할 것이다"라고 하였다. 사졸들이 모두 장막 아래에 땅을 파서 그것을 묻고 비로소 길을 떠났는데, 중간지점에 이르러 양

식이 이미 다 떨어지려고 하였다. (…중략…) (7월) 애초 9개 군에 요료遼(요수)를 건넌 자는 305,000명이었는데, 요동성遼東城으로 되돌아온 자는 2,700명뿐이었다.[85]

『자치통감』 권181 수기5 양제 대업 8년 6~7월

기사 E에는 수 별동대를 구성하고 있던 군대와 병력 규모, 집결 장소, 보급 상황, 진군 중의 문제점, 그리고 고구려군과의 전투 결과 등이 담겨 있다. 기사에 따르면 별동대는 부여도군扶餘道軍, 낙랑도군樂浪道軍, 요동도군遼東道軍, 옥저도군沃沮道軍, 현도도군玄菟道軍, 양평도군襄平道軍, 갈석도군碣石道軍, 수성도군遂城道軍, 증지도군增地道軍 등 9개의 군으로 편성되었다고 한다. 한편 별동대로 편성된 군에 대해 별동대로 편성되기 전까지 랴오허강과 다링허강 하류에 주둔하면서 한 번도 전투를 수행하지 않았고, 최전방 군수물자 보급기지였던 노하진이나 회원진에서 다 같이 고구려로 출발하였다고 보는 것이 일반적이다.[86] 그러나 저자는 노하진이나 회원진에서 이미 출발하여 각기 다른 경로로 고구려로 진군하던 도중에 별동대 임무를 부여받았고, 압록수 서쪽에서 만나 함께 평양성으로 진군하였던 것으로 추정하고 있다.

그렇게 추정한 이유는 첫 번째, 수양제가 별동대 편성을 지시한 시기

---

[85] 『資治通鑑』卷181 隋紀5 煬帝 大業 8年 6~7月, "左翊衛大將軍宇文述出扶餘道, 右翊衛大將軍于仲文出樂浪道, 左驍衛大將軍荊元恒出遼東道, 右翊衛將軍薛世雄出沃沮道, 右屯衛將軍辛世雄出玄菟道, 右御衛將軍張瑾出襄平道, 右武衛將軍趙孝才出碣石道, 涿郡太守檢校左武衛將軍崔弘昇出遂城道, 檢校右御衛虎賁郞將衛文昇出增地道, 皆會於鴨綠水西. 述等兵自瀘河·懷遠二鎭, 人馬皆給百日糧, 又給排·甲·槍槊, 並衣資·戎具·火幕, 人別三石已上, 重莫能勝致. 下令軍中, 遺棄米粟者斬. 士卒皆於幕下掘坑埋之, 才行及中路, 糧已將盡. (…中略…) 初, 九軍渡遼, 凡三十萬五千, 及還至遼東城, 唯二千七百人."

[86] 서인한, 『高句麗 對隋·唐戰爭史』, 국방부 군사편찬위원회, 1991, 88쪽 ; 김복순, 「고구려 대수·당 항쟁전략 고찰」, 『軍史』 12, 국방부 군사편찬연구소, 1986, 100쪽 ; 이종학, 『한국군사사 연구』, 충남대학교 출판부, 2010, 161쪽 ; 임용한, 『한국고대전쟁사(2)』, 94쪽.

와 식량 부족에 직면하였던 시기의 문제이다. 수양제가 별동대 편성을 지시한 시기는 요동성 등 성곽전에서 한참 고전하고 있었던 6월이었다. 그런데 별동대가 식량 부족에 직면하였던 시기 또한 6월이었다. 통설을 따른다면 별동대로 편성된 군이 군량을 보급받은 시기는 6월이라고 볼 수 있는데, 기사 E의 내용처럼 군사 각 개인이 짊어져야 할 무게가 너무 무거워 군량을 몰래 버렸다 하더라도 별동대 임무를 부여받아 군량을 보급 받은 6월에 군량 부족 문제에 직면하였다는 것은 쉽게 이해가 되지 않는다. 즉, 별동대를 구성하고 있었던 각 군은 6월 이전에 군량 등을 보급 받아 고구려로 진군하는 상황에서 별동대 임무를 부여받아 평양성으로 진군하였기 때문에 군량 부족 문제에 직면하였다고 볼 수 있다는 것이다.

〈자료 3-6〉 고구려의 오골성으로 추정되는 펑청 봉황산성 원경

두 번째, 별동대 임무를 부여받은 낙랑도군의 전투 대비에 대한 배치 문제이다. 우중문이 이끄는 낙랑도군은 별동대 임무를 부여받고 압록강으로 진군하는 도중에 고구려의 성인 오골성烏骨城(랴오닝성 펑청[鳳城] 봉황산성[鳳凰山城])을 지나게 되는데(〈자료 3-6〉), 이 때 우중문은 고구려군의 공격에 대비하여 약한 마려馬驢 수천 마리를 골라 군의 행렬 뒤쪽에 두고 이동하였다고 한다.[87] 우중문이 이와 같은 변칙적인 전술을 펼쳤던 것은 오골성에 주둔하고 있었던 고구려군에 비해 낙랑도군의 병력 수가 적었기 때문이라고 추정된다. 즉, 낙랑도군이 오골성을 지나갈 때 별동대 임무를 부여받은 다른 군과 함께 이동하지 않았기 때문에 병력의 열세를 보였다는 것이다.

세 번째, 별동대에 참전했던 군의 구성 문제이다. 별동대 임무를 부여받은 낙랑도군은 집결장소인 압록강으로 진군하는 도중 고구려군에게 치중輜重을 습격당하였는데, 그 치중은 마려 수천 마리가 끌고 있었다고 한다.[88] 설세웅薛世雄이 이끌었던 옥저도군은 살수薩水 전투 이후 백석산白石山에서 고구려군에게 포위를 당했을 때 '파리한 군대贏師'로 방진方陣을 이루면서 기병 200기로 맞서 싸워 위기를 벗어난 바 있는데,[89] 파리한 군대는 보병과 기병에 속하지 않는 치중융거산병輜重戎車散兵 소속의 예비군으로 추정된다.

이로 볼 때 별동대로 편성된 낙랑도군과 옥저도군 모두 일반 군과 마찬가지로 보병, 기병, 치중융거산병으로 구성되었을 가능성이 높다고 여

---

87 『隋書』卷60 列傳25 于仲文, "軍次烏骨城, 仲文簡羸馬驢數千, 置於軍後."
88 『隋書』卷60 列傳25 于仲文, "高麗出兵掩襲輜重, 仲文回擊, 大破之. 至鴨綠水."
89 『隋書』卷65 列傳30 薛世雄, "雄遼東之役, 以世雄爲沃沮道軍將, 與宇文述同敗績於平壤. 還次白山, 爲賊所圍百餘重, 四面矢下如雨. 世雄以羸師爲方陣, 選勁騎二百先犯之, 賊稍卻, 因而縱擊, 遂破之而還. 所亡失多, 竟坐免."

겨지는데, 만약에 별동대가 최전방 군수물자 보급기지인 노하진이나 회원진에서 편성되었다면 별동대의 편성 목적에 맞게 군 구성에 변화를 주지 않았을까? 예컨대 함락하지 못한 성을 우회해서 가는 만큼 기동 속도를 염두에 두면서 정예 군사들로만 구성할 수 있다는 것이다. 하지만 그러한 모습은 보이지 않는다. 이는 이미 고구려로 진군하고 있던 군대로 별동대를 편성하면서 기존의 군 구성에 변화를 줄 수 없었기 때문이라고 여겨진다.

상기와 같은 추론에 근거하여 저자는 별동대가 노하진이나 회원진에서 편성된 것이 아니라, 노하진이나 회원진을 떠나 각기 다른 경로를 통해 고구려로 진군하고 있었던 군대로 편성된 것으로 파악하고자 한다.[90] 그렇다면 수양제는 어떤 군대를 별동대로 편성하였을까? 이에 대하여 두 가지 가능성을 상정할 수 있는데, 별동대 편성 계획 당시 상대적으로 평양성에 가깝게 접근했던 군대로 편성하였을 가능성과 군대 지휘관의 능력 혹은 신임을 고려하여 편성하였을 가능성이 있다.

먼저 별동대 편성 계획 당시 평양성에 가깝게 접근했던 군대로 편성하였을 가능성을 검토하려면 별동대로 편성되었던 군대의 진군로를 파악해야 한다. 이와 관련하여 전술하였듯이 우중문이 이끄는 낙랑도군이 오골성을 거쳐 압록강 서쪽으로 진군하였다는 기록이 있다.[91] 낙랑도군은 오골성에 있는 고구려군과의 군사적 충돌을 피하면서 그대로 동쪽으로 진군하고자 하였다.[92] 이로 볼 때 오골성을 지나기 전에 별동대 임무를

---

90 임용한도 별동대로 편성되기 전 각기 다른 경로를 통해 고구려로 진군하고 있었다고 보았다(임용한, 『전쟁과 역사-삼국편』, 158쪽).

91 烏骨城으로 비정되는 遼寧省 鳳城의 鳳凰山城은 遼陽에서 燈塔을 지나 本溪를 거쳐 평청에 이르는 교통로상에 위치하고 있다. 이를 감안하면 樂浪道軍은 臺安 孫城子-鞍山의 중로를 통해 遼水를 건넌 후 상기의 교통로를 이용하여 오골성에 이르렀다고 여겨진다.

부여받았던 것으로 추정되지만, 구체적으로 어느 시점에서 별동대 임무를 부여받았는지 알 수 없다. 낙랑도군 외에 별동대로 편성되었던 다른 군대의 진군로는 파악할 수 없다.

다음으로 군대 지휘관의 능력 혹은 신임을 고려하여 편성하였을 가능성과 관련해서는 별동대로 참전했던 부여도군의 우문술이 주목된다. 우문술은 589년과 608년에 각각 진, 토욕혼吐谷渾 원정에 참여하며 군사적 능력을 인정받았다. 하지만 이보다 더 주목되는 점은 수양제와의 관계이다. 우문술은 수양제가 태자에 오르고 황제로 즉위하는 데 큰 도움을 주면서 좌위대장군左衛大將軍 허국공許國公에 봉해졌으며, 수양제와 사돈 관계를 맺기도 하였다. 이를 통해 수양제와 우문술 간의 친분과 신임을 확인할 수 있는데, 이를 감안하면 군대 지휘관의 능력 혹은 신임을 고려하여 편성하였을 가능성이 더 높다고 여겨진다. 하지만 별동대가 시간의 촉박함 속에서 편성된 만큼 전자의 가능성도 열어두어야 할 것이다.

한편 수 별동대의 편성과 관련하여 혼란스러운 점이 있다. 기사 E에 따르면 수 별동대는 9개 군으로 구성되었고 병력은 305,000명이었다고 하는데,[93] 이 기록대로 계산해본다면 별동대 한 군은 약 33,900명으로 이루어진 셈이 된다. 612년 1월 수양제가 반포한 조서와 『수서』의 기록에 따르면 수 육군은 24개 군과 천자天子 6군軍으로 구성되어 있고 총병력은 1,133,800명이었다고 하는데,[94] 이 기록대로 계산해본다면 수 육군의 한

---

92 『隋書』 卷60 列傳25 于仲文, "遼東之役, 仲文率軍指樂浪道. 軍次烏骨城, 仲文簡贏馬驢數千, 置於軍後. 旣而率衆東過."

93 305,000명이 별동대의 병력 수가 아니라 遼河를 넘은 隋軍의 병력 수라는 견해가 있다(韓昇, 「隋煬帝伐高麗之謎」, 62쪽 ; 熊義民, 「隋煬帝第一次東征高句麗兵力新探」, 117쪽 ; 金毓黻, 동북아역사재단 역, 『東北通史(下)』, 454쪽).

94 『隋書』 卷4 帝紀4 煬帝下 大業 8년 춘정월. 본서 2부의 기사 B를 참고하기 바란다.

군은 약 37,800명으로 이루어진 셈이 된다. 즉, 육군 한 군의 병력 수에 대해 두 기사 간 큰 차이를 보이고 있는 것이다. 2부 2장에서 저자는 일반 군이 약 25,000여 명, 천자 6군은 35,000여 명으로 이루어져 있었을 것으로 유추한 바 있는데, 저자의 추론과도 큰 차이를 보인다.

저자는 앞에서 별동대로 편성되었던 각 군의 구성이 일반 군과 차이가 없었다고 추정하였는데, 그렇다면 이와 같은 혼란을 어떻게 보아야 할까? 이 문제와 관련하여 별동대에 참전했던 양의신楊義臣이라는 인물이 주목된다.

> **F** 그 후 다시 요동遼東(고구려)을 정벌할 때(612년) (양의신은) 군장軍將으로 숙신도肅愼道를 지휘했다. 압록수鴨綠水에 이르러 을지문덕乙支文德과 싸웠는데, 매번 선봉이 되어 하루 일곱 번 싸워 이겼으나, 후에 다른 제장과 함께 패배하여 면직되었다. 이듬해(613년) 군부軍副가 되어 대장군大將軍 우문술宇文述과 함께 평양平壤으로 나아가기로 하고 압록수에 이르렀는데, 마침 양현감楊玄感의 반란을 만나 군대를 돌렸다. (…중략…) 얼마 있다가 황제(수양제)를 따라 다시 요동 정벌에 참전해(614년) 좌광록대부左光祿大夫로 진급하였다.[95]
>
> 『수서』 권63 열전28 양의신

기사 F에 따르면 양의신은 612년 고구려-수 전쟁 때 군장軍將으로서 숙신도군肅愼道軍을 지휘하였는데, 압록수에 이르러 고구려의 장수 을지문덕乙支文德과 싸웠고 다른 제장과 함께 패배하면서 면직되었다고 한다. 이와 같은 그의 행보는 후술하겠지만 별동대의 행보와 정확히 일치하는데,

---

[95] 『隋書』 卷63 列傳28 楊義臣, "其後復征遼東, 以軍將指肅愼道. 至鴨綠水, 與乙支文德戰, 每爲先鋒, 一日七捷. 後與諸軍俱敗, 竟坐免. 明年, 以爲軍副, 與大將軍宇文述趣平壤. 至鴨綠水, 會楊玄感作亂, 班師. (…中略…) 尋從帝復征遼東, 進位左光祿大."

이를 통해 양의신이 별동대로 참전하였음을 알 수 있다. 그런데 그가 지휘했던 숙신도군은 기사 E에서 별동대를 구성하였다는 9개의 군명에서 볼 수 없다. 그렇다면 9개 군 이외에 다른 군이 추가로 별동대로 편성되었다고 볼 수 있는데, 저자의 추론대로 일반 군이 약 25,000여명으로 이루어져 있었다면 별동대는 9개 군이 아닌 대략 12개의 군으로 편성되었다고 추정된다.

만약에 저자의 추론대로 별동대가 12개의 군으로 편성되었다면 9개 군과 숙신도군 이외에 어떤 군이 별동대로 편성되었을까? 이 문제와 관련하여 612년 고구려-수 전쟁이 종결된 후에 수양제가 제장에게 전쟁 패배에 대한 책임을 묻고 처벌하였다는 기록이 주목된다.

612년 9월 수양제는 고구려 원정이 끝난 후 평양성으로 진군하다 패전한 장수 100여 인을 모두 처벌하고, 왕공王公 이하는 교외郊外로 보냈다고 한다.[96] 고구려 원정 실패의 요인을 별동대의 패배로 몰아간 것이다. 실제로 별동대로 참전한 대표적인 인물이었던 낙랑도군의 우중문과 부여도군의 우문술 등은 민으로 강등되었고,[97] 옥저도군의 설세웅과 숙신도군의 양의신 등은 면직 당하였으며,[98] 낙랑도군의 류사룡劉士龍은 참수당하였다.[99]

이들 5명을 제외하고 612년 고구려-수 전쟁 패배에 대한 책임으로 처벌을 받은 인물로는 사상史祥이 확인된다. 사상에 대해서는 전투에서 이기지 못하고 돌아왔기 때문에 민으로 강등되는 처벌을 받았다고만 나올 뿐 구체적으로 어떠한 이유 때문에 처벌을 받았는지에 대해서는 기록되

96　『隋書』卷64 列傳29 麥鐵杖, "平壤道敗將宇文述等百餘人皆爲執紼, 王公已下送至郊外."
97　『隋書』卷4 帝紀4 煬帝下 大業 8년 11월.
98　『隋書』卷63 列傳28 楊義臣 ; 卷65 列傳30 薛世雄.
99　『隋書』卷4 帝紀4 煬帝下 大業 8년 11월.

어 있지 않다. 하지만 별동대로 참전하였던 인물들만 처벌을 받은 것으로 확인된다는 점 그리고 처벌 수위가 우중문 및 우문술과 같다는 점 등을 감안할 때 사상 또한 별동대로 참전하였고 그 패배에 대한 책임 때문에 처벌을 받은 것으로 추정되는데, 그렇다면 그가 소속되어 있던 답돈도군踏頓道軍 또한 별동대로 편성되었던 것으로 여겨진다.[100]

한편 전쟁 패배의 책임에 대한 제장의 옥사를 심리한 인물은 유원遊元이었다. 유원은 612년 고구려-수 전쟁 때 개모도군蓋牟道軍의 감군監軍으로 참전한 바가 있는데,[101] 수양제가 유원에게 옥사를 심리케 한 것은 그가 군대를 감찰하는 감군으로 별동대에 참전함으로써 패배에 대한 정황을 잘 알고 있을 것이라 생각했기 때문이라고 추정된다. 그렇다면 유원이 소속된 개모도군 또한 별동대로 편성되었을 가능성이 높다.

별동대의 편성에 대해 기사 E를 토대로 9개 군으로 편성되었다고 보는 것이 통설이었으나, 제반 기사를 종합해보면 기사 E에 보이는 9개 군 이외에 숙신도군, 답돈도군, 개모도군을 포함해 12개 군으로 편성된 것으로 보인다. 그렇다면 왜 12개 군이 아닌 9개 군으로 편성되었다고 기록된 것일까? 이에 대해 자세히 파악할 수는 없으나, 원래 9개 군으로 편성되었다가 3개 군이 추가로 투입되는 과정에서 나온 혼란 때문이 아닐까 싶다. 만약에 수양제가 3개의 군을 추가로 투입한 것이라면 그가 별동대에 대해 큰 기대를 하고 있었다고 볼 수 있겠다.

수양제의 별동대 파견 계획은 별동대가 전방뿐만 아니라 후방에서도 고구려군을 맞이하여 전·후방으로 협공을 받을 수 있는 상황을 초래할

---

100 『隋書』 卷63 列傳28 史祥, "及遼東之役, 出蹋頓道, 不利而還. 由是除名爲民."
101 『隋書』 卷71 列傳36 遊元, "遼東之役, 領左驍衛長史, 爲蓋牟道監軍, 拜朝請大夫兼治書侍御史. 宇文述等九軍敗績, 帝令元按其獄." 본서 2부 기사 C-③을 참고하기 바란다.

수 있다는 점에서 무리수를 둔 것이라고도 볼 수 있다. 하지만 수양제는 전쟁이 장기간 이어지면서 발생한 군수물자 부족, 군사들의 사기 저하 등을 고려해야만 했다. 그리고 곧 다가올 장마와 말갈의 고구려 원병 또한 경계해야만 했다.[102] 아마도 이러한 요인들 때문에 별동대 편성을 계획하였다고 여겨진다.

2. 수 별동대에 대한 고구려의 대응 전술

별동대 임무를 부여받은 12개의 군은 압록강 서쪽에서 만나 평양성으로 함께 진군할 계획을 가지고 있었다. 그런데 압록강 서쪽에 주둔하고 있을 때 커다란 문제점에 봉착했다. 기사 E에서 보듯이 별동대로 편성된 군의 병사들은 최전방 군수물자 보급기지였던 노하진과 회원진에서 100일분에 해당하는 본인과 군마軍馬의 양식, 갑옷·방패·창삭 등의 병기, 옷감, 화막火幕[103] 등을 지급받았는데, 그 무게를 감당할 수 없어 일부 군량을 장막 아래의 땅에 묻고 압록강 서쪽으로 이동함으로써 군량이 거의 다 떨어지게 된 것이다.

이와 같이 군량이 부족한 상황에 직면하자 우문술은 철군을 주장하였다. 하지만 수양제로부터 별동대에 대한 전권을 위임받은 우중문은 그의 의견을 무시하고 압록강을 건너 계속 평양성으로 진군하고자 하였다. 한

---

102 『隋書』 卷60 列傳25 段文振.
103 火幕에 대해 야영할 때 사용하는 장막으로 보는 견해(이병도, 『국역 삼국사기(상)』, 459쪽 ; 권중달, 『자치통감(19)』, 삼화, 2008, 301쪽), 幕을 어깨나 넓적다리를 가리는 도구로 파악하면서 열로부터 보호하는 개인용 장비로 보는 견해(정구복·노중국·신동하·김태식·권덕영, 『역주 삼국사기(3)-주석편(상)』, 한국학중앙연구원 출판부, 2014, 549~550쪽)가 있다.

편 고구려군은 수 별동대에 대해 기민하게 대처하였다. 우선 최고 군 통수권자였던 을지문덕[104]이 직접 수 별동대의 군영으로 가서 수군 병사들이 식량 부족으로 인한 굶주림 그리고 장거리 진군에 따른 피곤함에 시달리고 있음을 확인하였다. 이에 청야 전술을 펼치면서 매번 싸울 때마다 거짓으로 패배하고 계속 도망치는 유인 작전을 구사하였다. 전황을 지구전으로 끌고 가서 식량 결핍과 피로를 가중시켜 수군의 전력을 지속적으로 소모·약화시킨 후 결정적인 시기에 출격하여 일거에 섬멸하려는 작전을 전개하고자 한 것이다.[105]

수 별동대는 고구려군의 유인 작전에 걸려들면서 청천강으로 추정되는 살수를 건너 평양성에서 불과 30리 떨어진 곳까지 진군하여 진영을 구축하였다. 이러한 상황에서 을지문덕은 거짓으로 수에 항복을 요청하였는데, 우문술은 군사들이 피곤함에 지쳐 있어 싸울 수 없고 평양성이 험준하고 견고하여 함락시키기 어렵다는 판단 아래 방진을 구축하면서 퇴각하였다. 이 때 고구려군이 수 별동대를 공격하였는데, 이로써 수 별동대는 고구려군과 싸우면서 퇴각해야 하는 어려운 상황에 놓이게 되었다.

---

[104] 乙支文德의 世系나 세력 기반에 대해 알려진 바가 없다. 이를 감안하면 당시 신진귀족 출신으로 추정된다(임기환,『고구려 정치사 연구』, 한나래, 2004, 277쪽). 한편『革命記』를 인용한『資治通鑑』卷181 考異篇에는 '乙支'가 아닌 '尉支'로 기록되어 있는데, 이를 尉遲氏와 연관시켜 鮮卑族 출신 귀화인으로 추정하기도 한다(김원룡,「乙支文德의 出自에 대한 疑論」,『全海宗博士華甲紀念史學論叢』, 일조각, 1979, 567~572쪽). 그러나 '을지'나 '위지'를 于台, 烏拙, 鬱折 등과 함께 使者나 大人의 뜻을 가지고 있는 '웃치'에서 기원한 것으로 파악하면서 고구려 관직이 성씨로 채용된 사례로 보는 것이 일반적이다(양주동, 1942,『高歌研究』; 이병도,『국역 삼국사기(상)』, 459쪽). 612년 고구려-수 전쟁 당시 을지문덕의 지위에 대해서는 隋가 국왕과 버금가는 인물로 인식하였고『通典』등의 사서에 '國相'으로 기록되어 있다는 점을 감안할 때 귀족회의의 수장인 大對盧로서 실질적인 최고의 군사권자로 추정된다(이정빈,『고구려-수 전쟁 : 변경 요서에서 시작된 동아시아 大戰』, 218~219쪽). 반면 '을지'를 성씨가 아닌 당시 고구려의 정6품 관직인 '乙奢'의 이체자로 파악하면서 높은 지위와 막강한 권력을 가진 인물이 아니었다고 보는 견해도 있다(孫煒冉,「乙支文德考」,『通化師範學院學報』2015-7, 2015, 10~13쪽).

[105] 김복순,「고구려 대수·당 항쟁전략 고찰」, 104쪽.

고구려군과 전투를 벌이면서 후퇴하던 수 별동대는 7월에 이르러 살수에 이르게 되었고, 서둘러 건너고자 하였다. 그런데 살수 건너편에 고구려 정예 부대가 이미 배치되어 있었다. 별동대의 군사 절반이 살수를 건넘에 따라 병력이 둘로 나누어졌을 때 살수 건너편에 있던 고구려군은 별동대의 후방을 공격하였다.[106] 수 별동대 입장에서는 전방과 후방에서 고구려군의 공격을 받게 된 것이다.[107]

이와 같이 고구려가 살수에서 수 별동대에 대해 양공작전을 펼칠 수 있었던 것은 압록강-평양 사이의 성 방어체계가 무너지지 않았기 때문이라고 볼 수 있다. 고구려군은 수 별동대를 평양성 근처까지 유인하는 과정에서 작전상 전투를 치르고 고의적으로 패배를 가장하였을 뿐 피해를 거의 입지 않았기 때문에 압록강-평양 사이의 성 방어체계 또한 그대로 유지할 수 있었다. 이러한 상황에서 수 별동대가 고구려군의 공격을 받아 살수로 후퇴하였을 때 곽산 능한산성, 태천 농오리산성, 영변 철옹성 등 살수 인근 북쪽에 있는 성들이 연계하여 군사를 파견함으로써 별동대 후방을 공격할 수 있었던 것으로 보인다. 살수에서 전·후방으로 고구려의 공격을 받은 수 별동대는 현도도군의 대장 신세웅辛世雄이 전사하는 등 처참한 패배를 맞이하였다.[108]

---

106 고구려군과 隋 별동대의 전투에 대해서는 『隋書』 卷60 列傳25 于仲文 ; 卷61 列傳26 宇文述 ; 卷63 列傳28 楊義臣 ; 『資治通鑑』 卷181 隋紀5 煬帝 大業 8년 6~7월조를 참고하기 바란다.
107 전술적으로 본다면 고구려군은 '적군이 강을 건너면 반쯤 건너오게 한 다음에 공격하라'는 전술에 충실하였고(『孫子兵法』 行軍 ; 『吳子兵法』 應辯), 隋 별동대는 '만약 아군이 강물을 건너야 한다면 신속히 건너서 강물에서 멀리 벗어나야 하고, 강물 안에서는 적군을 맞아 싸워서는 안된다'는 전술을 간과하였다(『六韜』 犬韜 武鋒 ; 『孫子兵法』 行軍 ; 『吳子兵法』 應辯).
108 薩水전투의 전개과정과 관련하여 고구려군이 살수 상류에 임시 제방을 축조하여 강물을 저수한 후 隋軍이 강을 통과할 때 그 제방을 무너뜨려 강물에 휩쓸리게 함으로써 승리를 거두었다고 보기도 하는데(서인한, 『高句麗 對隋·唐戰爭史』, 93쪽), 참고하였을 사료(『新增東國輿地勝覽』 卷52 安州牧 七佛寺)가 후대 전승이라는 점 그리고 당시 급박한 상황에서 고구려가 대규모 제방 축조공사를 진행하기 어려웠다고 여겨진다는 점(임용한, 『전쟁과 역사-삼국편』, 168~169쪽 ; 김

고구려군은 살수에서 승리한 후 백석산에 주둔하고 있던 옥저도군을 포위하였다. 이에 옥저도군을 이끌었던 설세웅은 파리한 군사로 방진을 이루면서 굳센 기병 200명을 뽑아 고구려군에게 반격하며 탈출을 모색하였다. 옥저도군의 거센 저항에 고구려군은 잠시 위축되었고, 이 틈에 옥저도군은 거세게 고구려군을 몰아붙임으로써 탈출에 성공할 수 있었다.[109] 고구려군은 백석산에서 패배하였지만 살수에서 살아남은 수 별동대의 잔여 군사에 대한 추격을 계속하였다. 이에 수 별동대는 또 다시 위기를 맞이하였는데, 양둔楊屯과 왕인공王仁恭 등이 후군을 맡아 고구려군을 막아내면서[110] 가까스로 요동성에 이를 수 있었다. 수 별동대로 참전한 군사 305,000명 가운데 살아서 요동성으로 귀환한 군사는 2,700명뿐이었다고 한다.[111] 그리고 철군할 때 무기를 고구려군에게 넘겨주지 않기 위해 불태워버림으로써 엄청난 손해마저 입었다.[112]

한편 평양성 인근에서는 고구려군과 수의 수군水軍 사이에서 전투가 벌어지고 있었다. 수의 수군水軍은 598년 고구려-수 전쟁 때와 마찬가지로 산둥반도山東半島의 동래東萊에서 출발해 보하이만渤海灣의 먀오다오열도廟島列島를 따라 랴오둥반도 남단에 이르고, 계속해서 남쪽 연안을 따라 동진하다가 한반도 서해안을 끼고 남하하여 대동강 하구에 이른 후, 강

성남, 『전쟁으로 보는 한국사』, 수막새, 2005, 67쪽) 등을 감안할 때 받아들이기 어렵다.
109 『隋書』 卷65 列傳30 薛世雄.
110 『册府元龜』 卷395下 將帥部56 勇敢2下 楊屯 ; 『隋書』 卷65 列傳30 王仁恭.
111 薩水 전투에서 패배한 후 遼東城으로 돌아온 隋軍 병력에 대해 『隋書』 卷61 列傳26 宇文述 ; 『資治通鑑』 卷181 隋紀5 煬帝 大業 8년 7월 ; 『册府元龜』 卷135 帝王部135 好邊功 大業 8년 7월 ; 『三國史記』 卷20 高句麗本紀8 嬰陽王 23년 7월조 등에는 2,700명이라고 나온다. 반면 『隋書』 卷4 帝紀4 煬帝下 大業 8년 7월 ; 『册府元龜』 卷117 帝王部117 親征2에는 기병 2천여 기, 『北史』 卷12 本紀12 煬帝 大業 8년 7월조에는 기병 천여 기, 『太平寰宇記』 卷173 四夷2 東夷2 高勾驪國에는 1,000명이라고 나온다.
112 『册府元龜』 卷395下 將帥部56 勇敢2下 楊屯.

을 거슬러 평양성 인근에 상륙하였던 것으로 보인다.[113] 고구려는 중앙의 5부병部兵, 지방의 제성병諸城兵, 임시 징발병 등 병력을 총동원하여 평양성을 지키고 있었는데,[114] 일부 군사가 성에서 나와 평양성에서 60리 떨어진 지점에 주둔하고 있던 수의 수군水軍과 전투를 벌였다.[115] 이 전투에서는 수의 수군水軍이 승리를 거두었는데, 승리에 고무된 수군水軍 최고 지휘관 내호아來護兒는 육군이 도착하기를 기다렸다가 함께 평양성으로 진격하자는 부총관副總管[116] 주법상周法尙의 의견을 무시하고 정예 군사 4만을 선발하여 평양성 나곽羅郭 안까지 진입하였다.

내호아가 이끄는 군사들이 평양성 나곽 안까지 진입한 상황에서 고건무高建武가 이끄는 고구려 결사대는[117] 빈 사찰에 매복하여 거짓으로 패배하면서 그들을 더 깊숙이 성 안으로 끌어들였다. 그리고 성 안을 약탈하면서 대오가 흐트러졌을 때 기습 공격하여 그들을 대파하였다. 이후 결사대와 합세한 고구려군이 퇴각하는 내호아의 군대를 쫓아 그들의 본진까지 이르렀으나, 주법상이 진영을 정돈하고 고구려군을 맞이하면서 퇴각할 수밖에 없었다. 고구려군에 패배하면서 어려운 상황에 처해 있던 수의 수군水軍은 7월에 별동대가 패배하였다는 소식을 듣고 결국 철군하였다.[118]

---

113 김창석, 「고구려-수 전쟁의 배경과 전개」, 『동북아역사논총』 15, 동북아역사재단, 2007, 119쪽 ; 王綿厚・李健才, 동아시아교통사연구회 역, 『고대 동북아시아 교통사』, 주류성, 2020, 248쪽.
114 이정빈, 『고구려-수 전쟁 : 변경 요서에서 시작된 동아시아 大戰』, 208쪽.
115 隋의 水軍에 대해 고구려군은 水軍으로 맞서지 않았던 것으로 보이는데, 이는 육군에 비해 水軍의 전력이 상대적으로 떨어졌기 때문으로 추정된다.
116 副總管은 總管을 보좌하는 직책으로 隋文帝시기의 군사 조직체계에서 볼 수 있는데, 612년 고구려-수 전쟁에서도 확인되는 것으로 보아 이 때까지도 수문제시기의 관명을 습관적으로 병칭하였던 것으로 추정된다(孫繼民, 『唐代行軍制度硏究』, 文津出版社, 1995, 71쪽). 부총관은 대장(大將) 바로 아래인 아장(亞將)과 같은 직급이었을 것이다.
117 고구려 결사대의 병력에 대해 『隋書』 卷64 列傳29 來護兒에는 500명, 『北史』 卷76 列傳64 來護兒에는 수백 인으로 나온다.

성곽전에서의 고전, 평양성으로 곧바로 진군하고자 했던 별동대와 수군水軍의 대패 등으로 인해 수군은 결국 철군할 수밖에 없었다. 이와 같은 결과에 분노한 수양제는 전쟁 패배에 대한 책임을 제장에게 물리면서 서민으로 강등시키거나 면직시키는 등의 처벌을 내렸다. 612년 고구려-수 전쟁에서 수는 막대한 손실을 입은 채, 요수 서쪽의 성보城堡로서[119] 요수를 건너는 자들을 감시하고 요서 일부 및 제종족을 관리하였던 것으로 추정되는[120] 무려라[121]를 차지하고 요동군遼東郡[122]과 통정진을 설치했을 뿐이었다.

---

118 고구려군과 隋 水軍 사이의 전투 상황에 대해서는 『隋書』 卷64 列傳29 來護兒 ; 『北史』 卷76 列傳64 來護兒 ; 『資治通鑑』 卷181 隋紀5 煬帝 大業 8년 6~8월 등을 참고하기 바란다. 한편 고구려군과의 전투 후에 수 水軍 병력이 남아 있었다면 대동강 근처에서 별동대와 조우했을 것이라면서 수 水軍이 철군한 것이 아닌 전멸하였다고 보는 견해가 있다(김성남, 『전쟁으로 보는 한국사』, 68쪽).

119 이성제, 「高句麗의 西部 國境線과 武厲邏」, 『大丘史學』 113, 대구사학회, 2013, 5쪽.

120 노태돈, 『고구려사연구』, 사계절, 1999, 411쪽 ; 이성제, 「高句麗와 契丹의 關係」, 『북방사논총』 5, 고구려연구재단, 2005, 149~153쪽 ; 이정빈, 「고구려-수 전쟁 : 변경 요서에서 시작된 동아시아 大戰」, 18~23쪽.

121 武厲邏의 위치에 대해 醫巫閭山 일대로 비정하기도 하나(전준현, 『조선인민의 반침략투쟁사(고조선-발해편)』, 과학백과사전종합출판사, 1988, 194쪽), 대체로 612년 고구려-수 전쟁 당시 隋가 설치한 遼東郡 및 通定鎭과 같은 지역에 있었다고 보면서 遼寧省의 新民市 일대로 비정되고 있는데(이병도, 『국역 삼국사기(상)』, 461쪽) ; 이성제, 「高句麗의 西部 國境線과 武厲邏」, 6쪽 ; 이정빈, 「고구려-수 전쟁 : 변경 요서에서 시작된 동아시아 大戰」, 19-20쪽), 구체적으로는 遼濱塔 부근(松井等, 「隋唐二朝高句麗遠征의 地理」, 387~388쪽 ; 金毓黻, 『東北通史(下)』, 483쪽), 高臺山유적(孫進己·馮永謙, 『東北歷史地理(2)』, 209쪽 ; 王綿厚, 「唐 "營州至安東" 陸軍交通地理考實」, 『遼海文物學刊』 1986-1, 1986, 80~81쪽), 公主屯 後山유적(王綿厚, 「鴨綠江右岸高句麗山城綜合硏究」, 『遼海文物學刊』 1994-2, 1994, 48쪽), 巨流河村 東山崗 高麗城子(馮永謙, 「武厲邏新考(上)」, 『東北史地』 2012-1, 2012, 8~10쪽) 등이 지목되었다.

122 遼東郡의 위치에 대해서는 隋가 고구려로부터 빼앗은 武厲邏 그리고 무려라에 설치한 通定鎭과 같은 지역에 있었다고 보면서 遼寧省 新民市 일대로 비정하고 있다(松井等, 「隋唐二朝高句麗遠征의 地理」, 387~388쪽 ; 이병도, 『국역 삼국사기(상)』, 461쪽 ; 金毓黻, 『東北通史(下)』, 461쪽). 반면 後燕 이래 遼西에 僑置된 요동군이 襄平縣 舊城에 설치되었다고 보면서 랴오닝성 阜新市 일대로 비정하는 견해도 있다(趙曉剛·沈彤林, 「隋遼東郡及通定鎭考略」).

4부

613 · 614년 고구려-수 전쟁의 발발과
양국의 전략

1장

수양제의 대고구려전 전략 수립

1. 수의 군단 편성과 효과驍果의 투입

　수양제隋煬帝는 612년 고구려-수隋 전쟁에서 참패하였다. 그럼에도 불구하고 고구려 정벌의 꿈을 버리지 못하였던 수양제는 613년과 614년 계속해서 고구려 원정을 나섰다. 수양제는 분명 612년 고구려-수 전쟁의 패배를 거울삼아 새로운 전략을 세우거나 혹은 수정하여 원정에 나섰을 것이다. 그렇다면 수양제는 어떠한 전략을 구사하며 원정에 나섰을까?
　먼저 수군의 군단 편성을 통해 그가 구사한 전략을 확인해 볼 수 있지 않을까? 이에 당시 수군의 군단 편성 양상을 살펴보고자 한다. 613년 전쟁의 경우 아래의 기사들이 주목된다.

　　A-① 이듬해(613년), (왕인공은) 다시 군장軍將으로 부여도扶餘道로 나아갔다. (…중략…) (왕)인공仁恭이 드디어 진군하여 신성新城에 이르렀는데, 적

(고구려군) 수만이 성을 등지고 진을 쳤다. (왕)인공이 굳센 기병 1천으로 그들을 격파하자 적이 성문을 닫고 굳게 지켰다. (왕)인공이 사면에서 공격하여 포위하니, 황제(수양제)가 듣고 기뻐하였다.[1]

『수서』 권65 열전30 왕인공

A-② 대업大業 9년(613년)에 (방언겸이) 거가를 따라 요遼(요수)를 건넜고, 부여도군扶餘道軍을 감독하였다.[2]

『수서』 권66 열전31 방언겸

A-③ 대업大業 9년(613년)에 (수양제는) 다시 고구려를 정벌하면서 (어)구라俱羅를 갈석도碣石道 군장군將으로 삼았다.[3]

『수서』 권64 열전29 어구라

A-④ 요동遼東(고구려)과의 전쟁 때 (조재는) 다시 갈석도碣石道로 나아갔다.[4]

『수서』 권65 열전30 조재

A-⑤ 이듬해(613년)에 (양언광은) 또한 영무분랑장領武賁郎將으로 노룡도盧龍道 군부軍副가 되었다.[5]

『수서』 권73 열전38 양언광

---

1 『隋書』卷65 列傳30 王仁恭, "明年, 復以軍將指扶餘道. …(中略)… 仁恭遂進軍, 至新城, 賊數萬背城結陣. 仁恭率勁騎一千擊破之, 賊嬰城拒守. 仁恭四面攻圍, 帝聞而大悅."
2 『隋書』卷66 列傳31 房彦謙, "大業九年, 從駕渡遼, 監扶餘道軍."
3 『隋書』卷64 列傳29 魚俱羅, "大業九年, 重征高麗, 以俱羅爲碣石道軍將."
4 『隋書』卷65 列傳30 趙才, "及遼東之役, 再出碣石道." '다시 碣石道軍으로 참전하였다'는 기록을 감안하면 趙才는 여러 차례 갈석도군 소속으로 고구려-수 전쟁에 참전한 것으로 보이는데, 정확히 언제 참전하였는지는 알 수 없다. 다만 612년과 613년 고구려-수 전쟁 당시 隋軍에 편성된 군대명으로 道名이 확인되지만, 614년 전쟁 때에는 도명이 보이지 않는다는 점에서 612년과 613년 고구려-수 전쟁에 참전한 것으로 추정된다.
5 『隋書』卷73 列傳38 梁彦光, "明年, 又領武賁郎將, 爲盧龍道軍副."

A-⑥ 이듬해(613년)에 황제(수양제)가 다시 요동遼東(고구려)을 정벌하였는데, (설세웅은) 우후위장군右候衛將軍이 되어 답돈도蹋頓道로 나아갔다. 군대가 오골성烏骨城에 이르렀을 때 마침 양현감楊玄感의 반란을 맞이하여 군대를 돌렸다.[6]

『수서』 권65 열전30 설세웅

A-⑦-㉠ 이듬해(613년)에 (내호아는) 또한 창해도滄海道로 나아갔다.[7]

『수서』 권64 열전29 내호아

A-⑦-㉡ 당시(613년) 장군 내호아來護兒는 주사舟師로 동래東萊에서 바다로 들어가 평양성平壤城으로 가려고 하였다.[8]

『수서』 권71 열전35 양현감

A-⑧ 요동遼東(고구려)과의 전쟁 때 (주법상은) 주사舟師로서 조선도朝鮮道로 나아갔다.[9]

『수서』 권65 열전30 주법상

A-⑨ 요동遼東(고구려)과의 전쟁 때 황제(수양제)가 (이자웅에게) 영을 내려 종군하여 스스로 정성을 다하도록 하였다. 이로 인하여 내호아來護兒를 따라 동평東平[10]에서 창해滄海로 나아갔다.[11]

『수서』 권70 열전35 이자웅

---

6 『隋書』 卷65 列傳30 薛世雄, "明年, 帝復征遼東, 拜右候衛將軍, 兵指蹋頓道. 軍至烏骨城, 會楊玄感作亂, 班師."
7 『隋書』 卷64 列傳29 來護兒, "明年, 又出滄海道. 師次東萊, 會楊玄感作逆黎陽."
8 『隋書』 卷71 列傳35 楊玄感, "時將軍來護兒以舟師, 自東萊將入海, 趣平壤城."
9 『隋書』 卷65 列傳30 周法尙, "遼東之役, 以舟師指朝鮮道."
10 東平은 隋의 水軍이 출발하였던 '東萊'의 오기로 추정된다.
11 『隋書』 卷70 列傳35 李子雄, "遼東之役, 帝令從軍自效. 因從來護兒, 自東平將指滄海."

기사 A는 613년 고구려-수 전쟁에 참전한 인물 가운데 소속 군대명과 행적이 확인되는 사례이다. 기사를 종합하면 왕인공王仁恭과 방언겸房彦謙이 부여도군扶餘道軍, 어구라魚俱羅와 조재趙才가 갈석도군碣石道軍, 양언광梁彦光이 노룡도군盧龍道軍, 설세웅薛世雄이 답돈도군蹋頓道軍, 내호아來護兒와 이자웅李子雄이 창해도군滄海道軍, 주법상周法尙이 조선도군朝鮮道軍으로 참전하였다고 한다. 즉, 613년 고구려-수 전쟁 당시 수군에 편성된 군대로 부여도군, 갈석도군, 노룡도군, 답돈도군, 창해도군, 조선도군 등 6개를 확인할 수 있는 것이다. 이 가운데 창해도군과 조선도군은 A-⑦-ⓒ과 A-⑧에서 보듯이 각각의 군을 이끌었던 내호아와 주법상이 "주사舟師"로서 참전하였다는 기록을 감안할 때 수군水軍이었다고 볼 수 있다. 한편, 당시 군명軍名과 612년 고구려-수 전쟁 때의 군명을 비교하면 노룡도군을 제외하고 모두 일치하고 있다. 이로 볼 때 612년 고구려-수 전쟁 때의 군명을 613년 전쟁 때에도 그대로 연용한 것으로 추정된다.

다음의 기사는 613년 고구려-수 전쟁에 참전한 인물 가운데 소속 군대명은 보이지 않고 행적만 확인되는 사례이다.

> B-① (대업 9년[613년]) 4월에 황제(수양제)가 여러 장수에게 명하여 요동遼東(요동성)을 공격하였는데, 편의에 따라 일을 처리하게 하였다. 비루飛樓, 당차橦車, 운제雲梯, 지도地道로써 사면으로 함께 나아가도록 하였고, 밤낮으로 쉬지 않았다.[12]
>
> 『자치통감』권181 수기5 양제 대업 9년 4월

> B-② (심광은) 황제(수양제)를 따라 요동遼東(요동성)을 공격하였고, 충제衝梯

---

[12] 『資治通鑑』卷181 隋紀5 煬帝 大業 9年 4月, "帝命諸將攻遼東, 聽以便宜從事. 飛樓·橦·雲梯·地道·四面俱進, 晝夜不息."

로써 성을 공격하였는데, 장대의 길이가 15장丈이었다. (심)광光이 꼭대기에 올라가 성을 내려다보면서 적(고구려군)과 싸웠고, 짧은 병기로 접전하여 십수 명을 죽였다.[13]

『수서』 권64 열전29 심광

B-③ 이듬해(613년)에 (양의신은) 군부軍副가 되어 대장군大將軍 우문술宇文述과 함께 평양平壤으로 나아갔다. 압록수鴨綠水에 이르렀는데, 마침 양현감楊玄感이 반란을 일으켜 군대를 돌렸다.[14]

『수서』 권63 열전28 양의신

기사 B-①과 ②는 각각 수양제와 심광沈光이 고구려의 요동성遼東城 공격에 참여하고 있었음을 보여주고 있는데, 기사 B-①과 ②를 포함한 당시 요동성 전투 관련 기사를 보면 기사 A에 보이는 군명이나 지휘관의 이름이 나오지 않는다. 이로 볼 때 기사 A에 보이는 군대 이외에 요동성을 공격한 군대가 따로 편성되어 있었다고 여겨진다.

기사 B-③에서는 양의신과 우문술이 이끄는 군대가 압록수鴨綠水를 거쳐 평양平壤으로 향하였다고만 기록하였을 뿐 그들이 이끌던 군명은 나오지 않는다. 한편 우문술은 612년 고구려-수 전쟁 때 함락하지 못한 고구려의 성을 후방에 둔 채 평양성으로 곧바로 진군했던 별동대의 지휘관이었다. 그리고 기사에 보이는 진군로(압록수-평양성)는 별동대의 진군로와 같다.[15] 이로 볼 때 기사 B-③에 보이는 군대 또한 평양성으로 곧바로 진

---

13 『隋書』 卷64 列傳29 沈光, "及從帝攻遼東, 以沖梯擊城, 竿長十五丈. 光升其端, 臨城與賊戰, 短兵接, 殺十數人."
14 『隋書』 卷63 列傳28 楊義臣, "明年, 以爲軍副, 與大將軍宇文述趣平壤. 至鴨綠水, 會楊玄感作亂, 班師."
15 『隋書』 卷61 列傳26 宇文述.

군하고자 했던 별동대로 추정된다.

이상의 기사 A와 B를 종합해본다면 613년 고구려-수 전쟁 당시 수군은 육군으로 부여도군, 갈석도군, 노룡도군, 답돈도군, 요동성을 공략한 군대, 평양성으로 곧바로 진군하고자 했던 별동대 그리고 수군水軍으로 창해도군과 조선도군이 편성되어 있었다고 여겨진다(〈표 4-1〉 참고).

〈표 4-1〉 613년 고구려-수 전쟁 당시 수군의 편성 양상

병종	군대명	주요지휘관	직책	전거
육군	扶餘道	王仁恭	軍將	『隋書』 卷65 列傳30 王仁恭
		房彦謙	監軍	『隋書』 卷66 列傳31 房彦謙
육군	碣石道	魚俱羅	軍將	『隋書』 卷64 列傳29 魚俱羅
		趙才		『隋書』 卷65 列傳30 趙才
육군	盧龍道	梁彦光	軍副, 領武賁郎將	『隋書』 卷73 列傳38 梁彦光
육군	踏頓道	薛世雄	右候衛將軍	『隋書』 卷65 列傳30 薛世雄
육군	遼東城 공략군	隋煬帝	황제	『資治通鑑』 卷181 隋紀5 煬帝 大業 9년 4월
		沈光	驍果	『隋書』 卷64 列傳29 沈光
육군	별동대	宇文述	軍將	『隋書』 卷61 列傳26 宇文述
		楊義臣	軍副	『隋書』 卷63 列傳8 楊義臣
水軍	滄海道	來護兒	軍將(추정)	『隋書』 卷64 列傳9 來護兒
		李子雄		『隋書』 卷70 列傳35 李子雄
水軍	朝鮮道	周法尚	軍將(추정)	『隋書』 卷65 列傳30 周法尚

반면 614년 고구려-수 전쟁 당시 수군의 편성 양상은 어떠하였을까? 현재까지 알려진 사료로는 자세한 면모를 파악할 수 없다. 다만 육군으로 수양제,[16] 곽영郭榮,[17] 설세웅[18] 등이 참전하였고, 내호아가 수군水軍을 지휘하였다고 하는데,[19] 이를 통해 614년 고구려-수 전쟁에서도 수군은 육군과 수군水軍으로 구성되어 있었음을 알 수 있다.

이상에서 613·614년 고구려-수 전쟁 당시 수군이 육군과 수군水軍으로 구성되어 있었음을 알 수 있었다 그렇다면 육군과 수군水軍의 병력 규모는 어느 정도였을까? 일단 수군水軍은 관련 기록이 없어 파악하기 어렵다. 반면 육군은 이와 관련하여 아래의 기사가 주목된다.

C "만약 다시 요遼(요수)를 건너면 너(이민)와 나(이혼)는 반드시 대장大將이 되는데, 각각 (거느린) 군은 2만여 병으로, 이에 5만 인이다."[20]

『수서』 권37 열전2 이목자혼

기사 C는 수의 장수인 이혼李渾이 수양제에 대한 반역을 도모하면서 조카인 이민李敏에게 했던 대화 내용 중 일부라고 하는데, 사실 이 대화는 이민의 처인 우문씨宇文氏가 이들을 반역자로 무고하기 위해 거짓으로 지어낸 것이다. 비록 두 사람이 대화를 나누었다는 것은 거짓이지만, 대화 내용은 당시 객관적인 사실을 바탕으로 지어냈다고 볼 수 있으므로 그 내용 자체는 신빙할 수 있다고 여겨진다.

---

16 『隋書』卷4 帝紀4 煬帝下 大業 10년.
17 『隋書』卷50 列傳15 郭榮, "明年, 復從帝至柳城, 遇疾, 帝令存問動靜, 中使相望. 卒於懷遠鎭, 時年六十八."
18 『隋書』卷65 列傳30 薛世雄, "十年, 復從帝至遼東, 遷左禦衛大將軍, 仍領涿郡留守."
19 『隋書』卷64 列傳29 來護兒.
20 『隋書』卷37 列傳2 李穆子渾, "若復渡遼, 吾與汝必爲大將, 每軍二萬餘兵, 固以五萬人矣."

기사 내용 가운데 '만약 다시 요遼 즉, 요수遼水를 건넌다'는 것은 614년 고구려-수 전쟁 종결 이후 재개될 수 있는 '수의 고구려 원정(수양제의 제4차 고구려 원정)'을 의미한다. 만약 고구려 원정이 재개된다면 이혼과 이민이 육군의 대장大將으로서 각각 25,000명의 병력을 이끌 수 있다고 예상하고 있었던 것이다. 25,000명이라는 병력 수는 분명 614년 고구려-수 전쟁의 상황을 토대로 예상했을 것이다. 그렇다면 614년 고구려-수 전쟁 당시 육군 한 군의 병력 수는 약 25,000명 정도였다고 볼 수 있다. 그리고 2부에서 살펴보았듯이 612년 고구려-수 전쟁에서도 육군 일반 군의 각 군 병력이 약 25,000명 정도였을 것이라는 점을 감안하면 그 사이의 613년 고구려-수 전쟁 또한 약 25,000명 정도였을 것으로 추정된다. 즉, 612~614년까지 계속 이어지는 고구려 원정 속에서 25,000명이라는 육군 한 군 병력 수는 그대로 유지되었던 것이다.

위와 같이 613·614년 고구려-수 전쟁 당시 수 육군의 한 군 병력 수는 어느 정도 파악이 가능하지만, 수군이 동원한 전체 병력 수는 관련 기록이 없어 알 수 없다. 다만 2부 2장에서 살펴보았듯이 612년 고구려-수 전쟁 때 육군은 40개의 군, 수군水軍은 1개의 군으로 편성되었을 것으로 추정되는 반면, 613년 고구려-수 전쟁 때에는 육군으로 부여도군, 갈석도군, 노룡도군, 답돈도군 등 4개의 군, 요동성을 공격한 군대, 별동대 그리고 수군水軍으로 창해도군과 조선도군만 확인된다는 점에서 612년 고구려-수 전쟁 때 동원되었다는 1,133,800명보다는 훨씬 적었을 것으로 판단된다.[21] 614년 고구려-수 전쟁의 경우에는 농민 봉기의 확산으로 인해 병력 동원이 훨씬 어려워졌다는 점에서 613년 고구려-수 전쟁 때보다도

---

21 613년 고구려-수 전쟁 때 수가 30만 명을 동원하였다고 보기도 하는데(서인한,『동북아의 왕자를 꿈꾸다』, 플래닛미디어, 2009, 221쪽), 그 근거에 대해서는 명확하게 제시하지 않았다.

적었을 것으로 추정된다.

다음으로 수군의 병력 구성원에 대해 살펴보고자 한다. 지휘관의 경우, 613년 고구려-수 전쟁에 참전한 인물 가운데 방언겸, 어구라, 이자웅, 심광을 제외한 나머지는 612년 고구려-수 전쟁에도 참전한 바 있다. 그리고 614년 고구려-수 전쟁에 참전한 설세웅, 곽영, 내호아 등은 612년은 물론 613년 고구려-수 전쟁에도 참전하였다. 이로 볼 때 수양제는 주요 지휘관에 대해서는 612년 고구려-수 전쟁에 참전한 인물을 그대로 임명함으로써 큰 변화를 주지 않았다고 여겨진다. 다만 각 군 최고 지휘관의 명칭을 기존의 '대장'에서 '군장軍將'으로 개칭하였던 것으로 보인다.[22]

반면 병력 구성원에 대해서는 변화를 주었는데, 효과驍果를 선발하여 전쟁에 투입시켰던 것이다. 효과는 부병府兵을 거느리지 않았던 좌우비신부左右備身府 소속으로, 대장군大將軍의 지휘를 받았던 12위衛와 달리 절충랑장折冲郎將과 과의랑장果毅郎將의 지휘를 받으면서 '황제의 숙위宿衛'와 '출정出征'을 맡았다.[23]

효과는 어떻게 선발하였고 또한 어떠한 이들이 참여하였을까? 이와 관련하여 아래의 기사가 주목된다.

> D-① (대업) 9년(613년) 춘정월 정축일에 (수양제가) 천하의 군사들을 징발하고, 민民을 모아 효과驍果로 삼았으며, 탁군涿郡에 집결하였다.[24]
>
> 『수서』 권4 제기4 양제하 대업 9년 춘정월

---

[22] 孫繼民, 『唐代行軍制度研究』, 文津出版社, 1995, 71쪽. 軍將으로 개칭한 배경에 대해 隋煬帝의 중앙 집권 및 군주 전제의 강화 그리고 그 지위를 약화시키는 정책과 밀접한 관련이 있다는 견해가 있다(孫繼民, 『唐代行軍制度研究』, 72~74쪽).

[23] 劉展, 『中國古代軍制史』, 軍事科學出版社, 1992, 243쪽.

[24] 『隋書』卷4 帝紀4 煬帝下 大業 9년 춘정월, "九年 春正月 丁丑, 徵天下兵, 募民爲驍果, 集於涿郡."

D-② 심광沈光은 자가 총지總持이고 오흥인吳興人이다. (…중략…) 대업大業 중 (수)양제煬帝가 천하의 효과驍果를 징발하여 요좌遼左(고구려)를 정벌하려 하였는데, (심)광이 (효과를) 맡았고, 동류同類 수만 인이 모두 그 아래로 나왔다. (심)광이 행재소行在所에 가려고 하는데, 빈객賓客으로 전송하여 파상灞上에 이른 자가 100여 기騎나 되었다. (심)광이 술을 땅에 부으며 맹세하면서 말하기를 "이번 행군에서 만약 이름을 떨치지 못한다면 마땅히 고(구)려에서 죽을 것이고, 다시는 그대들과 보지 않을 것이다"라고 하였다.[25]

『수서』 권64 열전29 심광

D-③ 공손무달公孫武達은 옹주雍州 역양인櫟陽人이다. 어려서부터 육체적인 힘이 있어 호협豪俠으로 칭해졌다. 수隋대에 효과驍果가 되었다.[26]

『구당서』 권57 열전7 공손무달

D-④ 자字는 지현志玄이고 제주齊州 추평현인鄒平縣人이다. …(중략)… 대업大業 중 (수양제가) 요좌遼左(고구려)를 정벌하려고 하자 공(단지현)이 응모占募하여 정벌에 종군하였는데, 나이가 겨우 14살이었다.[27]

「단지현 묘지명」

기사 D-①에는 613년 고구려 원정을 떠나기에 앞서 수양제가 병사를 탁군涿郡에 집결시켰다는 내용이 담겨 있는데, 민民을 모아서 효과로 삼

---

25 『隋書』卷64 列傳29 沈光, "沈光字總持, 吳興人也. …(中略)… 大業中, 煬帝徵天下驍果之士以伐遼左, 光預焉, 同類數萬人, 皆出其下. 光將詣行在所, 賓客送至灞上者百餘騎. 光酹酒而誓曰, 是行也, 若不能建立功名, 當死於高麗, 不復與諸君相見矣."
26 『舊唐書』卷57 列傳7 公孫武達, "公孫武達者, 雍州櫟陽人也. 少有膂力, 稱爲豪俠. 在隋爲驍果."
27 「段志玄 墓誌銘」, "字志玄, 齊州鄒平縣人也. (…中略…) 隋大業中, 薄伐遼左, 公占募從征, 年始十四." 「段志玄 墓誌銘」은 한국학중앙연구원출판부 편집부, 『중국 소재 한국 고대 금석문』, 한국학중앙연구원 출판부, 2015, 142~143쪽을 참고하였다.

았다고 한다. 즉, 효과는 모병募兵을 통해서 선발된 것이다. 이를 통해 효과가 의무적으로 전쟁에 참전한 부병이 아니라 자발적으로 참전한 군인이었음을 알 수 있다. 기사 D-②에는 613년 고구려-수 전쟁 때 심광이라는 인물이 효과를 지원했던 이유가 담겨져 있는데, 자신의 이름을 세상에 널리 알리고 출세하기 위해서였다고 한다.

기사 D-③에는 수대에 효과였다가 당대唐代에 들어서 이세민李世民(당태종)을 도와 이건성李建成과 이원길李元吉을 죽인 공손무달公孫武達의 행적이 담겨져 있다. 그는 어려서부터 힘이 세서 '호협豪俠'으로 불리웠다고 하는데, 이로 볼 때 의협심이 강하고 무예가 뛰어난 인물이었다고 여겨진다. 그러한 그가 수대에 효과였다는 점을 감안하면, 효과는 무예가 뛰어난 인물이 지원·선발되었던 것으로 추정된다.

기사 D-④에서는 단지현段志玄이라는 인물이 고구려-수 전쟁에 참전하였음을 보여주고 있는데, 정확히 언제 참전하였는지는 알 수 없다. 다만 '응모占募' 즉, 모병을 통해서 참전하였다고 한 것으로 보아 613년 혹은 614년 고구려-수 전쟁에 효과로 참전하였을 가능성이 높다고 여겨진다. 그런데 그가 참전했을 때 나이가 불과 14살이었다고 한다. 부병의 경우 20세부터 60세까지의 정남壯丁으로 이루어져 있었다. 반면 효과는 단지현의 나이를 감안하면 특별한 나이 제한 없이 지원·선발하였던 것으로 보인다.

기사 D를 종합해 본다면 효과는 모병을 통해서 선발되었으며, 나이 제한 없이 무예가 뛰어나고 출세를 꿈꾸던 사람들이 주로 지원한 것으로 추정된다. 그렇다면 수양제는 왜 효과를 선발하여 전쟁에 투입시켰을까? 이와 관련하여 다음의 기사가 주목된다.

E (대업 8년[612년]) 6월 기미일에 황제(수양제)가 요동성遼東城 남쪽으로 행차하여 그 성곽의 형세를 살펴보고 여러 장수를 불러 힐책하면서 말하기를 "공들은 스스로 관직이 높다 여기고 또 가문을 믿으며 나를 어리석고 나약한 사람으로 대접하려 하는가. 수도에 있을 때 공들은 모두 내가 오는 것을 원치 않았는데, 낭패를 볼까 두려워했기 때문이다. 내가 지금 여기에 온 것은 바로 공들의 소행을 보고 공을 베려는 것이다. 공이 지금 죽음을 두려워하여 힘을 다하지 않음은 내가 그대들을 죽이지 못할 것으로 여겨서인가"라고 했다. 여러 장수들이 모두 두려워 떨며 얼굴빛을 잃었다.[28]

『자치통감』 권181 수기5 양제 대업 8년 6월

기사 E에는 612년 고구려-수 전쟁 때 요동성 함락이 지지부진하자, 수양제가 직접 요동성에 행차하여 제장에게 분발을 요구하는 내용이 담겨져 있는데, 제장이 요동성 공략에 힘을 다하지 않은 것에 대해 불만을 표출하고 있다. 즉, 수양제는 요동성을 함락하지 못하는 이유를 제장의 소극적인 전투 수행 때문이라고 보고 있는 것이다. 수양제의 책언은 비단 제장에게만 해당함은 아닐 것이다. 동시에 전투에 참여하고 있는 모든 군사에게 전하는 책언인 것이다.

요동성에서의 책언을 감안한다면 수양제는 612년 고구려-수 전쟁의 패배 요인 가운데 하나로 '적극적인 전투수행 의지를 가지고 있지 않은 군사'를 인식하였을 가능성이 높다. 아마 이러한 인식을 바탕으로 수양제는 출세 야욕으로 인해 전쟁 수행에 대한 의욕이 앞서고 전투력 또한

---

[28] 『資治通鑑』 卷181 隋紀5 煬帝 大業 8年 6月, "六月, 己未, 帝幸遼東城南, 觀其城池形勢, 因召諸將詰責之曰, 公等自以官高, 又恃家世, 欲以暗懦待, 我邪. 在都之日, 公等皆不願我來, 恐見病敗耳. 我今來此, 正欲觀公等所爲, 斬公輩耳. 公今畏死, 莫肯盡力, 謂我不能殺公邪. 諸將咸戰懼失色."

뛰어난 사람을 효과로 선발하여 613년 고구려-수 전쟁에 투입시켰던 것으로 보인다.²⁹ 실제로 효과는 전투 중에 상당한 활약을 하였던 것으로 보이는데, 613년 8월 수양제는 효과가 속한 가호에 대해서 부역을 면제시켜 주기도 하였다.³⁰ 614년 고구려-수 전쟁에서도 '사람을 모아 고구려를 정벌하였다'라는 기록 등을 감안하면³¹ 효과를 선발하여 투입한 것으로 보이는데, 이렇게 효과는 613년 고구려-수 전쟁 이후 계속해서 수군의 주요 병종으로 활약하였다.³²

2. 수군水軍의 2군 편성과 군 지휘부에 대한 편의종사권 부여

수양제는 전략 구상에 있어 수군水軍에 대해서도 변화를 주었다. 전술하였듯이 2개의 군을 편성하였던 것이다. 612년 고구려-수 전쟁 때에는 대장 내호아, 부총관副總管 주법상이 이끄는 창해도군 한 군만 편성하였으나, 613년 고구려-수 전쟁 때에는 내호아가 이끄는 창해도군, 주법상이 이끄는 조선도군을 편성하였다.

수양제는 왜 수군水軍을 2개의 군으로 편성하였을까? 혹 612년 고구려-수 전쟁에 비해 수군水軍 병력이 크게 늘어났기 때문일까? 612년 고구려-수 전쟁 당시 수가 동원한 1,133,800명은 당시 동원할 수 있는 최대 병력

29 　隋煬帝 驍果를 모집한 이유에 대해 府兵을 기초로 하는 12衛 大將軍과 휘하 郞將들을 장악하지 못함으로써 별도의 직속 군사조직이 필요했기 때문이었다는 견해가 있다(김선민,「隋 煬帝의 軍制改革과 高句麗遠征」,『東方學志』119, 연세대학교 국학연구원, 2003, 175쪽).
30 　『隋書』卷4 帝紀4 煬帝下 大業 9년 8월, "甲辰, 制驍果之家蠲免賦役."
31 　『隋書』卷24 志19 食貨, "益遣募人征遼, 馬少不充八駄, 而許爲六駄. 又不足, 聽半以驢充. 在路逃者相繼, 執獲皆斬之, 而莫能止. 帝不悛. 遇高麗執送叛臣斛斯政, 遣使求降."
32 　김선민,「隋 煬帝의 軍制改革과 高句麗遠征」, 175쪽. 驍果에 대한 보다 자세한 내용은 같은 논문, 171~179쪽을 참고하기 바란다.

수였다고 추정되는데, 그렇다면 수군水軍으로 동원하였을 것으로 추정되는 70,000명 또한 동원할 수 있는 최대 병력 수였다고 볼 수 있다. 그런데 612년보다 613년 고구려-수 전쟁에 동원된 병력 수가 적었을 것이라는 점을 감안하면, 수군水軍 병력 수 또한 적었을 가능성이 높다. 즉, 수군水軍의 병력 수는 줄어든 채 군의 수만 늘어났다고 볼 수 있는 것이다.

수양제가 수군水軍을 2개의 군으로 편성한 이유에 관련하여 612년 고구려-수 전쟁 당시 수군水軍의 상황과 행보가 주목된다. 당시 수군水軍의 대장이었던 내호아는 전술하였듯이 70,000명의 군사를 거느렸다고 추정되는데, 이는 육군의 각 군 대장이 약 25,000명을 거느린 것과 비교하면 큰 차이가 있다. 이로 볼 때 내호아는 육군 대장에 비해 보다 막강한 군권을 가지고 있었다고 여겨진다. 그런데 내호아는 '육군이 도착하기를 기다렸다가 함께 평양성으로 진군하자'는 주법상의 의견을 무시하며, 군대를 이끌고 평양성 나곽羅郭 안까지 진입하였다가 매복하고 있던 고구려군의 공격을 받아 패배한 바 있다.[33] 자신이 가지고 있던 막강한 군권을 바탕으로 견제세력 없이 독단적으로 행동하였다가 수군水軍에 커다란 피해를 입혔던 것이다.

수양제 입장에서는 독단적인 행동으로 패배를 자초한 내호아를 처벌하는 것은 당연하다고 볼 수 있다. 하지만 그를 처벌하지 않았다. 612년 고구려-수 전쟁 패배에 대한 책임을 오로지 별동대 작전을 제대로 수행하지 못한 제장에게 돌리려고 했던 의도 속에서 처벌하지 않은 것도 있겠지만, 내호아를 유독 아꼈던 마음도 작용하였던 것으로 보인다.[34]

---

33 『隋書』卷64 列傳29 來護兒 ; 『北史』卷76 列傳64 來護兒 ; 『資治通鑑』卷181 隋紀5 煬帝 大業 8년 6월.
34 『隋書』卷64 列傳29 來護兒, "煬帝即位, 遷右驍衛大將軍, 帝甚親重之."

수양제는 비록 내호아가 평양성 전투에서 패배하였지만, 그 동안의 공적과 총애를 바탕으로 613년 고구려-수 전쟁에도 군장으로 임명하여 수군水軍을 이끌도록 한 것으로 보인다. 하지만 그의 독단적인 행동으로 인하여 평양성 전투에서 패배하였음을 인지하고 있었던 만큼, 그에게 수군水軍에 대한 전권을 맡기는 것에 대해서는 부담을 느꼈을 가능성이 높다. 즉, 수군水軍 지휘관으로서 내호아의 권한을 축소하고 독단을 방지하기 위해 수군水軍을 두 군으로 나누어 한 군의 지휘를 주법상에게 맡겼다고 여겨지는 것이다.

한편 수군水軍은 육군과 비교해 보았을 때 다소 늦은 행보를 보여주었다.

> **F-①** (613년) 황제(수양제)가 요동遼東(고구려)을 정벌하면서 (양)현감玄感에게 여양黎陽에서 조운을 감독하라고 명하였다. (…중략…) 그의 동생 무분랑장武賁郎將 현종玄縱과 응양랑장鷹揚郎將 만석萬碩이 모두 요동으로 갔는데, (양)현감이 몰래 사람을 보내어 그들을 불렀다. 당시 장군 내호아來護兒는 주사舟師로 동래東萊에서 바다로 들어가 평양성平壤城으로 가려고 하였는데, 군대가 아직 출발하지 못하였다.[35]
>
> 『수서』권71 열전35 양현감

> **F-②** 이듬해(613년)에 (내호아는) 또한 창해도滄海道로 나아갔고, 군대가 동래東萊에 이르렀는데, 마침 양현감楊玄感이 여양黎陽에서 반란을 일으켰다.[36]
>
> 『수서』권64 열전29 내호아

---

35 『隋書』卷71 列傳35 楊玄感, "帝征遼東, 命玄感於黎陽督運. …(中略)… 其弟武賁郎將玄縱·鷹揚郎將萬碩並從幸遼東, 玄感潛遣人召之. 時將軍來護兒以舟師, 自東萊將入海, 趣平壤城, 軍未發."
36 『隋書』卷64 列傳29 來護兒, "明年, 又出滄海道, 師次東萊, 會楊玄感作逆黎陽."

기사 F-①에는 수의 예부상서禮部尙書를 맡고 있던 양현감楊玄感이 반란을 모의하고 있는 모습이 담겨져 있는데, 그가 반란을 계획하고 있을 때 내호아가 이끄는 수군水軍이 고구려로 출발하지 않고 아직 수군水軍 기지인 동래東萊에 머무르고 있었음을 알 수 있다. 그리고 기사 F-②의 기록을 통해 양현감이 반란을 일으켰을 때에도 내호아가 이끄는 수군水軍은 동래에 머무르고 있었음을 알 수 있다.

양현감의 반란은 613년 6월에 일어났다. 수 육군이 2월에 탁군을 출발하여 4월 말부터 고구려군과 전투를 벌이고 있었던 반면, 수군水軍은 6월까지 고구려군과의 전투는커녕 동래에서 출발조차 하지 않았던 것이다. 이는 612년 고구려-수 전쟁에서 수 육군이 고구려군과 전투를 벌이고 있었을 때 수군水軍은 이미 평양성 인근에 주둔하고 있었던 것과 비교하면 차이가 있다.[37]

그렇다면 수군水軍은 육군에 비해 왜 이리 늦은 행보를 보여주었을까? 이와 관련하여 수군水軍의 역할 변화가 주목된다. 612년 고구려-수 전쟁 당시 수군水軍의 역할은 평양성에서 육군과 만나 군량미를 보급하는 것이었다.[38] 그리고 노수弩手 30,000명, 배찬수排鑹手 30,000명 등으로 구성된 것에서 알 수 있듯이 해전 및 육상 전투 수행도 주요 역할 가운데 하나였다. 그런데 당시 고구려군은 해전에 임하지 않는 모습을 보여주었다. 그리고 수군水軍은 육군의 지원 없이 자체 병력으로만 평양성으로 진입하여 전투를 수행하다가 대패한 바 있다. 이러한 점들을 감안하면서 수군水軍은 613년 고구려 원정에서는 적극적인 전투 수행보다 육군에게 군량미

---

37 『資治通鑑』 卷181 隋紀5 煬帝 大業 8년.
38 『隋書』 卷24 志19 食貨 大業 7년, "配驍衛大將軍來護兒, 別以舟師濟滄海, 舳艫數百裏. 並載軍糧, 期與大兵會平壤."

를 수송·보급하는 데 비중을 두었을 것으로 추정되는데, 이와 같이 육군에게 군량미를 수송·보급하는 역할에 비중을 둠에 따라 육군의 진군 상황에 맞추어 일정을 계획해야 했기 때문에 늦은 행보를 보였다고 여겨진다.

수양제가 보여준 또 다른 전략 변화로 각 군을 통솔하는 지휘관에게 전투 상황에 따라 편의대로 처리할 수 있는 권리, 즉 편의종사권便宜從事權을 부여한 것을 들 수 있다. 612년 고구려-수 전쟁 당시 수양제는 전장에서 멀리 떨어져 있는 임해돈臨海頓에 머물면서 전장의 지휘관에게 전투에 대한 모든 상황을 자신에게 보고하게 한 후 지시를 따르도록 하였다. 그런데 수양제와 지휘관 사이의 공간적 거리로 인하여 원활한 연락이 이루어지지 않음에 따라 시시각각 변하는 전세戰勢에 제대로 대처하지 못하는 문제점이 발생하였다. 한편으로는 편의종사권을 부여하지 않음으로써 각 군 지휘관들이 자신의 군사적 능력을 발휘하지 못하는 문제점도 발생하였다. 이러한 문제점에 대한 인식 속에서 수양제가 각 군 지휘관에게 편의종사권을 부여한 것으로 추정된다.

3. 대對요서 영향력 확대에 따른 최전방 군수물자 보급기지의 설치

수양제는 군대 편성과 지휘체계 이외에 군수물자 보급에 있어서도 변화를 주었다. 고구려의 강역으로부터 최대한 가까운 지점에 최전방 군수물자 보급기지를 두고자 한 것이다. 수양제는 원활하지 않은 군량미 수송으로 인해 군대 내에 군량미가 부족하게 되었고 이에 따라 철군할 수

밖에 없었던 598년 고구려-수 전쟁의 사례를 참고하면서 612년 고구려-수 전쟁 때에는 이우뤼산醫巫閭山・다링허강大陵河 하류 동쪽(요서[遼西] 동부) 인근의 회원진懷遠鎭과 노하진瀘河鎭에 최전방 군수물자 보급기지를 두고, 군사들에게 고구려 강역으로 진입하기 전 최종적으로 군수물자를 보급하였다. 하지만 회원진과 노하진도 고구려의 서쪽 강역, 즉 랴오허강遼河을 기준으로 보면 그리 가깝지 않은 곳에 위치하고 있었다. 이 때문에 수군 병사들은 긴 진군로만큼 많은 군수물자를 짊어져야 했고, 그 무게를 버티지 못해 군량미를 버림으로써 진군 도중에 군량미가 떨어지는 상황을 맞이하였다.

이러한 문제점을 인지한 수양제는 여양을 거쳐 탁군에 이르는 운하인 영제거永濟渠를 통해 수송한 군량을[39] 노하진이나 회원진에 비축한 다음,[40] 새로 수리한 '요동의 옛 성遼東古城'으로 옮겨 군사들에게 고구려 강역으로 진입하기 전 마지막으로 군수물자를 보급하고자 하였다.[41] 즉, 613년 고구려-수 전쟁 때에는 노하진이나 회원진이 아닌 '요동의 옛 성'을 최전방 군수물자 보급기지로 삼았던 것이다.

그렇다면 최전방 군수물자 보급기지가 있었던 '요동의 옛 성'은 어디일까? 이에 대해서 『자치통감資治通鑑』의 주註를 작성한 호삼성胡三省은 고구려의 요동성으로 비정한 바 있는데,[42] 당시 수가 요동성을 차지하지 못하

---

[39] 서인한, 『高句麗 對隋・唐戰爭史』, 국방부 군사편찬위원회, 1991, 99쪽.

[40] 唐高祖인 李淵이 613년 고구려-수 전쟁 당시 懷遠鎭으로 군량을 운송하는 임무를 맡은 바 있다(『舊唐書』 卷1 本紀1 高祖 大業 9년).

[41] 『資治通鑑』 卷182 隋紀5 煬帝 大業 9년 정월, "春正月 丁醜, 詔征天下兵集涿郡. 始募民爲驍果, 修遼東古城以貯軍糧."

[42] 『資治通鑑』 卷182 隋紀5 煬帝 大業 9년 정월 胡三省 註, "漢晉以來, 遼東郡皆治襄平, 慕容氏始鎭平郭. 前伐高麗, 圍遼東, 言卽漢襄平城, 今言復脩古城, 蓋城郭有遷徙也. 貯, 丁呂翻."

였다는 점에서 그렇게 보기 어렵다.[43] '요동의 옛 성'의 위치를 파악하기 위해서는 우선 '요동遼東'의 의미를 살펴볼 필요가 있는데, 이와 관련하여 아래의 기사가 주목된다.

> G 이 때(612년 고구려-수 전쟁) (수는) 오직 요수遼水 서쪽의 적(고구려) 무려라武厲邏를 뽑고, 요동군遼東郡과 통정진通定鎭을 설치하고 돌아왔을 뿐이다.[44]
>
> 『수서』 권4 제기4 양제하 대업 8년 7월

기사 G에는 612년 고구려-수 전쟁을 통해 얻은 수의 성과가 기록되어 있는데, 요수 즉 랴오허강 서쪽에 위치한 고구려의 무려라武厲邏를 차지하고 요동군遼東郡과 통정진通定鎭을 설치하였다고 한다. 요동군의 경우 『수서隋書』 지리지地理志 등에 설치 기록이 없어 그 실체가 불분명하나, 이회李懷의 증조부 이경李敬이 '수대에 양평군襄平郡 종사從事를 지냈다'는 「이회 묘지명」의 기록을 감안하면[45] 실제로 설치되었던 것으로 보인다.[46] 그렇다면 '요동'은 기사 G에 보이는 612년 고구려-수 전쟁 당시 수가 설치하였다는 '요동군'으로 추정된다.[47]

다음으로 '옛 성古城'의 의미를 살펴보고자 한다. 앞에서 '요동'은 612년

---

43 이정빈, 『고구려-수 전쟁 : 변경 요서에서 시작된 동아시아 大戰』, 주류성, 2018, 24쪽.
44 『隋書』卷4 帝紀4 煬帝下 大業 8년 7월, "是行也, 唯於遼水西拔賊武厲邏, 置遼東郡及通定鎭而還."
45 「李懷 墓誌銘」, "公諱懷 字初有 …(中略)… 曾祖敬 隋襄平郡從事." 「李懷 墓誌銘」은 한국학중앙연구원출판부 편집부, 『중국 소재 한국 고대 금석문』, 한국학중앙연구원 출판부, 2015, 396쪽을 참고하였다.
46 遼東郡에 대해 戰時에 설치되었다는 점에서 여타의 郡縣과 동일한 체제를 구비하며 운용되었다고 보기 힘들고, 명목상 관할 구역이 설정되어 있는 서류상의 군현이었을 것으로 추정하기도 한다(이정빈, 『고구려-수 전쟁 : 변경 요서에서 시작된 동아시아 大戰』, 24쪽).
47 金毓黻 또한 612년 고구려-수 전쟁 당시 隋가 설치한 遼東郡으로 파악한 바 있다(金毓黻, 동북아역사재단 역, 『東北通史(下)』, 동북아역사재단, 2007, 461쪽).

고구려-수 전쟁 당시 수가 설치한 '요동군'을 의미할 것으로 추정하였다. 이러한 추정을 감안한다면, '옛 성'은 요동군에 있었다고 볼 수 있다. 그렇다면 당시 요동군의 관할 범위는 어디였을까? 이와 관련하여 그 서쪽에 위치한 요서군遼西郡의 관할 범위가 주목되는데, '영주營州 즉, 유성柳城 동쪽 200리를 관할하였다'고 한다.[48] 유성(랴오닝성[遼寧省] 차오양[朝陽]) 동쪽 200리 부근에 경계로써 설정할 수 있는 지형은 이우뤼산이다. 이를 감안하면 요서군은 이우뤼산·다링허강 하류까지 관할하였고, 요동군은 이우뤼산·다링허강 하류 이동부터 랴오허강 이서까지 관할하였던 것으로 추정된다.

그런데 요동군의 관할 범위는 예전부터 고구려의 영향력이 강하게 미치던 지역이었다. 그러므로 이 일대에 수가 축조한 성이 있었을 가능성은 매우 낮다. 혹여 '요동의 옛 성'이 수가 요동군을 설치한 후 축조한 성이라면 '옛 성'이라고 부르지 않았을 것이다. 그렇다면 '옛 성'은 고구려가 축조한 성일 가능성이 높다. 즉, 수가 요동군을 설치하면서 그 관할 범위에 있었던 기존의 고구려 성을 "옛 성"이라고 불렀다는 것이다.

실제 요동군 관할 범위에서 고구려의 성이 확인되는데, 바로 라邏이다. 3부 2장에서도 언급하였듯이 라는 고구려가 요수를 건너는 자들을 감시하고 요서 일부 및 제종족을 관리하기 위해 요수 서쪽에 축조한 성보城堡로, 도하로마다 있었을 것으로 여겨진다.[49] 하지만 사료에는 무려라만이 전해지고 있는데, 대체로 랴오닝성 신민시新民市 경내에 있었을 것으로 추정되고 있다. 한편 수는 무려라를 차지한 후 통정진을 설치하였다. 그렇다면 통정진은 고구려의 강역에서 가장 가까이 위치한 수의 군사기지

---

48 『太平寰宇記』卷69 河北道 幽州 幽都縣.
49 이성제, 「高句麗와 遼西橫斷路」, 『한국사연구』 178, 한국사연구회, 2017, 57쪽.

로서, 수군의 최전방 군수물자 보급기지로 적합하다고 볼 수 있다.

이상의 내용을 감안하면 613년 고구려-수 전쟁 당시 수군의 최전방 군수물자 보급기지였던 '요동의 옛 성'은 랴오닝성 신민시 일대에 있었던 고구려 성인 무려라였다고 여겨진다.[50] 즉, 수양제는 612년 고구려-수 전쟁 때 차지한 무려라에 통정진을 설치하고 최전방 군수물자 보급기지로 삼으면서 군사들에게 고구려 강역으로 진입하기 전 최종적으로 군수물자를 보급한 것이다.

4. 수양제의 전략에 담긴 이면裏面

이상의 613·614년 고구려-수 전쟁에서 수양제가 구사한 전략을 정리해보면 아래와 같다.

① 부병의 비중을 줄이고, 모병을 통해 선발한 효과를 대거 전쟁에 참여시켰다.
② 수군水軍은 2개 군으로 편성하였고, 전투 수행보다는 육군에게 군량미를 수송·보급하는 역할에 비중을 두었다.
③ 각 군 지휘관에게 편의종사권을 부여했다.
④ 고구려의 강역에서 최대한 가까운 지점(무려라)에 최전방 군수물자

---

50 반면 '遼東'을 北燕·北魏시기 遼西에 설치된 '遼東郡'으로 보고 顧洞河와 大陵河의 합류지점인 遼寧省 朝陽市 동북 일대로 비정하는 견해가 있다(劉向東, 「隋唐東征相關地理問題考辨」, 『軍事歷史研究』 2015-6, 2015, 62쪽). 하지만 고구려 강역과의 거리를 볼 때 612년 고구려-수 전쟁 당시 隋軍의 최전방 군수물자 보급기지였던 瀘河鎭이나 懷遠鎭보다 더 멀다는 점에서 받아들이기 어렵다.

보급기지를 설치하였다.

⑤ 여러 경로를 통해 고구려로 진군하면서 동시다발적으로 고구려의 성들을 공격하였다.

⑥ 고구려의 성을 거치지 않고 평양성으로 곧바로 진군하는 별동대를 편성하였다.

위에서 열거한 전략 가운데 ①과 ②는 수양제가 612년 고구려-수 전쟁에 대한 패배 책임을 장수나 군사들에게 돌리면서 수정한 전략이라고 볼 수 있다. 반면 ④, ⑤, ⑥은 612년 고구려-수 전쟁 당시 수양제가 구사했던 전략의 연속이라고 볼 수 있다. 특히 ⑥은 성곽전의 고전 속에서 수양제가 무리하게 감행하였다가 실패함으로써 결국 수군이 철군하는 데 결정적인 계기를 제공한 전략임에도 불구하고, 613년 고구려-수 전쟁에서 수정 없이 채택하였다. 즉, 수양제는 613·614년 고구려 원정에 나서면서 612년 고구려-수 전쟁 당시 장수나 군사에게 패배 책임을 돌렸던 전략에 대해서는 수정하여 채택한 반면, 본인이 주도한 전략은 그대로 채택하는 모습을 보였던 것이다.

그렇다면 수양제는 왜 이와 같은 모습을 보여주었을까? 2부 1장에서도 언급한 바 있지만 수양제는 황위 계승의 정통성 한계를 실감하며 즉위하였다. 그렇기 때문에 즉위 초부터 황제권을 강화하기 위하여 심혈을 기울였는데, 612년 고구려 원정에 나선 것도 그 일환 가운데 하나였다. 수양제는 고구려-수 전쟁을 승리로 이끌면서 황제권을 강화하고자 했지만 기대와 달리 전쟁에서 패배하고 만다. 전쟁이 끝난 후 수양제는 평양성으로 진군하다 패전한 별동대 장수 100여 인을 모두 처벌하고 왕공王公 이하는 교외郊外로 보냈다.⁵¹ 고구려-수 전쟁의 패배에 대한 책임을 별동대 작전을 제대로 수행하지 못한 제장에게 돌린 것이다.

612년 고구려-수 전쟁에서 수가 패배한 요인에는 별동대 작전의 실패도 있지만, 성곽전에서의 고전 또한 들 수 있다. 하지만 수양제 본인이 요동성 전투를 직접 지휘하였다가 결국 함락에 실패하였던 만큼 성곽전에서의 고전을 전쟁 패배의 요인으로 몰아갈 수는 없었을 것이다. 즉, 수양제는 전쟁 패배에 대한 책임이 자신에게도 있다고 절대로 인정할 수 없었기 때문에 별동대 작전을 실패한 장수들에게 전쟁 패배의 책임을 물었다는 것이다.

위와 같이 612년 고구려-수 전쟁 패배에 대한 책임을 회피하려 했던 수양제로서는 613·614년 다시 고구려 원정에 나서면서 612년 고구려-수 전쟁 당시 자신이 계획했던 전략을 그대로 채택할 수밖에 없었을 것이다. 만약 자신이 세운 전략을 크게 수정하여 원정에 나선다면 612년 고구려-수 전쟁에서의 전략적 착오를 인정하는 것으로써, 전쟁 패배에 대한 책임을 스스로에게 전가하는 셈이 되고 자신의 권력에도 타격을 받을 수 있기 때문이다. 즉, 613·614년 고구려-수 전쟁에서 수군이 구사한 전략의 이면裏面에는 612년 고구려-수 전쟁 패배의 책임을 회피함으로써 전쟁 패배로 인한 황제권의 약화를 막으려고 했던 수양제의 의도가 담겨 있다고 볼 수 있다.

---

51 『隋書』卷64 列傳29 麥鐵杖, "平壤道敗將宇文述等百餘人皆爲執紼, 王公已下送至郊外."

2장

613·614년 고구려-수 전쟁의 전개와 고구려의 대응

1. 전쟁의 전개 양상과 외교 교섭을 통한 강화講和

수양제는 612년 고구려-수 전쟁에서 드러난 문제점을 토대로 군단 편성, 수군水軍의 구성 및 역할, 지휘체계, 군수물자 보급 등에 변화를 주면서 613년 고구려 원정을 재개하였다. 613년 1월 정축일丁丑(2일)에 탁군에 집결한 수군은 2월에 임유관臨渝關과 유성을 거쳐[52] 고구려로 진군하였다.[53] 좌광록대부左光祿大夫 곽영의 만류에도 불구하고[54] 612년 고구려-수

---

52 『隋書』卷70 列傳35 趙元淑을 보면 613년 고구려-수 전쟁 때 趙元淑이 臨渝에 진을 구축하였다는 기록이 있는데, 진 구축은 隋軍이 涿郡에서 臨渝關을 지나면서 이루어졌을 가능성이 높다. 그렇다면 수군은 589년 및 612년 고구려-수 전쟁과 마찬가지로 탁군에서 출발하여 임유관을 지났다고 볼 수 있고, 이전 전쟁에서 보여준 경로를 감안하면 임유관을 지난 후 유성을 거쳐 瀘河鎭이나 懷遠鎭으로 진군하였을 것으로 추정된다.

53 『隋書』卷4 帝紀4 煬帝下 大業 9년 2월조를 보면 2월 壬午일에 隋軍이 고구려로 진군하였다고 나오나, 613년 2월에는 임오일이 없으므로 오류라고 볼 수 있다.

전쟁 때와 마찬가지로 친정을 결정한 수양제는 3월 무인일戊寅(4일)에 고구려로 출발하여 4월 경오일庚午(27일)에 요수를 건넜다. 수양제가 4월 경오일에 요수를 건넜다고 한다면, 2월에 고구려로 진군한 수군은 그 이전에 이미 요수를 건넜을 것이다.

612년 고구려-수 전쟁 때에는 1월 신사일辛巳(1일)에 군사들이 탁군에 집결하였고 계미일癸未(3일)에 고구려로 출발하였다. 그리고 3월 갑오일甲午(15일)에 요수에 도달하였고, 4월 갑자일甲子(15일)에 요수를 건넜다. 612년 고구려-수 전쟁과 비교해보면 한 달 이상 늦게 출발했음에도 불구하고 요수 도하 시기가 비슷함을 알 수 있다. 이와 같이 고구려로 출발한 시기에 있어 한달 여라는 적지 않은 차이가 있음에도 요수 도하시기가 비슷했던 이유는 612년 고구려-수 전쟁 때 고구려군의 강력한 저항으로 인해 요수를 건너는 데 한 달여가 걸렸기 때문이었다. 이를 감안하면 613년 고구려-수 전쟁 때 수군은 요수를 건널 때까지 고구려군과 전투를 거의 벌이지 않았던 것으로 추정된다.

고구려군과 수군 간의 본격적인 전투는 4월부터 시작되었다. 수군은 여러 경로를 통해 고구려로 진군하면서 동시다발적으로 고구려의 성들을 공격하였다. 먼저 수양제가 이끄는 군대는 612년 고구려-수 전쟁 당시 함락시키지 못했던 요동성을 공격하였다. 수군은 비루飛樓, 충차撞車, 운제雲梯, 지도地道, 팔륜누거八輪樓車 등 기존의 공성기구와 더불어 흙을 가득 채워 넣은 포 백만여 개를 요동성 높이까지 쌓아 올린 어량대로魚梁大路를 이용하여 요동성을 공격하였지만, 또 다시 함락시키는 데 어려움을 겪었다.[55]

54　『隋書』卷50 列傳15 郭榮, "明年, 帝復事遼東, 榮以爲中國疲敝, 萬乘不宜屢動, 乃言於帝曰, 戎狄失禮, 臣下之事. 臣聞千鈞之弩不爲鼷鼠發機, 豈有親辱大駕以臨小寇. 帝不納."

왕인공이 이끄는 부여도군은 전술하였듯이 랴오둥평원遼東平原에서 압록강 중류로 진입할 수 있는 길목일 뿐만 아니라 여러 방면으로 나아갈 수 있는 전략적 요충지인[56] 신성新城(랴오닝성 푸순[撫順] 고이산성)을 공격하였다. 당시 신성은 고구려 군사 수만 명이 지키고 있었는데, 일부 고구려 군사는 밖으로 나와 성을 등지고 진을 치고 있었다. 이 때 왕인공은 기병 1천으로 성 밖에 진을 치고 있던 고구려군을 격파하였다.[57] 이에 고구려군은 성 안에서만 웅거하였고 왕인공의 군대는 신성을 포위하면서 양군이 팽팽하게 대치하는 상황에 이르게 되었다.[58] 이 외에도 병부시랑兵部侍郞 곡사정斛斯政이 고구려로 망명하여 백암성白巖城(랴오닝성 덩타[燈塔] 백암성)에 머무르자 염비閻毗가 기병 2,000기를 이끌고 백암성을 공격하였고,[59] 설세웅이 이끄는 답돈도군은 오골성烏骨城(랴오닝성 펑청[鳳城] 봉황산성)에 이르렀다.[60]

이와 같이 성곽전을 벌이고 있는 사이에 우문술과 양의신이 이끄는 별동대는 고구려의 성들을 우회하면서 평양성으로 진군하였다(〈자료 4-1〉 참고). 별동대는 전술하였듯이 612년 고구려-수 전쟁에서도 편성된 바 있는데, 이때는 성곽전이 지지부진한 상황 속에서 급작스럽게 편성된 것이었

---

55 『資治通鑑』卷181 隋紀5 煬帝 大業 9년 4월.
56 여호규, 『고구려성(2)』, 국방군사연구소, 1999, 135쪽.
57 王仁恭이 이끌었던 扶餘道軍의 병력에 대해 기병 1천 기였다고 보는 견해가 있다(이동준, 「隋煬帝의 高句麗 원정과 군사전략」, 『學林』 30, 연세사학연구회, 2009, 159쪽). 왕인공이 이끄는 부여도군의 新城 공격 기사를 보면 신성의 사면을 포위하였다고 하는데(『隋書』 卷65 列傳 30 王仁恭), 기병 1천 기로 전체 둘레가 4km에 이르는 신성(遼寧省 撫順 高爾山城)을 포위한다는 것은 불가능하다. 기사에 언급된 기병 1천 기는 성 밖에 나와 주둔하고 있던 고구려군을 공격할 때 출전한 병력이었을 것으로 추정된다.
58 『隋書』卷65 列傳30 王仁恭, "仁恭遂進軍, 至新城, 賊數萬背城結陣, 仁恭率勁騎一千擊破之. 賊嬰城拒守, 仁恭四面攻圍."
59 『隋書』卷68 列傳33 閻毗, "後復從帝征遼東, 會楊玄感作逆, 帝班師, 兵部侍郎斛斯政奔遼東, 帝令毗率騎二千追之, 不及. 政據高麗柏崖城, 毗攻之二日, 有詔徵還."
60 기사 A-⑥을 참고하기 바란다.

지만, 613년 고구려-수 전쟁 때에는 전쟁 준비단계부터 계획되어 편성된 것이었다.

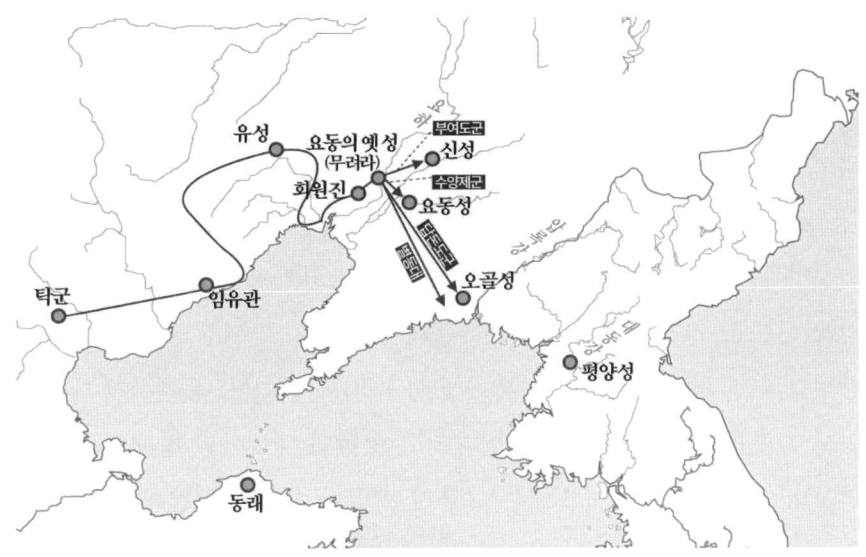

〈자료 4-1〉 613년 고구려-수 전쟁 당시 수군의 주요 진군로

별동대는 별다른 전투를 치르지 않고 압록수까지 진군하였던 것으로 여겨지는데,[61] 이로 볼 때 고구려는 612년 고구려-수 전쟁 때와 마찬가지로 강역 내 별동대의 진군을 일정 정도 용인한 것으로 추정된다. 압록강-평양 사이의 성 방어체계가 612년 고구려-수 전쟁 때 무너지지 않았고 613년에도 계속 유지되고 있었기 때문에 고구려 경내로 진입한 별동대를 상대하는 것에 대해 자신감을 가지고 있었던 것이다.

이와 같이 수군의 고구려 공세가 한창일 때 수 내부에서 커다란 사건이 발생하였다. 6월 기사일己巳(27일)에 양현감이 10만 명의 민을 모아 반

---

[61] 기사 B-③을 참고하기 바란다.

란을 일으키고 수도인 낙양洛陽을 공격하였던 것이다. 이에 수양제는 다음 날인 경오일庚午(28일) 밤에 비밀리에 제장을 소집하고 요동성에서 철군할 것을 명하였는데, 고구려군이 철군한 사실을 알지 못하게 하기 위하여 군사물자, 기계, 공격용 도구 등을 그대로 남겨 두었다. 이와 같은 수군의 계략에 말려든 고구려군은 이틀이 지나서야 수천 명의 군사를 보내 수군을 추격하였는데, 이경李景이 이끄는 후군後軍이 고구려군을 격퇴함으로써, 안전하게 철군할 수 있었다.[62]

수양제가 이끌었던 군대 이외에 오골성 근처까지 진군하였던 설세웅의 답돈도군 그리고 압록수에 이르렀던 우문술·양의신의 별동대 또한 양현감의 반란을 진압하기 위해 철군할 수밖에 없었다. 동래에서 대기하면서 고구려로의 진군 명령을 기다리고 있었던 내호아의 창해도군과 주법상의 조선도군 등 수군水軍은 고구려 정벌이 아닌 양현감의 반란 진압을 위해 출병해야만 했다. 이로써 613년 고구려-수 전쟁은 종결되었다.

수양제는 양현감의 반란으로 인하여 어쩔 수 없이 철군할 수 밖에 없었지만, 철군 과정에서 설세웅을 동북도대사東北道大使·행연군태수行燕郡太守로 삼아 회원진에 주둔시키며[63] 다음 원정을 기약하였다. 그리고 양현감의 반란을 진압한 후 614년 2월 신미일辛未(3일)에 조서를 내려 다시 고구려 원정에 나설 것임을 선언하였다. 수양제의 고구려 원정 선언에 대해 조정 신료들은 아무런 언급을 하지 않았다고 하는데, 이를 통해 조정 신료들 대부분이 수양제의 잦은 고구려 원정에 대해 불만을 품었고 그다지 협조적으로 나오지 않았음을 알 수 있다. 이와 같은 조정 신료의 반응에 수양제는 무자일戊子(29일)에 다시 조서를 내리는데, 자주 원정에

---

62 『隋書』卷65 列傳30 李景;『資治通鑑』卷182 隋紀6 煬帝 大業 9년 6월.
63 『隋書』卷65 列傳30 薛世雄.

나섰던 황제黃帝와 성탕成湯의 예를 들면서 자신의 행위를 정당화하고 고구려 원정을 독촉하였다.

조정 신료의 암묵적인 반대에도 불구하고 원정을 강행한 수양제는 3월 임자壬子(14일)에 탁군으로 행차하였다. 이후 임유궁臨渝宮(임유관)에 도착하여 마제禡祭를 지냈고, 7월 계축일癸丑(17일)에 회원진에 도착하였는데,[64] 612년과 613년 고구려-수 전쟁과 비교하면 너무나 늦은 행보였다(〈표 4-2〉 참고). 그렇다면 왜 이리 늦은 행보를 보였던 것일까?

〈표 4-2〉 역대 고구려-수 전쟁에서의 수군 주요 경과

	598년	612년	613년	614년
1월		1일(辛巳) - 涿郡 집결 2일(壬午) - 조서 반포 3일(癸未) - 涿郡 출발	2일(丁丑) - 涿郡 집결	
2월	4일(乙巳) - 원정 선포			3일(辛未) - 원정조서 반포 29일(戊子) - 원정조서 반포
3월		15일(甲午) - 遼水 도착 19일(戊戌) - 遼水에서 대패	4일(戊寅) - 수양제 출발	14일(壬子) - 수양제 涿郡 도착
4월		15일(甲子) - 遼水 도하 27일(丙子) - 수양제 臨海頓 도착	27일(庚午) - 수양제 遼水 도착, 扶餘道軍 新城 공격 29일(壬申) - 별동대 平壤城으로 출발	

---

[64] 『隋書』卷4 帝紀4 煬帝下 大業 10년 2·3·7월.

5월		
6월	臨楡關 출발 11일(己未) - 수양제 遼東城 도착	28일(庚午) - 수양제 철군
7월	24일(壬寅) - 薩水에서 대패	17일(癸丑) - 수양제 懷遠鎭 도착, 卑奢城 격파 28일(甲子) - 고구려의 항복 요청
8월		4일(己巳) - 철군
9월	21일(己丑) - 철군	

먼저 수 내부의 농민 봉기를 들 수 있다. 614년에 수 내부에서는 농민 봉기가 전국적으로 확산되었는데, 대표적인 농민 봉기를 살펴보면 614년 2월에 당필唐弼이 군사를 일으키면서 이홍李弘을 천자로 옹립하고 스스로 당왕唐王을 칭하였다. 4월에는 장대표張大彪가 수만 명의 민을 모아 현박산懸薄山에 웅거하면서 대표적인 반란세력으로 자리잡았다. 5월에는 송세모宋世謨가 낭사군琅邪郡을 함락하였고, 류가론劉迦論은 스스로 황왕皇王을 칭하였다. 그리고 6월에는 정문아鄭文雅와 임보호林寶護 등이 3만 명의 민을 모아 건안군建安郡을 함락하였다.[65] 이와 같이 농민 봉기가 전국적으로 확산되는 상황 속에서 수양제가 국내 사정을 무시한 채 고구려 원정에만 집중할 수 없었기 때문에 이와 같이 늦은 행보를 보일 수 밖에 없었다고 여겨진다.

다음으로 원정에 참여한 군사들의 반발과 이탈을 들 수 있다. 고구려 원정은 조정 신료뿐만 아니라 군사들마저 반대하고 있었는데, 상당수

---

65 『隋書』卷4 帝紀4 煬帝下 大業 10년 2·4·5·6월.

군사가 고구려로 진군하는 도중에 도망을 쳤다. 이에 수양제는 도망치려다 잡힌 군사의 목을 베고 그 피를 북에 바르는 등 엄격한 처벌을 통해 막고자 하였지만 큰 효과를 보지는 못하였다.[66] 이와 같이 적지 않은 군사가 대열에서 이탈하는 상황에서 정상적인 행군은 쉽지 않았을 것이다.

〈자료 4-2〉 고구려의 비사성으로 추정되는 랴오닝성 다롄의 대흑산산성 성벽

수양제가 회원진에 도착한 7월 이후 수군은 내호아가 이끄는 수군水軍이 비사성卑奢城(랴오닝성 다롄[大連] 대흑산산성[大黑山山城], 〈자료 4-2〉)에서 승리하며 1,000명의 고구려군을 죽이는 등 전과를 거두기도 하였지만,[67] 전국적으로 발생한 농민 봉기가 전쟁에 직접적인 영향을 미치기 시작하였고[68] 군

---

66 『册府元龜』 卷117 帝王部117 親征2 大業 10년.
67 『隋書』 卷64 列傳29 來護兒 ; 『北史』 卷76 列傳64 來護兒.
68 농민 봉기로 인한 교통로의 마비 때문에 많은 군사들이 원정에 참여하지 못하였고 심지어 상당수의 군사가 봉기에 동참하였다(『隋書』 卷81 列傳46 高麗 ; 『太平寰宇記』 卷173 四夷2 高

량미 운송 차질에 따른 기아와 군대 내 전염병의 유행 등으로 인해 많은 군사들이 죽으면서[69] 더 이상 전쟁을 수행할 수 없는 상황에까지 이르게 되었다. 한편 고구려 또한 상황이 좋지 않았다. 장기간 수군과 전쟁을 수행하면서 많은 인적·물적 피해를 입었고, 피로도 극에 달한 상태였던 것이다.[70]

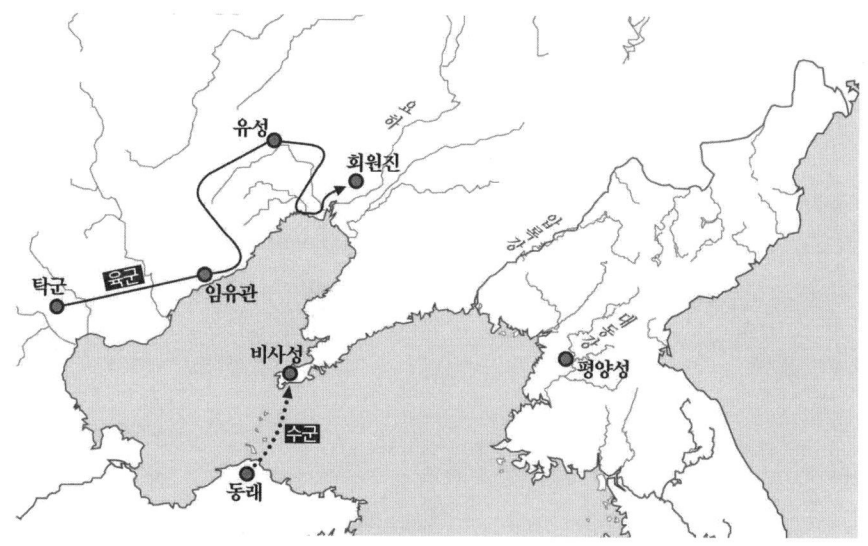

〈자료 4-3〉 614년 고구려-수 전쟁 당시 수군의 진군로

이에 고구려는 전쟁을 종식시킬 수 있는 외교적 돌파구를 모색하였는데,[71] 613년 양현감의 반란 때 고구려로 망명했던 곡사정을 수로 송환하기로 결정하였다.[72] 고구려가 곡사정을 송환하면서 항복 요청을 해오자, 수양제는 이를 받아들여 8월 기사일己巳(4일)에 회원진에서 군사를 돌렸

句驪國).
69 『太平寰宇記』 卷173 四夷2 高句驪國.
70 『隋書』 卷81 列傳46 高麗 ; 『隋書』 卷64 列傳29 來護兒.
71 서인한, 『동북아의 왕자를 꿈꾸다』, 224쪽.
72 『隋書』 卷4 帝紀4 煬帝下 大業 10년 7월.

다.[73] 수군은 고구려의 항복을 명분으로 철군하였지만, 농민 봉기로 인한 전쟁 수행의 어려움과 봉기 진압이라는 당면한 문제 해결을 위한 어쩔 수 없는 선택이었다.

2. 고구려-수 전쟁의 종전과 국제 정세의 변화

수양제는 614년 고구려-수 전쟁을 마무리한 후 농민 봉기를 진압하는 데 힘을 기울였다. 농민 봉기는 612년 고구려 원정을 준비하는 과정에서 가장 큰 부담을 지웠던 산둥山東과 허난河南지역에서 가장 먼저 일어났는데, 이 때의 농민 봉기는 일부 지역에 국한되었다.[74] 그러나 계속된 전쟁 준비 및 수행으로 인하여 봉기는 전국적으로 확산되었는데 적게는 수천, 많게는 십수십 만의 민이 참여하였다.

이와 같이 농민 봉기가 계속 확산되고 있음에도 불구하고 615년 수양제는 또 다시 고구려 원정을 준비하였다. 그러던 중에 수양제는 615년 8월에 북쪽 변방을 순시하였는데, 돌궐의 시피카간始畢可汗이 기병 수십만을 거느리고 자신의 어가를 공격할 것이라는 소식을 듣고 안문雁門으로 피신하였다가 돌궐에게 포위를 당하였다. 이와 같은 위기 상황에서 민부상서民部尚書 번자개樊子蓋와 내사시랑內史侍郎 소우蕭瑀는 수양제에게 '고구려 정벌 중단을 선포하면 군사들이 구원하러 올 것'이라고 주청하였는데, 결국 수양제는 그 주청을 받아들여 고구려 원정 중단을 선언하였고, 이 소식을 들은 군사들이 구원하러 오면서 위기를 벗어났다.[75]

---

73 『隋書』卷4 帝紀4 煬帝下 大業 10년 8월.
74 苗威,「試論隋與高句麗戰爭」,『延邊大學學報』2000-3, 2000, 104쪽.

〈자료 4-4〉 장쑤성 양저우에 위치한 수양제의 묘(여호규 제공)

  수양제는 안문에서 '고구려 정벌 중단'을 선언하였지만, 그 선언을 깨고 다시 고구려 원정을 결심하면서 민심을 배반하였다. 결국 수양제는 617년 11월에 외가의 일족이었던 이연李淵에 의해 폐위되어 태상황太上皇으로 옹립되었다가 618년 3월 강도江都 순행 중에 우문화급宇文化及에게 시해되었다(〈자료 4-4〉). 이후 이연이 수의 황제인 공제恭帝로부터 양위 형식을 빌어 황제로 즉위하고(당고조[唐高祖], 재위 618~626년) 당을 세움으로써(618년 5월), 수는 40년도 넘기지 못하고 멸망하고 말았다.

  618년 수가 멸망하자, 국제 정세가 급변하였다. 돌궐이 흥기한 것이다. 돌궐은 608년 수가 이오伊吾를 공략할 때 병력 지원 약속을 파기하였고, 613년에는 수의 변경을 약탈하며 수 내부의 반란세력과 연대를 모색하는 등 수의 복속에서 벗어나려는 시도를 하였다. 이후 수 말기의 혼란

---

75 『隋書』卷4 帝紀4 煬帝下 大業 11년 8월 ; 『資治通鑑』卷181 隋紀5 煬帝 大業 11년 8월.

스러운 틈을 타서 시피카간이 615년에 수양제가 머물고 있던 안문, 616년에는 마읍군馬邑郡을 공격하는 등[76] 수에 대한 공격을 본격화하였고 수가 멸망한 후에는 세력을 완전히 회복하였다.

돌궐에 대해 당은 건국 초기에 수많은 물품을 보내는 등 수세적인 입장에 있었다. 이러한 상황에서 돌궐은 621~626년에 당을 공격하였는데,[77] 특히 626년에는 일릭카간頡利可汗이 10만 대군을 동원하면서 심각한 위협을 주었다. 하지만 같은 해 일릭카간이 당에 화친을 청하고 당태종唐太宗(재위 626~649년)이 이를 받아들임으로써 양국 관계가 일단락되는데, 당과 화친했던 일릭카간에 대해 설연타薛延陀, 회흘回紇, 발야고拔野固 등 돌궐의 북쪽 세력이 반발하고 기근으로 인해 돌궐 내부 사정이 어려워지면서 오히려 돌궐이 수세에 놓이는 상황이 되었다.[78]

이와 같이 수가 멸망한 후 당이 건국되고 돌궐이 흥기하면서 동아시아의 국제 질서는 다시 다원화되는 모습을 보여주었는데, 새로운 국제 정세를 맞이하여 고구려는 어떻게 대응하였을까? 당시 고구려는 수와 전쟁을 치른 지 얼마 되지 않았고 영양왕에 이어 영류왕榮留王(재위 618~642년)이 즉위하는 등 전체적으로 어수선한 상황이었기 때문에 새롭게 떠오른 세력과의 대립을 피하고자 하였다.

특히 당과의 관계에 적극적이었는데, 당이 건국된 해인 618년부터 매년 사신을 파견하였고, 624년에는 책력冊曆 반포를 요청하였으며, 626년에 당고조가 산기시랑散騎侍郞 주자사朱子奢를 통해 백제 및 신라와의 화친을 권유했을 때에는 이를 받아들이기도 하였다. 당 또한 건국 초기의 어

---

76 『隋書』卷84 列傳49 突厥.
77 김지영, 「7세기 고구려의 대외관계 연구」, 숙명여자대학교 박사논문, 2014, 104~107쪽, 표 9를 참고하기 바란다.
78 김지영, 「7세기 고구려의 대외관계 연구」, 109쪽.

수선함과 돌궐과의 대립 속에서 고구려와 우호관계를 맺는 데 적극적이었는데, 622년에 고구려-수 전쟁 때 발생한 포로와 망명자의 송환에 대한 고구려의 협조를 요청하며 관계 개선에 나섰고, 624년에는 영류왕에게 '상주국上柱國 요동군왕遼東郡王 고려왕高麗王'을 제수하였으며, 도사道士를 보내 『노자老子』를 강의토록 하였다.[79]

또 한편으로 고구려는 백제와 신라에 대해 당의 조공로를 막음으로써 당과의 연계를 막으려 하였다.[80] 그리고 618년 왜에 사신을 파견하여 수와의 전쟁에서 승리를 거두었다는 사실을 알리고 정공貞公과 보통普通 2인, 북, 피리, 쇠뇌, 포석 등을 보냈는데,[81] 이는 고구려의 건재함을 드러냄으로써 왜와의 관계를 더욱 공고히 하기 위함이었다.

즉, 고구려는 수의 멸망으로 인해 새롭게 조성된 다원적인 국제 질서 속에서 당·돌궐과 우호적인 관계를 맺음으로써 수와의 전쟁으로 인해 손실된 인적·물적 자원의 회복과 왕위 교체로 인한 어수선한 분위기 수습이라는 당면 과제를 해결하고자 하였고, 한편으로는 당과 백제·신라 간 연계를 막고 왜와 우호관계를 유지함으로써 후방을 안정시키고자 했던 것이다.

---

79 『舊唐書』卷199上 列傳149上 高麗 ; 『新唐書』卷220 列傳145 高麗 ; 『資治通鑑』卷191 唐紀6 高祖 武德 7년 2월.
80 『舊唐書』卷199上 列傳149上 高麗, "新羅·百濟遣使訟建武, 云閉其道路, 不得入朝."
81 『日本書紀』卷22 推古紀 26년 8월.

결론

598년 고구려-수隋 전쟁은 양국의 접경공간이면서 제종족이 거주하고 있었던 요서遼西를 둘러싸고 서로 우위를 점하려고 했던 세력 다툼 속에서 일어났다. 고구려는 598년 2월 요서를 공격함으로써 요서에서의 수의 세력 확대를 더 이상 용납하지 않겠다는 의사를 보이는 한편, 영양왕嬰陽王이 속말말갈인粟末靺鞨人으로 이루어진 기병을 거느리는 모습을 수에게 보임으로써 속말말갈이 복속하였음을 확인시키고 이를 통해 고구려 원정이 만만치 않음을 인식시켜 전면적인 전쟁을 막고자 하였다. 반면 수 문제隋文帝는 고구려의 요서 공격으로 인하여 요서에 대한 영향력 확대에 제동이 걸리고 돌궐突厥과 고구려의 연계 가능성을 확인하면서 고구려 원정을 결심하였다.

수는 행군원수行軍元帥로 양량楊諒과 왕세적王世積, 원수장사元帥長史로 고경高熲 그리고 수군총관水軍總管으로 주라후周羅睺 등을 임명하고, 30만 병력을 동원하여 고구려 원정에 나섰다. 수 육군은 6월에 임유관臨渝關을 통과하여 유성柳城을 거친 후 요수遼水를 건너 평양성平壤城으로 진군할 계획을 가지고 있었지만, 유성에 도착하였을 때 군량 부족과 전염병의 유행이라는 심각한 문제에 봉착하였다. 이 때 군의 최고 통수권자인 양량은 원래 계획대로 진군을, 그리고 양량과 맞먹는 군 통수권을 가진 고경은 회군을 주장하였는데, 고경과 두터운 친분을 바탕으로 긴밀한 관계를 맺고 있던 왕세적이 고경의 주장에 동조함으로써 왕세적이 이끄는 군대는 유성에서 회군하고 양량이 이끄는 군대만 고구려로 진군하였다.

고구려로 진군했던 양량의 군대는 요수에 이르렀지만, 또다시 군량 부족과 전염병에 시달렸다. 그리고 수군水軍 또한 거센 바람에 부딪쳐 많은 전선戰船이 침몰하는 등 어려운 상황을 맞이했다. 이와 같이 수군이 수륙양면에서 진퇴양난에 빠져 있을 때 고구려는 수에 사죄하는 표문을 올렸고, 수가 이를 명분으로 철군하면서 598년 고구려-수 전쟁은 막을 내리게 된다. 수의 고구려 원정 실패 요인으로는 전쟁 준비 부족 그리고 원정 시기의 오판 등을 들 수 있다. 하지만 원정 실패의 피해를 키운 요인은 군 통수권자인 양량의 무능함과 욕심이었다.

598년 고구려-수 전쟁이 끝난 지 얼마 되지 않아 양국은 다시 우호적인 관계를 형성하였다. 하지만 수의 대외정책이 '사이주토四夷誅討'로 전환되는 상황에서 수양제隋煬帝가 고구려와 돌궐의 연계 가능성을 확인하고, 황제권을 보다 강화하고자 고구려와의 전쟁을 결정하였다. 수는 598년 고구려-수 전쟁의 실패를 거울삼아 장기간에 걸쳐 체계적으로 고구려 원정을 준비하였는데 군량, 군마, 병장기, 전함 등을 충분히 확보하였고 요서 동부에 영향력을 미침으로써 군량 보급 등 전쟁 수행에 있어 유리한 국면을 조성하는 한편, 군단 편성에도 심혈을 기울였다.

수군의 편성 양상을 살펴보면 육군과 수군水軍으로 구성되어 있었다. 육군의 경우 612년 1월에 반포한 수양제의 조서詔書를 바탕으로 '24군+천자天子 6군軍' 등 모두 30개 군으로 이루어졌다고 보는 것이 통설이었다. 하지만 조서에 나오는 30개 군 이외에 수성도군遂城道軍, 증지도군增地道軍, 험독도군險瀆道軍, 신성도군新城道軍, 노룡도군盧龍道軍 등이 확인되고, '매일 한 군이 출발하여 40일이 되어서야 출병을 마쳤다'는 기록을 감안하면 '34군+천자 6군' 등 모두 40개 군으로 이루어졌을 것으로 추정된다.

육군 각 군은 기병, 보병, 치중융거산병輜重戎車散兵으로 구성되어 있었다. 기병은 중장기병이 주력으로 장창부대와 궁시부대가 있었고, 보병으로는 쇠뇌부대와 창부대가 있었다. 기병과 보병이 부병府兵으로 이루어졌던 것과 달리 치중융거산병은 모인募人이 주축이었는데 예비군, 보급병, 공인工人 등이 소속되어 있었던 것으로 추정된다. 수군이 동원한 총 병력 1,133,800명 가운데 육군은 수군水軍 70,000명을 뺀 1,063,800명이고, 한 군의 병력 수는 34군과 천자 6군이 달랐다고 여겨지는데, 34군은 기병 4,000기 · 보병 8,000명 · 치중융거산병 13,000명 등 총 25,000여 명, 천자 6군은 기병 5,000기 · 보병 10,000명 · 치중융거산병 20,000명 등 총 35,000여 명이었을 것으로 추정된다.

수군水軍은 창해도군滄海道軍 한 군만 편성되었다. 수수水手 10,000명, 노수弩手 30,000명, 배찬수排鑽手 30,000명 등 70,000명으로 구성되어 있었고 쇠뇌부대와 창부대가 있었다.

수군의 지휘체계를 살펴보면 각 군에는 대장大將, 아장亞將, 감군監軍, 수항사자受降使者가 각각 한 명씩 있었다. 대장은 군의 최고 지휘관으로 정3품인 대장군大將軍이나 종3품인 장군將軍이 맡았고, 대장 바로 아래인 아장은 정4품 무분랑장武賁郎將이 맡았다. 감군은 장사長史가 맡았는데, 대장을 보조하면서 조언을 하거나 군을 관리·감독·감시·통제하는 역할을 하였던 것으로 보인다. 수항사자는 대장의 영향력이 미칠 수 없는 5성省이나 3대臺 소속의 관리가 맡았는데, 수양제는 수항사자를 통해 대장의 전공이 부각되는 것을 막고 자신의 지휘와 의도를 따르지 않으려는 대장을 견제·통제하여 군내에 자신의 영향력을 강하게 행사함으로써 황제권을 강화하고자 하였다.

수양제가 612년 1월에 고구려 원정에 나서는 모든 군사를 탁군涿郡에 집결시키고 고구려를 토벌하라는 조서를 내리면서 612년 고구려-수 전쟁은 시작되었다. 수군은 1월에 탁군을 출발하여 임유관과 유성을 지나 노하진瀘河鎭 혹은 회원진懷遠鎭에서 군수 물자를 보급 받고 3월에 요수에 이르렀는데, 고구려군의 강력한 저항에 부딪치면서 4월 중순에서야 요수를 건널 수 있었다.

수군이 요수를 건넌 4월 이후부터는 양국 간에 성곽전이 전개되었다. 당시 수군 지휘부는 전투에 대한 모든 상황을 수양제에게 보고하고 지시를 따라야만 했는데, 4월부터 6월까지 수양제는 임해돈臨海頓에 머물고 있었다. 이와 같은 공간적 거리의 형성으로 야기된 수군 지휘부와 수양제 간 보고·지시의 신속성 결여, 더불어 수양제가 수항사자를 통해 수군 지휘부의 보고를 받음에 따른 정확한 전황 파악의 실패와 쇠뇌 등 우수한 원사무기를 활용한 고구려의 뛰어난 성곽 방어술 등이 맞물리면서 수군은 요동성遼東城을 포함한 여러 성곽전에서 고전하게 된다.

이와 같이 성곽전에서 고전하자 수양제는 특단의 대책을 마련하였는데, 그 대책은 바로 함락하지 못한 고구려 성들을 우회하면서 곧장 평양성으로 진군하는 것이었다. 그리고 그 계획을 실행하기 위해 별동대를 편성하였다. 별동대에 대해서는 종래 『자치통감資治通鑑』의 기록을 토대로 9개 군으로 구성되었다고 보았다. 하지만 9개 군 이외에 별동대로 참전한 군대가 추가로 확인되고, 육군 한 군의 병력 수가 약 25,000명 정도였다는 점을 감안하면 12개 군으로 구성되었던 것으로 추정된다.

노하진이나 회원진에서 출발하여 각기 다른 경로를 통해 고구려로 진군하는 도중 갑작스럽게 별동대 임무를 부여 받은 12개 군은 압록수鴨綠水 서쪽에서 만나 함께 평양성으로 진군하고자 하였다. 그런데 압록수 서쪽으로 진군하는 도중에 군수물자의 무게를 감당하지 못한 군사들이 군량을 버리면서 별동대는 식량 부족에 시달리게 되었다. 그럼에도 불구하고 평양성으로 진군을 강행한 별동대에 대해 고구려군은 압록강-평양 사이의 성 방어체계를 유지하고 있는 상황에서 청야 전술, 후퇴유도 전술, 매복 전술 등을 구사하며 살수薩水에서 대파하였다. 그리고 평양성으로 진입한 수의 수군水軍에 대해서도 매복 전술을 펴며 격파함으로써 고구려는 결국 전쟁에서 승리할 수 있었다.

수양제는 612년 고구려-수 전쟁에서 패배하였지만 고구려 정벌의 꿈을 버리지 못하고 613년과 614년 계속해서 고구려 원정에 나섰다. 수양제는 612년 고구려-수 전쟁에서의 패배를 거울삼아 새로운 전략을 세우거나 혹은 수정하여 원정에 나섰는데 모병募兵을 통해 선발한 효과驍果를 대거 참여시켰고, 수군水軍은 2개 군으로 편성하면서 전투 수행보다는 육군에게 군량미를 수송·보급하는 역할에 비중을 두었으며, 각 군 지휘관에게는 편의종사권便宜從事權을 부여하였고, 고구려 강역에서 최대한 가까운 지점(무려라[武厲邏])에 최전방 군수물자 보급기지를 두었다. 또한 여러 경로를 통해 고구려로 진군하면서 동시다발적으로 고구려 성들을 공격하였고 한편으로는 별동대를 편성하여 고구려 성을 우회해 곧장 평양성으로 진군하고자 하였다.

수양제는 613・614년 고구려 원정에 나서면서 612년 고구려-수 전쟁 당시 장수나 군사에게 패배 책임을 돌렸던 전략에 대해서는 수정하여 채택한 반면, 본인이 주도한 전략은 그대로 채택하였다. 612년 고구려-수 전쟁에서 자신이 세운 전략을 수정하여 원정에 나선다면 612년 전쟁에서의 전략적 착오를 인정하고 전쟁 패배에 대한 책임을 스스로에게 전가하는 셈이 되기 때문이다. 즉, 613・614년 고구려-수 전쟁에서 수군이 구사한 전략의 이면裏面에는 612년 고구려-수 전쟁 패배의 책임을 회피함으로써 전쟁 패배로 인한 황제권의 약화를 막으려고 했던 수양제의 의도가 담겨 있다고 볼 수 있다.

수군은 이러한 전략을 토대로 613・614년 고구려 원정에 나섰지만, 양현감楊玄感의 반란 등 수 내부 각지에서의 봉기와 군사들의 반발 등으로 인해 전쟁 수행에 어려움을 겪었다. 그리고 고구려 또한 장기간에 걸친 전쟁 수행에 따라 어려움을 겪게 되는데, 이러한 양국의 이해관계가 맞물려 결국 강화로써 고구려-수 전쟁은 마무리되었다.

고구려-수 전쟁이 끝나고 수 내부에서 농민 봉기가 확산되는 가운데, 618년에 수양제가 친위군의 쿠데타에 의해 시해되고, 군웅 할거세력 가운데 하나였던 이연李淵이 공제恭帝로부터 양위를 받아 당唐을 세우면서 수는 멸망하고 말았다. 이후 다원화된 국제 질서 속에서 고구려는 당 및 돌궐과의 우호관계 형성을 통해 전쟁으로 인해 손실된 인적・물적 자원의 회복과 왕위 교체로 인한 어수선한 분위기 수습이라는 당면 과제를 해결하고자 하였고, 한편으로는 당과 백제・신라 간 연계를 막고 왜倭와 우호관계를 유지함으로써 후방을 안정시키고자 하였다.

고구려와 중원왕조 사이에서 벌어진 최초의 대규모 충돌이었던 고구려-수 전쟁은 양국의 인력과 물자가 총동원된 사건이었다. 그런 만큼 양국에 미친 영향은 매우 컸다. 고구려는 수를 격파하면서 일원적인 천하 질서를 구축하고자 했던 수로부터 독자적인 세력을 유지하는 데 성공하였고 6세기 중반부터 흔들렸던 국제적 위상도 회복할 수 있었다. 하지만 연이은 전쟁 수행으로 많은 군사가 죽고 피로에 시달리면서 군사력에 타격을 받았다. 그리고 고구려 강역의 상당 부분이 전쟁터가 되어 황무지로 변모하면서 재건하는 데 많은 시간과 노력을 기울여야만 했다. 또한 전쟁으로 인해 많은 백성이 생산 활동에 종사하지 못함에 따라 경제적으로도 타격을 받았다. 이와 같은 군사·경제적 쇠퇴는 이후 고구려가 당에 의해 멸망하는 데 한 요인이 되었다.

수 또한 연이은 전쟁 수행으로 많은 군사가 죽는 등 군사력에 타격을 입었을 뿐만 아니라 심각한 경제적 어려움에 처하게 되었다. 전쟁 이전 수는 조세 물자를 보관하는 창고가 가득 차서 한시적으로 조세 징수를 그만둘 만큼 경제력이 풍부하였다. 그러나 전쟁이 결정된 후 많은 백성과 가축이 전투 수행 혹은 병참 보급품 운송을 위해 징발됨으로써 안정적인 농경생활이 이루어지지 못하였고 이로 인해 백성은 경제적 빈곤에 시달리게 되었는데, 중국 대륙의 대표적인 농업 생산지역 가운데 하나였던 황하黃河의 북쪽 천리 길에 밥을 짓는 연기가 나지 않았고 강회江淮지방에는 무성한 풀만 자랐다고 비유할 정도였다. 그리고 백성과 가축을 징발하는 과정에서 이에 반발한 많은 백성이 봉기를 일으키고 참여함에 따라 국내적 혼란에 시달리게 되었는데, 이는 곧 수가 멸망하는 데 한 요인이 되었다.

수가 멸망한 후 동아시아의 정세는 또 다시 급변하였다. 새로운 왕조로 당이 들어서고 돌궐이 흥기하면서 다원적인 국제 질서가 형성된 것이다. 그리고 한반도에서는 고구려의 영향력이 약해지는 가운데, 한반도의 주도권을 둘러싼 삼국의 다툼이 보다 치열해졌다.

이와 같이 고구려-수 전쟁은 양국뿐 아니라 동아시아의 국제 질서를 뒤흔들었다. 그리고 한편으로는 군사적으로 새로운 전술 변화를 야기하기도 하였다. 고구려-수 전쟁에서 수는 5호胡 16국國시기부터 유행하였던 중장기병 활용 전술을 구사하였지만 별다른 효과를 보지 못하였다. 고구려가 쇠뇌를 이용한 전술로 적극적으로 방어하였기 때문이다. 이와 같이 고구려-수 전쟁에서 쇠뇌가 대거 활용되고 부각됨에 따라 7세기 이후 동아시아 국가들은 대체로 중장기병보다는 쇠뇌를 활용하는 전술을 채택하였다. 그리고 기병 및 중장기병을 활용한 전술의 쇠퇴와 맞물려 보병을 활용하는 전술이 대거 구사되었다.[1] 즉, 고구려-수 전쟁은 기병 및 중장기병 중심 전술에서 쇠뇌와 보병 중심 전술로의 변화를 추동질하였던 것이다.

---

1   이정빈, 「고구려와 수당의 전쟁, 무엇을 바꾸었나?」, 『역사비평』 126, 역사비평사, 2019, 69~73쪽.

보론

高句麗 隋

보 론

고구려 중장기병에 대한 소고 小考

머리말

고구려가 제세력과의 수많은 전투에서 승리할 수 있었던 요인 가운데 하나로 무기·무장武裝의 우수성을 지적한다. 고구려의 무기·무장과 관련한 유물은 백제나 신라 그리고 가야 등에 비하여 많지 않다. 그럼에도 불구하고 이에 대한 연구는 활발하게 이루어졌는데, 그 이유는 바로 고분벽화 때문이었다. 한편 고분벽화를 보면 무기·무장과 관련하여 눈에 띄는 것이 있는데, 그것은 기사騎士뿐만 아니라 타고 있는 말에게까지 갑옷을 씌운 중장기병重裝騎兵이다.[1]

---

1 鎧馬武士라고도 부르며 중국에서는 鎧馬騎兵, 重甲騎兵, 具裝甲騎, 甲騎具裝, 具裝鎧 등으로 부른다.

고구려 중장기병에 대한 연구는 1990년대 중반부터 본격화되었다. 그 연구 동향을 살펴보면 고구려가 중국을 비롯한 여타 국가들보다 우수한 중장기병을 확보하고 있었고[2] 이를 바탕으로 4~5세기에 광대한 영토를 확보할 수 있었다고 보는 등[3] 고구려의 대외 확장과 연관시키는 견해가 많았다. 그리고 고분벽화의 행렬도行列圖와 『삼국사기三國史記』의 기병 관련기사를 주목하면서 중장기병이 처음 도입되었을 때에는 호위병적인 성격이 강했지만 5세기 초반에 이르러서는 밀집대형의 중장창기병대重裝 槍騎兵隊를 구성하였다는 견해도 제시되었다.[4]

이상의 견해들은 중장기병이 전투에서 강력한 위력을 발휘했다고 보는 입장인데, 이에 반하여 중장重裝이 기사와 말에게 부담을 준다는 하중 荷重의 문제점과 창을 들고 적의 보병 대열에 돌격한다는 전술의 단순함을 들면서 중장기병의 위력에 대한 회의적인 견해도 제시되었다.[5] 한편으로는 4세기 전반 창 중심의 무기체계 변화를 중장기병의 도입과 연관시키거나[6] 등자 보급이 곧 중장기병의 등장을 의미한다는 견해도 제시되었다.[7]

이와 같이 고구려의 중장기병에 대해서 다양한 연구가 이루어졌는데, 본고에서는 고구려의 중장기병과 관련한 유물과 고분벽화를 검토하고

---

2 손수호, 「고구려의 개마에 대하여」, 『조선고고연구』 104, 1997.
3 이인철, 「4~5세기 高句麗의 南進經營과 重裝騎兵」, 『軍史』 33, 국방부 군사편찬연구소, 1996 ; 「4~5세기 고구려의 무기·무장과 중장기병」, 『고조선·고구려·발해 발표논문집』, 고구려연구재단, 2005.
4 이난영·김두철, 『韓國의 馬具』, 한국마사회 마사박물관, 1999.
5 서영교, 「高句麗 壁畵에 보이는 高句麗의 戰術과 武器」, 『고구려연구』 17, 고구려연구회, 2004 ; 「高句麗 重裝騎兵에 관한 諸問題」, 『學藝誌』 13, 육군사관학교 박물관, 2006.
6 여호규, 「高句麗 中期의 武器體系와 兵種構成」, 『韓國軍事史研究』 2, 국방군사연구소, 1999.
7 이난영·김두철, 『韓國의 馬具』 ; 서영교, 「고구려 기병과 鐙子-고구려 고분벽화 분석을 중심으로」, 『歷史學報』 181, 역사학회, 2004 ; 강인욱, 「고구려 鐙子의 發生과 유라시아 초원지대로의 전파에 대하여」, 『북방사논총』 12, 고구려연구재단, 2006.

이를 토대로 고구려 중장기병의 도입 시점과 계통, 시기별 특징과 변화 그리고 운용 양상 등을 규명해보고자 한다.

I. 중장기병 관련 유물과 고분벽화

1. 전마구와 개마모형

고구려 중장기병의 실체를 보여주는 대표적인 유물이라고 한다면 전마구戰馬具를 들 수 있다. 전마구는 말을 보호하는 장구로서 얼굴에 착용시키는 마주馬冑와 몸에 착용시키는 마갑馬甲이 있다. 기존에 고구려가 중장기병을 도입·운용하였을 것이라고 추정한 근거는 고분벽화였고, 중장기병의 모습에 대해서는 고분벽화나 고구려의 영향을 받아서 제작하였을 것으로 추정되는 영남지역 출토 전마구를 통해서 유추하였다.

그런데 2004년 중국에서 발간한 고구려왕릉 발굴보고서에서[8] 전마구가 확인됨에 따라 고구려 중장기병에 대한 실체를 파악할 수 있게 되었다.[9] 전마구는 고구려의 두 번째 수도인 지린성吉林省 지안集安에서만 출토되었고, 마주와 마갑이 한 유적에서 동시에 출토된 예는 아직 없다.

---

8   吉林省文物考古硏究所·集安市博物館, 『集安高句麗王陵』, 文物出版社, 2004, 118·138쪽.
9   송계현, 「환인과 집안의 고구려갑주」, 『북방사논총』 3, 고구려연구재단, 2005, 167~171쪽.

1) 마주

1 우산하992호분

2 마선구2100호분

3 천추묘

4 태왕릉

〈자료 5-1〉 마주와 마갑이 출토된 지안의 고구려 유적

　　마주는 우산하992호분禹山下992號墳에서만 한 점이 출토되었다.[10] 우산하992호분은 지안의 우산하고분군禹山下古墳群에 위치하고 있는 방형의 계단적석광실묘階段積石壙室墓인데(〈자료 5-1〉의 1), "무술戊戌"명 권운문卷雲文 와당이 출토되면서 고분의 축조연대를 추정하는 데 매우 중요한 자료로 활용되고 있다. 발굴자는 고구려에서 광실묘壙室墓가 석실묘石室墓보다 이른 4세기대에 유행하였고 와당이 지안 태왕릉太王陵에서 출토된 것과 관련이

10　集安 太王陵에서 출토된 일부 철편을 馬冑로 보기도 한다(강현숙, 『고구려 고분 연구』, 진인진, 2013, 134쪽).

206　고대 동아시아 최대의 충돌, 고구려-수 전쟁

없다는 점 등을 들어 와당에 보이는 기년 즉 "무술"을 338년으로 파악하고 피장자를 고국원왕故國原王(재위 331~371년)으로 추정하였다.[11] 하지만 다른 왕릉급 고분보다 규모가 작고, 지안 천추묘千秋墓나 태왕릉의 계단석과 비교하면 치석治石상태가 매우 조잡하며, 338년 전후에 매장 행위가 완료되었다고 보아야 한다는 점에서 338년 전후에 사망했던 왕족이나 귀족의 고분으로 추정된다.[12]

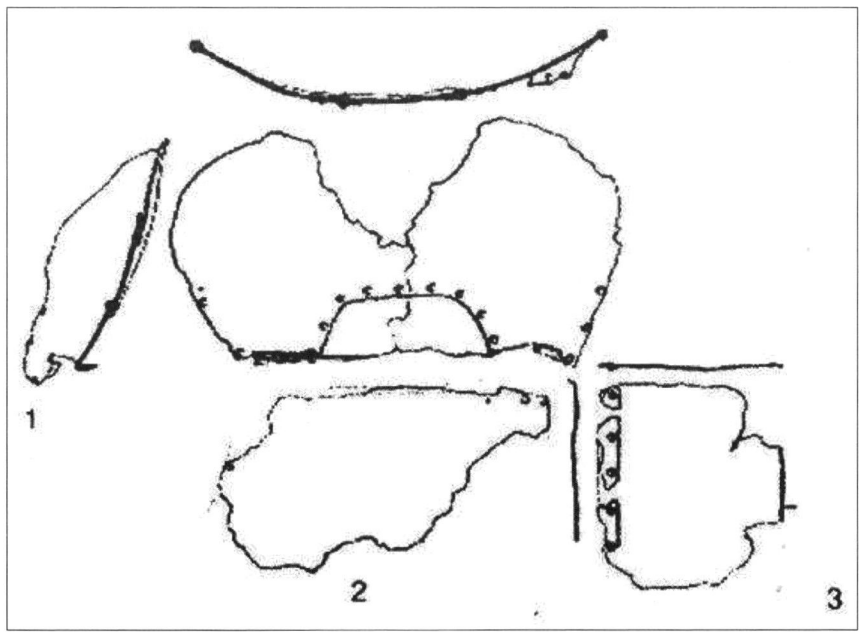

〈자료 5-2〉 지안 우산하992호분에서 출토된 마주
(송계현, 「환인과 집안의 고구려갑주」, 『북방사논총』 3, 고구려연구재단, 2005, 168쪽, 그림 3)

11　吉林省文物考古硏究所·集安市博物館, 『集安高句麗王陵』, 118·138쪽.
12　여호규, 「集安地域 고구려 超大型積石墓의 전개과정과 被葬者 문제」, 『한국고대사연구』 41, 한국고대사학회, 2006, 114쪽.

우산하992호분에서 출토된 마주는 파손이 심하여 얼굴덮개부, 정수리 및 귀를 가려주는 챙 등만 확인되고 볼가리개는 보이지 않는다. 챙은 전체적으로 부채모양인데, 3개의 호형弧形 철판을 못으로 연결하여 제작하였고, 길이는 14cm, 너비 25cm 정도이다.[13] 전면과 양측 가장자리에 일정한 간격으로 못이 박아져 있는 것을 볼 때 양측에 또 다른 챙이 연결되어 있는 삼엽형三葉形으로 추정된다(〈자료 5-2〉의 1).[14] 얼굴덮개부는 파손이 심하여 자세한 형태를 알 수 없으나 상판은 통철로 제작한 것으로 보인다(〈자료 5-2〉의 2). 그리고 측판은 가장자리에 못이 박혀져 있는 것으로 보아(〈자료 5-2〉의 3) 별도로 제작하여 상판에 부착한 것으로 추정된다.

2) 마갑

마갑은 황해남도 안악의 안악3호분이나 남포 약수리벽화고분 등의 벽화에 보이는 것처럼 가죽으로 제작된 경우도 있었던 것으로 추정되지만, 일반적으로는 수많은 철제 소찰小札을 연결하여 제작하였다. 한편 마갑 제작에 사용한 소찰은 갑옷 제작에 사용한 소찰과 유사하기 때문에 만약 소찰이 흩어진 채로 혹은 소수만 출토되면 그것이 마갑용인지 아니면 갑옷용인지 쉽게 판단하기 어렵다. 다만 마갑 제작에 사용한 소찰이 갑옷 제작에 사용한 소찰보다 다소 크지 않을까 추측해 볼 수 있겠다.

영남지역의 함안 마갑총과 경주 쪽샘지구 고분에서 출토된 마갑을 살펴보면 복갑腹甲 제작에 사용한 소찰은 일반적으로 길이 11cm 이상, 너비 7.5cm~8.5cm인 장방형을 띠고 있다. 또한 길이 4~7cm, 너비 약 8cm인

---

13 吉林省文物考古研究所·集安市博物館, 『集安高句麗王陵』, 131쪽.
14 송계현, 「환인과 집안의 고구려갑주」, 162쪽.

사다리꼴 형태의 소찰도 대거 확인된다. 이와 같은 영남지역에서 출토된 마갑을 참고해본다면 지안의 마선구2100호분麻線溝2100號墳, 천추묘, 태왕릉 등에서 출토된 일부 소찰을 마갑 제작에 사용한 것으로 추정할 수 있다.[15]

(1) 마선구 2100호분

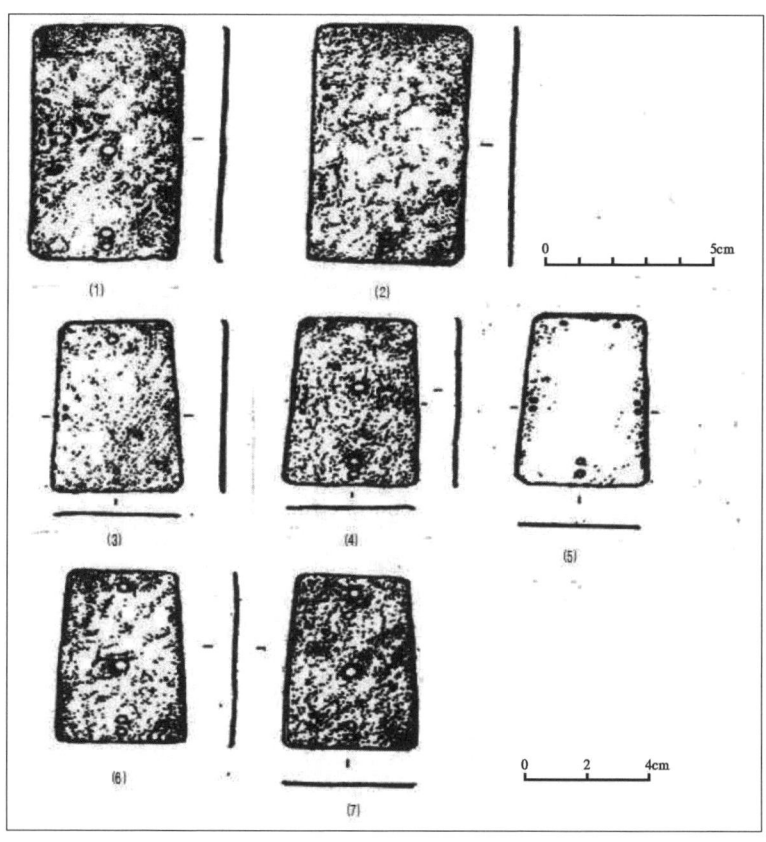

〈자료 5-3〉 지안 마선구2100호분에서 출토된 마갑의 소찰
(吉林省文物考古研究所·集安市博物館, 『集安高句麗王陵』, 文物出版社, 2004, 159~160쪽, 도면 126~127)

---

15 송계현, 「환인과 집안의 고구려갑주」, 172쪽.

보 론 209

마선구2100호분은 마선구고분군麻線溝古墳群에 위치하고 있는 방형의 계단적석광실묘이다(〈자료 5-1〉의 2). 발굴자는 출토된 비학운문飛鶴云文 와당이 천추묘에서 출토된 것과 유사하고 와당 형식이 지안의 서대묘西大墓와 우산하992호분에서 출토된 기년명 와당보다 늦다는 점 등을 들어 피장자를 4세기 말에 재위하였던 소수림왕小獸林王(재위 371~384년)으로 추정하였다.[16]

마갑 제작에 사용하였을 것으로 추정되는 소찰은 크게 두 유형이 있다.[17] 첫 번째 유형은 68점이 출토되었는데, 장방형의 소찰로 길이 9.8cm, 너비 4.6cm, 두께 0.1cm이다. 윗변에는 가로방향으로 배열된 2개의 구멍이 있고 아랫변에는 세로방향으로 배열된 2개의 구멍이 있으며 좌우 양변에는 각각 세로방향으로 배열된 2조 4개의 구멍이 있다. 그리고 중앙에 구멍이 있기도 하고(〈자료 5-3〉의 (1)) 혹은 없기도 하다(〈자료 5-3〉의 (2)). 복갑 제작에 사용한 소찰로 추정된다.

두 번째 유형은 78점이 출토되었는데, 사다리꼴 형태의 소찰로 길이 7.9~8cm, 너비 3.8~4.5cm, 두께 0.1cm이다. 윗변에는 가로방향으로 배열된 2개의 구멍이 있고 좌우 양변과 아랫변에는 각각 세로방향으로 배열된 2개의 구멍이 있다. 그리고 상부(〈자료 5-3〉의 (3)) 혹은 중앙에 구멍이 있거나(〈자료 5-3〉의 (4)) 아랫변의 구멍이 상대적으로 작은 소찰(〈자료 5-3〉의 (5)), 중앙과 상부에 큰 구멍이 있는 소찰(〈자료 5-3〉의 (6)·(7))이 있다.[18] 경갑頸甲 제작에 사용한 소찰로 추정된다.[19]

16　吉林省文物考古硏究所·集安市博物館, 『集安高句麗王陵』, 138·140·167쪽.
17　송계현, 「환인과 집안의 고구려갑주」, 172쪽.
18　吉林省文物考古硏究所·集安市博物館, 『集安高句麗王陵』, 158쪽.
19　송계현, 「환인과 집안의 고구려갑주」, 172쪽.

(2) 천추묘

천추묘는 마선구고분군에 위치하고 있는 방형의 계단적석석실묘階壇積石石室墓이다(〈자료 5-1〉의 3). 발굴자는 광개토왕廣開土王(재위 391~412년)시기의 연호인 "영락永樂"명 동제 방울이 출토되었다는 점을 근거로 광개토왕대에 축조되었다고 보면서 피장자를 부친인 고국양왕故國壤王(재위 384~391년)으로 추정하였다.[20] 하지만 권운문 와당이 변화·퇴화된 360년대 직후에 축조된 것으로 보인다는 점에서 고국원왕의 무덤으로 추정된다.[21]

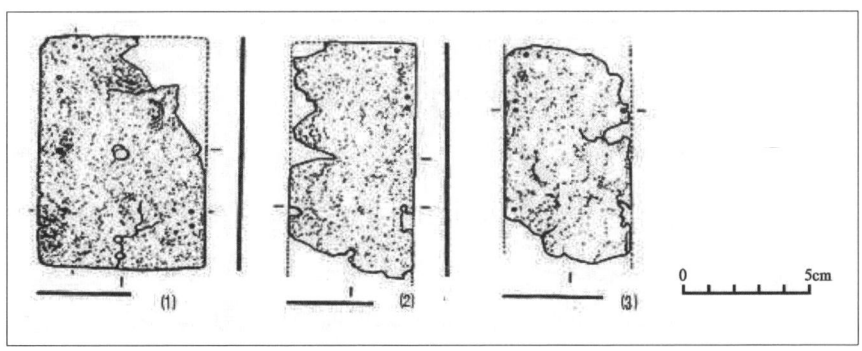

〈자료 5-4〉 지안 천추묘에서 출토된 마갑의 소찰
(吉林省文物考古研究所·集安市博物館, 『集安高句麗王陵』, 文物出版社, 2004, 185쪽, 도면 148)

마갑 제작에 사용하였을 것으로 추정되는 소찰은 크게 두 유형이 있다.[22] 첫 번째 유형은 17점이 출토되었는데, 장방형의 소찰로 길이 12cm, 너비 6.8cm, 두께 0.1cm이다. 좌변의 상부와 우변의 하부에는 각각 세로방향으로 배열된 2개의 구멍이 있고 윗변 모서리에는 1개의 구멍이 있으며 아랫변에는 세로방향으로 배열된 2개의 구멍이 있다. 그리고 중앙에

---

20 吉林省文物考古研究所·集安市博物館, 『集安高句麗王陵』, 168·170·216쪽.
21 여호규, 「集安地域 고구려 超大型積石墓의 전개과정과 被葬者 문제」, 114쪽.
22 송계현, 「환인과 집안의 고구려갑주」, 172쪽.

비교적 큰 구멍이 있다(〈자료 5-4〉의 (1)).

두 번째 유형은 2점이 출토되었는데, 장방형의 소찰로 길이 11.1cm, 너비 5cm이다. 우측변에는 세로방향으로 배열된 2조 4개의 구멍이 있고 윗변에는 1개의 구멍이 있다(〈자료 5-4〉의 (2)·(3)).[23] 복갑 제작에 사용한 소찰로 추정된다.

(3) 태왕릉

태왕릉은 우산하고분군에 위치하고 있는 방형의 계단적석석실묘이다(〈자료 5-1〉의 4). "신묘년辛卯年 호태왕好太王"명 동제 방울과 "원태왕릉안여산고여악願太王陵安如山固如岳"명 벽돌이 출토되면서 피장자를 추정하는 데 매우 중요한 자료로 활용되고 있다. 발굴자는 제대祭臺로 추정되는 석대石臺가 태왕릉과 광개토왕릉비 사이에 위치하고 있고 광개토왕릉비가 가까이 있다는 점 그리고 동제 방울에 새겨져 있는 "호태왕"이 광개토왕을 가리킬 가능성이 높다는 점 등을 들어 피장자를 광개토왕으로 추정하였다.[24] 하지만 석대는 장례나 제사 관련 부속시설일 가능성이 높고, "호태왕"이 꼭 광개토왕만을 가리킨다고 볼 수 없으며, 동제 방울에 새겨져 있는 "신묘년"이 고국양왕의 기년(391년)과 관련이 있다고 여겨진다는 점에서 고국양왕의 무덤으로 추정된다.[25]

마갑 제작에 사용하였을 것으로 추정되는 소찰은 세 유형이 있다. 첫 번째 유형은 17점이 출토되었는데, 장방형의 소찰로 길이 11.4~12.2cm, 너비 6.6~6.7cm, 두께 0.1cm이다. 윗변에는 가로방향으로 배열된 2개의

---

[23] 吉林省文物考古研究所·集安市博物館, 『集安高句麗王陵』, 184쪽.
[24] 吉林省文物考古研究所·集安市博物館, 『集安高句麗王陵』, 219·334~335쪽.
[25] 여호규, 「集安地域 고구려 超大型積石墓의 전개과정과 被葬者 문제」, 129쪽.

구멍이 있고 아랫변에는 세로방향으로 배열된 2개의 구멍이 있으며 좌우 양변에는 각각 세로방향으로 배열된 2조 4개의 구멍이 있다. 그리고 중앙의 좌측 아랫부분에 삼각 배열된 3개의 구멍이 있는데(〈자료 5-5〉의 1), 일부 소찰은 3개의 구멍이 없는 대신 가운데 부분에 큰 구멍이 있다(〈자료 5-5〉의 2). 복갑 제작에 사용한 소찰로 추정된다.

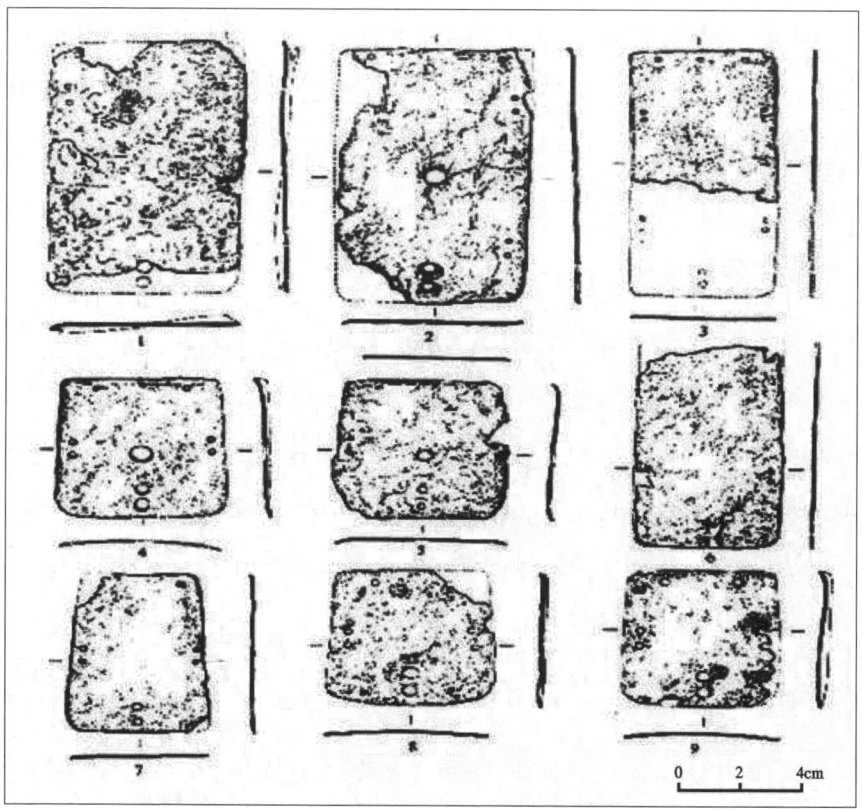

〈자료 5-5〉 지안 태왕릉에서 출토된 소찰
(吉林省文物考古硏究所·集安市博物館, 『集安高句麗王陵』, 文物出版社, 2004, 278쪽, 도면 212)

보론 213

두 번째 유형은 14점이 출토되었는데, 사다리꼴 형태의 소찰로 길이 6.9cm, 너비 6cm, 두께 0.1cm이다. 윗변에는 가로방향으로 배열된 2개의 구멍이 있고 좌우 양변에는 각각 세로방향으로 배열된 2개의 구멍이 있으며 아랫변에는 세로방향으로 배열된 3개의 구멍이 있다(〈자료 5-5〉의 4·5).

세 번째 유형은 5점이 출토되었는데, 사다리꼴 형태의 소찰로 길이 7.5cm, 너비 3.8~5cm, 두께 0.1cm이다. 윗변에는 가로방향으로 배열된 2개의 구멍이 있고 좌우 양변과 아랫변에는 각각 세로방향으로 배열된 2개의 구멍이 있다(〈자료 5-5〉의 7). 경갑頸甲 제작에 사용한 소찰로 추정된다.[26]

3) 개마모형

강원도 고산군에 위치한 철령유적의 고구려문화층에서 기마모형騎馬模型과 함께 개마모형鎧馬模型이 출토되었다.[27] 모형의 제작시기에 대해서는 3세기[28] 혹은 4세기 전후[29]로 추정하기도 하는데, 일부 모형에서 등자가 확인된다는 점을 감안하면 4세기 이전으로는 볼 수 없다고 여겨진다.

개마모형을 보면 기사는 없고 마갑을 착용하고 있는 말만 확인된다. 한편 기마모형에서는 크기에 따라 대·중·소형이 있는 반면, 개마모형에서는 소형을 볼 수 없다. 혹 기병 내 중장기병의 위상을 보여주는 것이

---

26 송계현, 「환인과 집안의 고구려갑주」, 172쪽. 송계현은 이 외에도 길이 6.5cm, 너비 5.1~5.6cm, 두께 0.1cm인 사다리꼴 형태의 小札, 길이 7~9.2cm, 너비 5cm인 장방형의 소찰도 馬甲 제작에 사용한 것으로 추정하였다.
27 고산 철령유적의 고구려문화층에서 출토된 騎馬模型은 鎧馬模型을 포함해서 모두 58점인데, 철제는 54점이고 청동제는 4점이다.
28 리순진, 「강원도 철령유적에서 발굴된 고구려기마모형에 대하여」, 『조선고고연구』 1994-4, 사회과학출판사, 1994, 8쪽.
29 耿鐵華, 박창배 역, 『중국인이 쓴 고구려사(下)』, 고구려연구재단, 2004, 584쪽.

아닐까 싶다. 철령유적 이외에 황해남도 재령의 장수산성에서도 개마모형이 출토된 것으로 보이나, 자세한 내용은 알 수 없다.

2. 고분벽화 속 중장기병

전술하였듯이 고구려 중장기병은 고분벽화에서 대거 확인할 수 있는데, 중장기병이 확인되는 벽화고분 모두 봉토석실분封土石室墳이다. 중장기병이 그려져 있는 벽화는 제재題材에 따라 행렬도, 전투도戰鬪圖, 공성도攻城圖, 무사도武士圖(단독도[單獨圖]) 등으로 분류할 수 있다.

1) 행렬도에 보이는 중장기병

(1) 안악3호분

안악3호분은 황해남도 안악군 오국리에 위치하고 있고 문방, 좌우에 곁방이 있는 앞방, 회랑, 널방 등으로 이루어진[30] 여러방무덤이다.[31] 중장기병은 널방 동쪽과 북쪽을 싸고 도는 회랑에 그려져 있는 행렬도에서 8기가 확인된다.[32]

---

[30] 고구려의 고분 관련 용어는 전호태,『고구려고분벽화연구』, 사계절, 2000을 참고하였다.
[31] 도유호,「안악에서 발굴된 고구려고분들」,『문화유물』1, 1949 ; 문화유산편집부,「학계소식 : 기양 관개지구에서 새로 발굴된 고구려벽화고분」,『문화유산』1958-4, 1958 ; 황욱,『안악제3호분 발굴보고』(과학원고고학 및 민속학연구소,『유적발굴보고』3), 과학원출판사, 1958 ; 조선유적유물도감편찬위원회,『조선유적유물도감(5)』, 1990, 26~77쪽.
[32] 황욱,『안악제3호분 발굴보고』, 1~20쪽, 도판 XXVII · XLIX · L~LVIII ; 조선유적유물도감편찬위원회,『조선유적유물도감(5)』, 31쪽, 그림 19 ; 고구려연구재단,『증보판 평양일대 고구려유적』, 2005, 164~173쪽, 사진 61~77.

〈자료 5-6〉 안악의 안악3호분 행렬도에 보이는 중장기병(동북아역사재단 제공)

    중장기병에 대해 자세히 살펴보면 기사의 투구는 여러 개의 세방형細
方形 철판을 연결하여 제작한 종장판주縱長板冑로서 정수리를 보호하는 원
형의 복발覆鉢, 장식용 술, 장식용 술을 달기 위한 간주幹柱, 볼가리개, 상
방하원형 장식 등을 갖추었다(〈자료 5-6〉). 그리고 볼가리개는 여러 개의 소
찰로 제작하여 투구 주체와 연결하였다. 기사의 갑옷은 소찰들로 이루어
진 찰갑으로, 소찰은 상원하방형 혹은 상방하원형이다. 그리고 경갑頸甲,
복갑, 상갑裳甲, 상박갑上膊甲, 대퇴갑大腿甲, 경갑脛甲 등을 갖추었다.[33]

    마주는 반원형의 챙을 갖추었다. 마갑은 상원하방형의 소찰들로 이루
어진 찰갑 외에 세부 묘사 없이 단색으로 그려진 형태가 있는데, 혁갑革甲
으로 추정된다. 한편 경갑頸甲, 흉갑胸甲, 복갑을 일체형으로 표현하면서

---

33   갑옷의 세부 명칭은 송계현, 「삼국시대 철제갑주의 연구」, 경북대학교 석사논문, 1989, 18쪽을 참
    고하였다.

고갑과 구별하고 있는데, 이로 볼 때 마갑은 크게 경갑頸甲·흉갑·복갑과 고갑 두 부분으로 구성된 것으로 보인다.

(2) 남포 태성리1호분

태성리1호분은 남포시 강서구역 태성리에 위치하고 있고 널길, 좌우 곁방, 널방 등으로 이루어진 두방무덤이다.[34] 중장기병은 널길 서벽 아랫 부분의 기마행렬도에서 확인된다(〈자료 5-7〉).[35]

〈자료 5-7〉 남포 태성리1호분의 개마행렬도
(채희국, 『태성리고분군 발굴보고』(『유적발굴보고』 5, 과학원고고학 및 민속학연구소), 과학원출판사, 1959, 99쪽)

기마행렬도에는 8마리의 말이 있다. 하지만 중간이 박락되어 있는 점을 감안하면 10마리가 넘는 말이 있었을 것으로 추정되는데,[36] 중장기병은 그 말들 사이로 2~3기 정도 있는 것으로 보인다. 기마행렬도 상반부의 박락이 심하여 기사와 마주의 모습은 파악할 수 없고, 마갑은 찰갑으로 추정된다.[37]

---

34 전주농, 「태성리 저수지 건설장에서 발견된 유적 정리에 대한 개보(1·2)」, 『문화유산』 1958-2·3, 1958 ; 채희국, 『태성리고분군 발굴보고』(『유적발굴보고』 5, 과학원고고학 및 민속학연구소), 과학원출판사, 1959 ; 조선유적유물도감편찬위원회, 『조선유적유물도감(5)』, 233~235쪽.
35 채희국, 『태성리고분군 발굴보고』, 88~99쪽 ; 조선유적유물도감편찬위원회, 『조선유적유물도감(5)』, 234쪽, 그림 287.
36 채희국, 『태성리고분군 발굴보고』, 88~99쪽.
37 박진욱, 「3국 시기의 갑옷과 투구」, 『고고민속』 1965-2, 1965, 16~17쪽.

(3) 남포 덕흥리벽화고분

덕흥리벽화고분은 남포시 강서구역 덕흥동에 위치하고 있고 널길, 앞방, 이음길, 널방 등으로 이루어진 두방무덤이다.[38] 중장기병은 앞방 동벽을 중심으로 남벽 북단과 북벽에 그려져 있는 행렬도에서 11기가 확인된다.[39]

〈자료 5-8〉 남포 덕흥리벽화고분의 행렬도에 보이는 중장기병(동북아역사재단 제공)

---

[38] 김용남, 「새로 알려진 덕흥리 고구려 벽화무덤에 대하여」, 『력사과학』 1979-3, 1979, 41~45쪽 ; 박진욱 · 김종혁 · 주영헌 · 장상렬 · 정찬영, 『덕흥리 고구려 벽화무덤』, 과학백과사전출판사, 1981 ; 조선유적유물도감편찬위원회, 『조선유적유물도감(5)』, 124~181쪽.

[39] 김용남, 「새로 알려진 덕흥리 고구려 벽화무덤에 대하여」, 41~45쪽 ; 조선유적유물도감편찬위원회, 『조선유적유물도감(5)』, 129쪽 그림 161, 140~141쪽 그림 177 ; 고구려연구재단, 『증보판 평양일대 고구려유적』, 196~201쪽, 사진 104~112.

기사의 투구를 보면 세부 표현 없이 원형의 복발만 있어 정확한 유형을 파악하기 어렵다(〈자료 5-8〉). 기사의 상갑上甲은 갈색의 저고리 혹은 조끼로 추정되는 부분, 흰색의 허리부분, 사선과 횡선이 교차된 형태의 치마부분[40] 그리고 갑옷의 입체감을 주기 위한 부분(갈색)으로 이루어져 있고, 하갑下甲은 사선과 횡선으로 이루어져 있다.[41] 이와 같은 갑옷의 유형을 중국 남북조南北朝시기에 유행하였던 명광개明光鎧[42]나 판갑板甲[43] 등으로 추정하기도 하나, 사선과 횡선으로 표현된 갑옷에 대해 혁갑으로 추정한 견해를 감안한다면 혁갑일 가능성이 높다고 여겨진다.[44]

마주는 마름모 형태의 판 3개로 이루어진 챙을 갖추었다.[45] 마갑은 상원하방형의 소찰들로 이루어진 찰갑인데, 경갑頸甲, 흉갑, 복갑, 고갑이 일체형으로 표현되었다. 한편 말의 뒷부분에는 사행상철기蛇行狀鐵器가 있고 그 위로 기생寄生[46]이 휘날리고 있는데, 후술할 고분벽화를 참고해보면 사행상철기는 안장 후륜後輪 뒷부분에 달려 있던 것으로 추정된다.

---

40 장경숙,「고구려 고분벽화에 묘사된 갑주」,『慶州文化研究』6, 경주대학교 경주문화연구소, 2003, 127~128쪽.
41 송계현,「韓國 古代의 甲冑」,『한국고대의 갑옷과 투구』, 국립김해박물관, 2002, 67쪽.
42 장경숙,「고구려 고분벽화에 묘사된 갑주」, 127~128쪽.
43 송계현,「韓國 古代의 甲冑」, 67쪽.
44 사선과 횡선으로 표현한 갑옷은 평안남도 용강군에 위치한 감신총에 그려진 문지기에서 볼 수 있는데, 그 갑옷에 대하여 혁갑으로 추정하는 것이다(송계현,「韓國 古代의 甲冑」, 67쪽).
45 三葉形의 챙으로 추정하기도 한다(송계현,「환인과 집안의 고구려갑주」, 109쪽).
46 寄生에 대해 기병부대 지휘관(손영종,『고구려사(2)』, 과학백과사전출판사, 1997, 24쪽) 혹은 부대 소속(손수호,「고구려의 개마에 대하여」, 24쪽)의 표식이었다는 견해, 鎧馬 장식이었다는 견해(손수호,「고구려의 개마에 대하여」, 24쪽), 기사의 뒤를 보호하는 기능을 하였다는 견해(成東·鐘少異,『中國古代兵器圖集』, 解放軍出版社, 1990, 175쪽)가 있다.

(4) 남포 약수리벽화고분

약수리벽화고분은 남포시 강서구역 약수리에 위치하고 있고 널길, 앞방, 앞방 좌우의 감龕, 이음길, 널방 등으로 이루어진 두방무덤이다.[47] 중장기병은 앞방 동벽에서 남벽 동단에 그려져 있는 행렬도에서 13기가 확인된다.[48]

기사의 투구는 종장판주로 추정되는데,[49] 간주만 확인된다(〈자료 5-9〉). 갑옷은 기병과 기병 사이를 겹쳐서 그렸기 때문에 그 모습을 자세히 알 수 없다. 마주는 반원형의 챙을 갖추었다. 마갑은

〈자료 5-9〉 남포 약수리벽화고분의 행렬도에 보이는 중장기병
(주영헌,「약수리벽화무덤발굴보고」,『각지유적정리보고』(과학원고고학 및 민속학연구소,『고고학자료집』3), 1963, 도판 LXXI)

상방하원형의 소찰들로 이루어진 찰갑 외에 3개의 평행선과 자색의 줄 그리고 흑색 혹은 자색의 점이 배합된 형태가 있는데, 혁갑으로 추정된다. 전술하였듯이 기병과 기병 사이를 겹쳐서 그렸기 때문에 자세한 형태는 알 수 없고, 다만 경갑頸甲과 흉갑은 일체형으로 이루어져 있다.

---

47 문화유산편집부,「학계소식 : 기양 관개지구에서 새로 발굴된 고구려벽화고분」, 107~109쪽 ; 주영헌,「약수리벽화무덤발굴보고」,『각지유적정리보고』(과학원고고학 및 민속학연구소,『고고학자료집』3), 1963, 136~152쪽 ; 조선유적유물도감편찬위원회 편,『조선유적유물도감(6)』, 1990, 18~35쪽.
48 주영헌,「약수리벽화무덤발굴보고」, 도판 LXXI ; 조선유적유물도감편찬위원회,『조선유적유물도감(6)』, 28~30쪽, 사진 13·그림 17.
49 송계현,「환인과 집안의 고구려갑주」, 165쪽.

(5) 순천 동암리벽화고분

동암리벽화고분은 평안남도 순천시 동암리에 위치하고 있고 널길, 앞방, 이음길, 널방 등으로 이루어진 두방무덤이다.50 중장기병은 앞방 바닥에 떨어져 있던 행렬도 벽화조각에서 확인되었기 때문에 자세한 모습을 파악할 수 없지만 최소 2기가 있었던 것으로 보이고 마갑은 찰갑이다(〈자료 5-10〉).51

한편 고분벽화 조각에서 복발, 간주, 장식용 술, 뿔장식을 갖춘 투구가 확인되었는데,52 복발을 갖추었

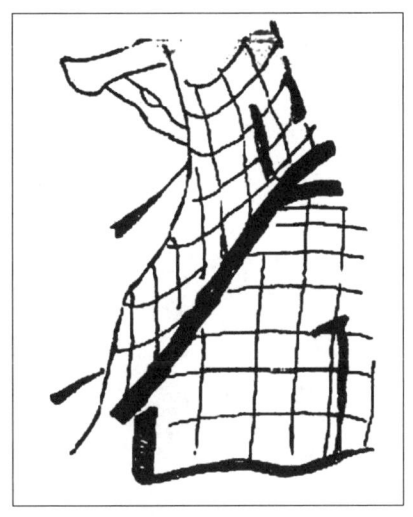

〈자료 5-10〉 순천 동암리벽화고분에서 발견된 벽화조각-마갑
(리창언, 「동암리벽화무덤발굴보고」, 『조선고고연구』 1988-2, 1988, 46쪽)

고 "S"자형으로 휘어져 있는 세방형 철판들로 제작되었다는 점에서 만곡종장판주彎曲縱長板冑로 볼 수 있다. 그렇다면 중장기병의 기사 또한 만곡종장판주를 착용하였을 가능성이 높다고 여겨진다.

(6) 대동 팔청리벽화고분

팔청리벽화고분은 평안남도 대동군 팔청리에 위치하고 있고 널길, 앞방, 이음길, 널방 등으로 이루어진 두방무덤이다.53 중장기병은 앞방 왼

---

50 리창언, 「동암리벽화무덤발굴보고」, 『조선고고연구』 1988-2, 1988, 37~46쪽 ; 조선유적유물도감편찬위원회 편, 『조선유적유물도감(5)』, 245~251쪽.
51 리창언, 「동암리벽화무덤발굴보고」, 46쪽.
52 조선유적유물도감편찬위원회, 『조선유적유물도감(5)』, 248쪽, 사진 316~317.

쪽 벽의 행렬도에서 1기가 확인된다(〈자료 5-11〉).[54]

기사의 투구는 종장판주로 보이고 볼가리개는 소찰들로 이루어진 것으로 추정된다. 기사의 앞과 중간 부분의 박락이 심하여 갑옷의 정확한 형태를 파악하기 어렵지만 상방하원형의 소찰들로 이루어진 찰갑으로 추정된다.

〈자료 5-11〉 대동 팔청리벽화고분의 행렬도
    (전주농, 「대동군팔청리벽화무덤」, 『각지유적정리보고』(과학원고고학 및 민속학연구소, 『고고학자료집』 3), 과학원출판사, 1963, 도판 LXXXV)

마주는 박락이 심하여 자세히 파악하기 어렵다. 이는 마갑도 마찬가지지만 약간 남아 있는 고갑을 보면 상방하원형의 소찰들로 이루어져 있다는 점에서 찰갑이라고 할 수 있다. 그리고 깃털 모양의 기생이 있다.

---

53 전주농, 「대동군팔청리벽화무덤」, 『각지유적정리보고』(과학원고고학 및 민속학연구소, 『고고학자료집』 3), 과학원출판사, 1963, 162~170쪽 ; 조선유적유물도감편찬위원회, 『조선유적유물도감(6)』, 50~57쪽.

54 전주농, 「대동군팔청리벽화무덤」, 168쪽, 그림 6·도판 LXXXV ; 조선유적유물도감편찬위원회, 『조선유적유물도감(5)』, 52쪽, 그림 55.

(7) 남포 대안리1호분

〈자료 5-12〉 남포 대안리1호분의 기마행렬도
(과학원고고학 및 민속학연구소, 「평안남도 룡강군 대안리 제1호묘 발굴보고」,
『대동강 및 재령강 류역 고분 발굴보고』(『고고학자료집』 2), 과학원출판사, 1958,
도판 XXII)

   대안리1호분은 남포시 대안구역 은덕동에 위치하고 있고 앞방, 이음길, 널방 등으로 이루어진 두방무덤이다.[55] 중장기병은 앞방 왼쪽 벽 상

---

55 과학원고고학 및 민속학연구소, 「평안남도 룡강군 대안리 제1호묘 발굴보고」, 『대동강 및 재령

단의 개마행렬도에서 확인되지만 박락이 심하여 자세한 모습을 파악하기 어렵다(〈자료 5-12〉).[56]

기사의 투구를 보면 간주와 장식용 술만 확인될 뿐 정확한 유형을 파악하기 어렵다. 갑옷은 상방하원형의 소찰들로 이루어진 찰갑으로 추정된다. 마주는 박락이 심하여 보이지 않고, 마갑은 상방하원형의 소찰들로 이루어진 찰갑으로 추정된다.

개마행렬도에 보이는 중장기병의 정확한 수는 파악하기 어렵다. 다만 창끝 7개를 확인할 수 있는데, 첫 번째와 두 번째 기병 사이에 다른 기병이 그려져 있지 않은 점 그리고 두 번째와 일곱 번째 창 사이의 간격을 고려한다면 약 10여 기 이상이 있었던 것으로 추정된다.

(8) 남포 쌍영총

쌍영총은 남포시 용강군 용강읍에 위치하고 있고 널길, 앞방, 이음길, 널방 등으로 이루어진 두방무덤이다.[57] 중장기병은 널길 동벽의 행렬도에서 1기가 확인된다(〈자료 5-13〉).[58]

강 류역 고분 발굴보고」(『고고학자료집』 2), 과학원출판사, 1958 ; 조선유적유물도감편찬위원회, 『조선유적유물도감(6)』, 104~117쪽.

56 과학원고고학 및 민속학연구소, 「평안남도 룡강군 대안리 제1호묘 발굴보고」, 도판 XXⅡ ; 조선유적유물도감편찬위원회, 『조선유적유물도감(6)』, 106쪽 그림 143, 109쪽 사진 151.

57 谷井濟一, 「高句麗時代 雙楹塚-ㅁ繪解說」, 『考古學雜誌』 4-10, 1914 ; 關野貞, 「平壤附近に於ける高句麗時代の墳墓」, 『建築雜誌』 326, 1914 ; 「平壤附近に於ける高句麗時代の墳墓及繪畵」, 『朝鮮の建築と藝術』, 岩波書店, 1941, 392~397쪽 ; 朝鮮總督府, 『朝鮮古蹟圖譜(2)』, 名著出版社, 1915, 527~581쪽 ; 조선유적유물도감편찬위원회, 『조선유적유물도감(6)』, 118~139쪽.

58 關野貞, 「平壤附近に於ける高句麗時代の墳墓及繪畵」, 395쪽, 그림 6.

〈자료 5-13〉 남포 쌍영총의 행렬도에 보이는 중장기병
(關野貞,「平壤附近に於ける高句麗時代の墳墓及繪畵」,『朝鮮の建築と藝術』, 岩波書店, 1941, 395쪽, 그림 6)

기사의 투구는 만곡종장판주로서 원형의 복발, 간주, 장식용 술, 뿔장식 등을 갖추었다. 그리고 볼가리개는 여러 개의 세방형 철판을 이어 붙인 형태이다.[59] 기사의 갑옷은 방형 소찰들로 이루어진 찰갑이다.[60] 경갑頸甲, 복갑, 상갑, 상박갑, 굉갑肱甲, 대퇴갑, 경갑脛甲 등을 갖추었는데, 경갑頸甲은 방형 소찰들을 이어붙인 형태이다.

마주는 삼엽형 챙을 갖추었다. 마갑은 상원하방형의 소찰들로 이루어진 찰갑으로, 경갑頸甲과 흉갑은 일체형이고 복갑과 고갑을 갖추었다. 특

---

59 細方形의 철판들을 연결하여 제작한 투구 볼가리개는 가야 유적인 경상남도 합천의 옥전28호분에서 출토된 바 있는데, 5세기 후반경에 釘結技法이 도입되면서 등장하였다고 한다(장경숙, 「영남지역 출토 종장판주에 대한 연구」,『영남고고학』 25, 영남고고학회, 1999, 51쪽).

60 고분에서 출토된 小札이 대부분 반원형이고 반원형의 부위가 아래로 포개져 있는 경우가 많다는 점을 들어 상방하원형으로 보기도 한다(장경숙, 「고구려 고분벽화에 묘사된 갑주」, 128쪽).

보론 225

히 고갑은 두 부분으로 이루어져 있는 것처럼 보이는데, 후술할 평양 개마총 고분벽화에 보이는 중장기병의 고갑 또한 두 부분으로 이루어져 있다는 점을 감안하면 실제로 두 부분이었을 것으로 추정된다. 그렇다면 마갑은 경갑頸甲·흉갑, 복갑, 고갑 두 부분 등 네 부분으로 구성되어 있었다고 볼 수 있다. 한편 안장 후륜부에는 사행상철기가 연결되어 있고 그 위로 기생이 휘날리고 있다.

2) 전투도·공성도에 보이는 중장기병

(1) 지안 통구12호분

1 통구12호분

2 삼실총

3 마선구1호분

〈자료 5-14〉 고구려 중장기병이 확인되는 지안의 벽화고분

통구12호분通溝12號墳은 지린성 지안시 우산하고분군에 위치하고 있고, 널길을 갖춘 널방이 있는 두방무덤이다(〈자료 5-14〉의 1).[61] 중장기병은 북분 北墳의 널방 왼쪽 벽에 그려져 있는 전투도에서 확인된다.[62]

〈자료 5-15〉 지안 통구12호분의 전투도(성균관대학교 박물관 제공)

포로를 참수하는 기사는 여러 소찰을 연결하여 제작한 소찰주小札冑를 착용하였는데 원형의 복발, 간주, 장식용 술, 뿔장식 등을 갖추었고, 볼가리개는 소찰들로 이루어져 있다(〈자료 5-15〉). 기사의 갑옷은 방형의 소찰들로 이루어진 찰갑으로서 경갑頸甲, 복갑, 상갑, 상박갑, 굉갑, 대퇴갑,

---

61 王承禮·韓淑華, 「吉林輯安通溝十二號高句麗墓」, 『考古』 1964-2, 1964, 67~72쪽 ; 조선유적유물도감편찬위원회, 『조선유적유물도감(5)』, 88~93쪽.

62 王承禮·韓淑華, 「吉林輯安通溝十二號高句麗墓」, 70쪽, 그림 3-2 ; 조선유적유물도감편찬위원회, 『조선유적유물도감(5)』, 93쪽, 그림 106·사진 107 ; 성균관대학교 박물관, 『集安 高句麗 유적의 어제와 오늘』, 2006, 124~125쪽.

경갑脛甲 등을 갖추었다. 경갑頸甲은 세방형의 철판들로 이루어져 있고 그 아래에 수하식垂下飾이 있다. 그리고 못신을 신고 있다.

무릎을 꿇고 있는 포로 역시 소찰주를 착용하고 있는데, 박락되어 뿔장식만 확인된다. 갑옷은 방형의 소찰들로 이루어진 찰갑으로서 경갑頸甲, 복갑, 상갑, 상박갑, 굉갑, 대퇴갑, 경갑脛甲 등을 갖추었다. 전체적으로 기사와 포로의 갑주를 비교해보면 큰 차이를 보이지 않는다는 점에서 기사와 포로 모두 고구려군일 가능성이 높다고 여겨진다.[63]

기사 왼쪽에 있는 말은 마주만 착용하고 있는데, 마주의 챙은 삼엽형이다. 말의 복부 쪽에는 등자가 있는 것으로 추정되는데, 등자를 매는 줄이 안장의 전륜前輪 바로 뒤에 연결되어 있고 등자의 윤부輪部가 말의 복부에 있는 개마총 고분벽화 속의 개마鎧馬를 참고하면 그 가능성은 더욱 높다고 여겨진다.

포로 오른쪽에 있는 중장기병은 기사 왼쪽에 있는 말과 달리 마주와 마갑 모두 갖추었다. 기사의 투구는 박락되어 정확한 유형을 파악할 수 없지만 뿔장식을 포함한 전체적인 형태가 앞에서 살펴본 기사의 투구와 유사하다는 점에서 소찰주로 추정된다. 기사의 갑옷은 방형의 소찰들로 이루어진 찰갑으로서 경갑頸甲, 복갑, 상갑, 상박갑, 대퇴갑, 경갑脛甲 등을 갖추었고, 경갑頸甲 아래에는 수하식이 있다. 마주는 삼엽형의 챙을 갖추고 있는 것으로 추정된다. 마갑은 상원하방형의 소찰들로 이루어진 찰갑이다. 그리고 경갑頸甲과 흉갑은 일체형이고 복갑과 고갑을 갖추고 있다는 점에서 경갑·흉갑, 복갑, 고갑 등 세 부분으로 구성되어 있는 것으

---

63 포로가 무릎을 꿇고 있는 모습을 고구려의 풍습인 跪拜(『後漢書』 卷85 列傳75 高句驪;『三國志』 卷30 魏書30 高句麗)와 연관시켜서 고구려인으로 추정하기도 한다(梁志龍, 「斬俘圖" 小議」, 『東北史地』 2007-1, 2007, 20쪽).

로 보인다. 안장 뒤로 사행상철기가 연결되어 있고 그 위로는 기생이 휘날리고 있다.

(2) 지안 삼실총

〈자료 5-16〉 지안 삼실총의 공성도에 보이는 중장기병
(池內宏·梅原末治, 『通溝(下)』, 日滿文化協會, 1940, 도판 53)

삼실총三室塚은 지린성 지안시 우산하고분군에 위치하고 있고 널길, 이음길, 널방으로 이루어진 세방무덤이다(〈자료 5-14〉의 2).[64] 중장기병은 제1실 북벽의 공성도에서 2기가 확인된다(〈자료 5-16〉).[65]

---

64 關野貞, 「朝鮮平壤附近の樂浪高句麗及ひ支那輯安縣附近の高句麗遺蹟」, 『朝鮮及滿洲』 78, 1914 ; 「滿洲輯安縣及ひ平壤附近に於ける高句麗時代の遺蹟」, 『考古學雜誌』 5-3, 1914 ; 池內宏·梅原末治, 『通溝(下)』, 日滿文化協會, 1940, 21~27쪽 ; 「滿洲國通化省輯安縣に於ける高句麗の壁畫墳」, 『考古學雜誌』 30-9, 1940, 21~27·47~68쪽 ; 集安縣文物管理所·吉林省文物工作隊, 「吉林集安通溝三室墓淸理記」, 『考古與文物』 1981-3, 1981, 71~72쪽 ; 李殿福, 「集安通溝三室墓壁畫補正」, 『考古與文物』 1981-3, 1981, 118·123~126쪽 ; 조선유적유물도감편찬위원회, 『조선유적유물도감(6)』, 62~71쪽.

65 池內宏·梅原末治, 『通溝(下)』, 도판 53 ; 조선유적유물도감편찬위원회, 『조선유적유물도감

기사의 투구를 살펴보면 두 기사 모두 정확한 유형을 파악하기 어려운데, 왼쪽 기사의 투구에는 단지 간주만 있는 반면, 오른쪽 기사의 투구에는 뿔장식이 있어 양자 간 차이를 보이고 있다. 갑옷은 두 기사 모두 찰갑으로서 경갑頸甲, 복갑, 상갑, 상박갑, 대퇴갑, 경갑脛甲 등을 갖추었고 경갑頸甲 아래에는 수하식이 있다. 두 기사 간 갑옷의 차이를 보여주는 것은 소찰이다. 왼쪽 기사의 갑옷 소찰은 방형에 가깝고 상대적으로 크다. 반면 오른쪽 기사의 갑옷 소찰은 상방하원형이지만 가로방향으로 뉘어져 있는데, 이는 기사가 말을 타고 달리는 모습을 역동적으로 표현한 것으로 볼 수 있다.[66]

〈자료 5-17〉 지안 삼실총 2실 서벽에 보이는 무사
(池內宏·梅原末治, 『通溝(下)』, 日滿文化協會, 1940, 도판 53)

마주는 두 기병 모두 삼엽형 챙을 갖추고 있지만 왼쪽 기병 마주의 챙이 상대적으로 넓다. 마갑은 두 기병 모두 찰갑이고, 소찰의 형태는 각기 타고 있는 기사 갑옷의 소찰과 같다. 그리고 경갑頸甲과 흉갑은 일체형이고 복갑과 고갑을 갖추었다는 점에서 경갑·흉갑, 복갑, 고갑 등 세 부분으로 구성되어 있는 것으로 보인다. 사행상철기와 기생은 오른쪽 기병에만 있다.

한편 제2실 서벽에 갑옷을 입은 무사가 그려져 있는데(〈자료 5-17〉),[67] 경갑脛甲

---

(6)』, 66쪽, 사진 80·그림 81.
66 　장경숙, 「고구려 고분벽화에 묘사된 갑주」, 129~130쪽.
67 　조선유적유물도감편찬위원회, 『조선유적유물도감(6)』, 67쪽, 사진 82·그림 83.

230　고대 동아시아 최대의 충돌, 고구려-수 전쟁

을 갖추었고 못신을 신고 있다는 점에서 기사로 추정된다. 그러므로 중장기병과 직접적인 관련이 없더라도 검토 대상에 포함시키고자 한다.

투구는 소찰주로서 복발과 뿔장식을 갖추었는데, 복발의 경우 원형이 아닌 관모형冠帽形이라는 점에서 이채롭다.[68] 그리고 볼가리개는 소찰들로 이루어져 있다. 갑옷은 찰갑으로서 경갑頸甲, 복갑, 상갑, 대퇴갑, 경갑脛甲 등을 갖추었다. 그런데 소찰의 경우 복갑, 대퇴갑, 경갑脛甲 등은 상방하원형 소찰이 포개진 형태를 이중선으로 표현하여 입체감을 주고 있는 반면,[69] 상갑은 상원하방형 소찰이 단선으로 표현되어 있다는 점에서 부위별 차이를 보이고 있다. 경갑頸甲은 세로방향의 여러 선으로 표현하였다는 점에서 세방형 철판들로 이루어진 것으로 보이는데, 나팔모양으로 벌어져 있고 그 아래에는 수하식이 있다.

3) 무사도에 보이는 중장기병

(1) 지안 마선구1호분

마선구1호분麻線溝1號墳은 지린성 지안시 마선구고분군에 위치하고 있고 널길, 앞방, 이음길, 널방 등으로 이루어진 두방무덤이다(〈자료 5-14〉의 3).[70] 중장기병은 널방 오른쪽 벽의 동면 끝 벽화에서 1기가 확인된다(〈자료 5-18〉).[71]

68 　冠帽形의 覆鉢은 경상남도 합천의 반계제 가A호분에서 출토된 바 있다.
69 　장경숙,「고구려 고분벽화에 묘사된 갑주」, 129쪽.
70 　吉林省博物館輯安考古隊,「吉林輯安麻線溝一號壁畵墓」,『考古』1964-10, 1964, 520~528쪽 ; 조선유적유물도감편찬위원회,『조선유적유물도감(5)』, 236~238쪽.
71 　吉林省博物館輯安考古隊,「吉林輯安麻線溝一號壁畵墓」, 523쪽, 그림 3-2 ; 조선유적유물도감편찬위원회,『조선유적유물도감(5)』5, 238쪽, 그림 296.

기사의 투구는 박락되어 자세히 파악하기가 어렵다. 다만 뿔장식을 포함한 전체적인 형태가 통구12호분에 보이는 기사의 투구와 유사하다는 점에서 소찰주로 추정된다.[72] 갑옷 역시 박락되어 자세히 파악하기 어렵다.

마주는 삼엽형의 챙을 갖추었다. 마갑은 흉갑이 소찰들로 이루어져 있다는 점에서 찰갑으로 볼 수 있다. 경갑頸甲은 박락되어 자세히 파악하기 어렵고 흉갑의 소찰은 상원하방형으로 보이는데, 경갑頸甲과 흉갑의 표현 방식이 다르다는 점에서 분리되었을 가능성을 배제할 수 없다.

〈자료 5-18〉 지안 마선구1호분에 보이는 중장기병
(吉林省博物館輯安考古隊,「吉林輯安麻線溝一號壁畫墓」, 523쪽, 그림 3-2)

(2) 지안 장천1호분

장천1호분長川1號墳은 지린성 지안시 장천고분군長川古墳群에 위치하고 있고 널길, 앞방, 이음길, 널방 등으로 이루어진 두방무덤이다.[73] 중장기병은 앞방 서면의 벽화에서 확인된다고 하는데, 사진이나 도면이 남아 있지 않아 자세히 파악하기는 어렵다.

---

72 성정용,「고구려의 갑주문화」,『고고자료에서 찾은 고구려인의 삶과 문화』, 고구려연구재단, 2006, 69쪽.
73 吉林省文物工作隊·集安縣文物保管所,「集安長川一號壁畫墓」,『東北考古與歷史』1, 1982, 154~173쪽 ; 조선유적유물도감편찬위원회,『조선유적유물도감(6)』, 72~85쪽.

보고서에 따르면 갑옷을 입은 기사가 마갑을 착용한 말을 타고 있는데, 기사는 단지 어깨부분만 남아 있고 말은 머리부분이 보이지 않으며 말의 복부 좌측 근처에 끝이 아래를 향하고 있는 장창이 있다고 한다.[74]

(3) 평양 개마총

〈자료 5-19〉 평양 개마총에 보이는 중장기병(국립중앙박물관 소장건판16074)

개마총은 평양시 삼선구역 로산동에 위치하고 있고, 널길과 널방으로 이루어진 외방무덤이다.[75] 중장기병은 널방 서측 천정고임 제1단의 벽화에서 확인되는데,[76] 갑주를 착용하지 않은 사람 두 명이 개마를 끌

74　吉林省文物工作隊·集安縣文物保管所,「集安長川一號壁畫墓」, 164~166쪽.
75　關野貞,「平壤附近に於ける高句麗時代の墳墓及繪畫」, 412~416쪽 ; 조선유적유물도감편찬위원회, 『조선유적유물도감(6)』, 182~185쪽.

보론 233

고 있으며 그 옆에는 "총주착개마지상冢主着鎧馬之像"이라는 명문이 있다(〈자료 5-19〉).[77]

마주는 삼엽형의 챙을 갖추었다. 마갑은 상원하방형의 소찰들로 이루어진 찰갑으로, 소찰의 정가운데에는 구멍이 있다. 흉갑, 복갑, 고갑만 갖추었을 뿐 경갑頸甲은 보이지 않는데, 이는 경갑頸甲과 흉갑이 분리되었음을 보여준다. 흉갑과 복갑의 연결부분은 사람에 의해 가려져서 일체형인지 아니면 분리되었는지 알 수 없지만 앞서 검토한 사례들을 감안한다면 분리되었을 가능성이 높다. 그리고 고갑은 두 부분으로 이루어져 있는데, 그렇다면 마갑은 경갑頸甲, 흉갑, 복갑, 고갑의 두 부분 등 다섯 부분으로 구성되어 있었다고 볼 수 있다.

한편 기생은 고갑 위에 연결되어 있고 상당히 화려한데, 안장 뒤의 사행상철기에 연결되어 있던 이전의 것과 비교하면 차이가 있다. 그리고 말 복부에서 등자를 명확하게 볼 수 있다.

II. 중장기병의 기원

1. 중장기병의 도입 시점

중장기병에 대해서는 대체로 유목기마민족 사이에서 등장하기 시작하

76　關野貞, 「平壤附近に於ける高句麗時代の墳墓及繪畫」, 414쪽, 그림 251 ; 조선유적유물도감편찬위원회, 『조선유적유물도감(6)』, 183쪽, 그림 242·243 ; 국립중앙박물관 소장건관16074.
77　박진욱, 「3국 시기의 갑옷과 투구」, 17쪽. 한편 關野貞은 "原主着鎧馬之像"(關野貞, 「平壤附近に於ける高句麗時代の墳墓及繪畫」, 413쪽), 『조선유적유물도감』은 "塚主着鎧馬之像"(조선유적유물도감편찬위원회, 『조선유적유물도감(6)』, 182쪽)으로 기록하였다.

였고 이후 중국(후한(後漢))에 유입되었으며 4세기 초반 북방종족이 북중국대륙으로 진출했던 5호胡 16국國시기에는 각 국가마다 주요한 병종으로 자리 잡았다고 보는 것이 일반적이다.[78] 그렇다면 고구려는 언제 중장기병을 도입하였을까? 이와 관련하여 아래의 기사를 주목하기도 한다.

> **A** (동천왕) 20년(246) 가을 8월에 위魏가 유주자사幽州刺史 관구검毋丘儉을 보내 1만 명을 거느리고 현도玄菟로 나와 침범하였다. (동천)왕은 보병과 기병 2만 명을 거느리고 비류수沸流水에서 맞아 싸워 그들을 패배시키고 3천여 명의 머리를 베었다. 또한 군사를 이끌고 다시 양맥의 골짜기梁貊之谷에서 싸워 이기고, 3천여 명을 베거나 사로잡았다. (동천)왕은 여러 장수에게 일컬어 말하기를 "위의 대군이 도리어 우리의 적은 군대보다 못하다. 관구검이란 자는 위의 명장이지만 오늘 (그의) 목숨이 내 손아귀에 있구나"라고 하고, 철기鐵騎 5천을 거느리고 나아가 공격하였다. (이에) (관구)검이 방형의 진을 치고 결사적으로 싸우니, 우리 군대가 크게 궤멸하였고 죽은 자가 1만 8천여 명이었다. (동천)왕은 기병 1천여 기를 거느리고 압록원鴨淥原으로 달아났다.[79]
>
> 『삼국사기』권17 고구려본기5 동천왕 20년 8월

---

[78] 5胡16國시기에 북방종족이 세운 국가의 주요 병종으로 중장기병이 자리 잡은 배경에 대해 우선 북방종족이 뛰어난 기병부대와 제련술을 갖추고 있었다는 점을 들 수 있다(楊泓·于炳文·李力,『中國古代兵器與兵書』, 新華出版社, 1993, 81쪽). 그리고 漢族의 대표적인 투사병기였던 쇠뇌에 대한 대응 필요성을 들 수 있다(篠田耕一, 신동기 역,『무기와 방어구(중국편)』, 들녘, 2001, 422쪽).

[79] 『三國史記』卷17 高句麗本紀5 東川王 20년 8월, "二十年, 秋八月, 魏遣幽州刺史毋丘儉, 將萬人, 出玄菟來侵. 王將步騎二萬人, 逆戰於沸流水上, 敗之, 斬首三千餘級. 又引兵再戰於梁貊之谷, 又敗之, 斬獲三千餘人. 王謂諸將曰, 魏之大兵, 反不如我之小兵. 毋丘儉者, 魏之名將, 今日命在我掌握之中乎, 乃領鐵騎五千. 進而擊之, 儉爲方陣, 決死而戰, 我軍大潰, 死者一萬八千餘人. 王以一千餘騎, 奔鴨淥原."

기사 A는 『삼국사기』 고구려본기高句麗本紀의 기록으로서 고구려 동천왕東川王(재위 227~248년)이 이끄는 군대와 위魏 관구검毌丘儉이 이끄는 군대의 전투 양상을 담고 있다. 기사에 따르면 246년[80] 동천왕은 위 관구검의 군대를 맞이하여 비류수沸流水[81]와 양맥의 골짜기梁貊之谷[82]에서 승리를 거둔 후에 '철기鐵騎 5천'을 거느리고 다시 공격에 나섰다가 크게 패하였다고 하는데, 일부 연구자는 동천왕이 거느렸다는 '철기'를 중장기병으로 간주하면서 고구려의 중장기병 도입 시기를 3세기 중반으로 보았다.[83] 그러나 '철기'라는 용어에는 '정예 기병'이라는 사전적 의미도 지니고 있기 때문에 보다 신중히 접근할 필요가 있다.

중국 사서에서 '철기'라는 용어는 『후한서後漢書』 류우공손찬도겸전劉虞公孫瓚陶謙傳에 처음 등장하는데, 199년에 원소袁紹와 대결했던 공손찬公孫瓚이 '철기 5천'을 거느렸다고 한다.[84] 중국의 경우 175년 '유주幽州와 기주

80　魏 毌丘儉의 군대가 고구려를 침입한 시기에 대해 『三國志』 卷30 魏書30 高句麗 ; 『梁書』 卷54 列傳48 高句驪 ; 『北史』 卷94 列傳82 高句麗 등에는 正始 5년(244년), 『三國志』 卷4 魏書4 三少帝紀 齊王芳과 『資治通鑑』 卷75 魏紀7 邵陵厲公에는 正始 7년(246년)으로 나온다. 또한 『三國志』 卷28 魏書28 毌丘儉에는 正始 연간(240~249년)에 1차 침입 그리고 正始 6년(245년)에 2차 침입을 한 것으로 나오고, 「毌丘儉紀功碑文」에는 正始 5년(244년)에 침입하여 正始 6년(245년)에 귀환한 것으로 나온다.

81　대체로 압록강의 지류인 渾江으로 비정하고 있으나, 富爾江으로 비정하는 견해도 있다(노태돈, 「고구려 초기 천도에 관한 약간의 논의」, 『한국고대사연구』 68, 한국고대사학회, 2012, 29쪽).

82　『三國志』 卷28 魏書28 毌丘儉에는 梁口로 나온다. 梁貊은 梁水에 거주하던 濊貊계 집단인데, 양수는 太子河로 비정된다. 그렇다면 양맥의 골짜기(梁貊之谷) 즉, 양구는 渾江 유역에서 타이즈허강으로 진입하는 입구인 平頂山 일대로 추정된다(여호규, 「고구려 초기 對中戰爭의 전개과정과 그 성격」, 『동북아역사논총』 15, 동북아역사재단, 2007, 43~48쪽).

83　전주농, 「고구려 시기의 무기와 무장(2)」, 『문화유산』 1959-1, 1959 ; 박진욱, 「3국무기의 특성과 그것을 통하여 본 병종 및 전투형식」, 『고고민속논문집』, 1970 ; 사회과학원, 「무기와 무장」, 『고구려문화사』, 논장출판사, 1988 ; 이인철, 「4~5세기 高句麗의 南進經營과 重裝騎兵」 ; 이홍두, 「고구려 전기의 기마전」, 『역사와 실학』 44, 역사실학회, 2011).

84　『後漢書』 卷73 列傳63 劉虞公孫瓚陶謙, "(建安)四年春, 黑山賊帥張燕與續率兵十萬, 三道來救瓚. 未及至, 瓚乃密使行人齎書告續曰, (…中略…) 且厲五千鐵騎於北隰之中, 起火爲應, 吾當自內出, 奮揚威武, 決命於斯. 不然, 吾亡之後, 天下雖廣, 不容汝足矣. 紹候得其書, 如期舉火, 瓚以爲救至, 遂便出戰. 紹設伏, 瓚遂大敗, 復還保中小城." 이 기사를

冀州에서 개마鎧馬가 생산된다'는 채옹蔡邕의 발언이나[85] 188년 후한後漢의 영제靈帝(재위 168~189년)가 군사를 사열하면서 '개마介馬를 타고 군진을 돌았다'는 기록을[86] 볼 때 2세기 후반에 중장기병을 도입하였을 것으로 추정된다. 즉, 중국에서 중장기병이 처음 도입되었을 것으로 추정되는 2세기 후반에 '철기'라는 용어 또한 중국 사서에서 처음 등장하고 있는 것이다. 이를 감안하면 '철기'라는 용어는 처음에 '중장기병'을 가리켰다고 여겨진다.

그렇다면 중장기병을 가리켰던 '철기'가 왜 '정예 기병'이라는 의미를 지니게 되었을까? 2세기 후반~3세기 초반 중국에서 중장기병은 그 보유 수가 병력의 우열을 가늠하는 기준이 되었는데,[87] 이로 볼 때 당시 중장기병은 가장 우수한 병종이었다고 추정된다. 즉, 당시 '철기'라는 용어 속에는 '말에게까지 갑주甲胄를 착용시킨 기병' 이외에 가장 우수한 '정예 기병'이라는 의미까지 담겨 있었다고 볼 수 있는 것이다. 그런데 당唐대 이후부터 중장기병이 쇠퇴함에 따라 전자의 의미는 점차 퇴색하고 '정예 기병'이라는 의미만 남아 전해지면서 그렇게 된 것이 아닐까 싶다.

이와 같이 '철기'라는 용어는 '중장기병'과 '정예 기병'이라는 의미를 동시에 지니고 있는데, 그렇다면 기사 A 즉, 『삼국사기』에 보이는 '철기'는

중국 사서에 보이는 최초의 중장기병 관련 기록으로 파악하기도 한다(이인철, 「4~5세기 고구려의 무기·무장과 중장기병」, 264쪽).

85 『後漢書』卷60下 列傳50下 蔡邕, "(熹平四年) (…中略…) 初, 朝議以州郡相黨, 人情比周, 乃制婚姻之家及兩州人士不得對相監臨. 至是復有三互法, 禁忌轉密, 選用艱難. 幽冀二州, 久缺不補. 邕上疏曰, 伏見幽冀舊壤, 鎧馬所出, 比年兵飢, 漸至空耗."

86 『資治通鑑』卷59 漢紀51 靈帝 中平 5년 10월, "甲子, 帝親出臨軍, 駐大華蓋下, 大將軍進駐小華蓋下. 帝躬擐甲介馬, 稱無上將軍, 行陳三匝而還, 以兵授進."

87 200년 官渡大戰 당시 曹操는 '袁紹가 馬鎧 300具를 가지고 있는 반면 자신은 10구도 안된다'고 하면서 중장기병의 수를 토대로 병력의 열세를 한탄하였다(『太平御覽』卷356 引 『魏武軍策令』).

어떠한 의미에 가깝다고 볼 수 있을까? 고구려 동천왕의 군대와 위 관구검의 군대 간 전투 기록은 『삼국사기』이외에 『삼국지三國志』,[88] 『양서梁書』,[89] 『북사北史』,[90] 『자치통감資治通鑑』[91] 등에서도 볼 수 있는데, 이들 중국 사료에서는 '철기'라는 용어가 나오지 않는다. 즉, 『삼국사기』에만 '철기'라는 용어가 나오는 것이다.

그렇다면 『삼국사기』에 보이는 '철기'에는 『삼국사기』의 찬자가 인식하고 있었던 의미가 담겨 있다고 볼 수 있다. 『삼국사기』가 편찬된 12세기는 이미 중장기병이 쇠퇴한 시기이다. 이를 감안하면 『삼국사기』에 보이는 '철기'는 '중장기병'보다는 '정예 기병'을 의미하였을 가능성이 높다. 그러므로 『삼국사기』에 보이는 '철기'를 '중장기병'이라고 파악하고 그 도입 시기를 3세기 중반으로 보는 견해는 재고할 여지가 있다고 여겨진다.

이와 같이 문헌 자료상에서는 고구려의 중장기병 도입 시점을 파악하기 어렵다. 그렇다면 고고 자료를 통해 유추하는 수밖에 없을 것이다. I장에서 살펴본 고구려의 중장기병과 관련한 유물과 고분벽화 가운데 가장 오래된 것은 우산하992호분에서 출토된 마주이다. 전술하였듯이 우산하992호분의 축조시기를 338년으로 본다면 4세기 초반에 고구려가 중장기병을 도입하였을 가능성이 높다고 여겨진다.

4세기 초반 중국대륙은 5호 16국시기였고 당시 각 국가의 주요 병종은 중장기병이었다. 즉, 4세기 초반 중장기병이 각 국가의 주요 병종으로 자리 잡는 대세 속에서 중장기병의 위력을 확인한[92] 고구려 또한 그러한 대

88 　『三國志』卷4 魏書4 三少帝紀 齊王芳 ; 卷28 魏書28 毋丘儉 ; 卷30 魏書30 高句麗 正始 5년.
89 　『梁書』卷54 列傳82 高句麗 正始 5년.
90 　『北史』卷94 列傳82 高句麗 正始 5~6년.
91 　『資治通鑑』卷75 魏紀7 邵陵厲公 正始 7년.
92 　4세기 초반 고구려가 중장기병의 위력을 확인하였다고 여겨지는 사건으로는 319년 崔毖의 주

세에 편승하여 중장기병을 도입하였다고 볼 수 있는 것이다.

2. 중장기병의 계통

만약 고구려가 4세기 초반에 중장기병을 도입하였다면 과연 어디로부터 도입하였을까? 4세기 초반의 동아시아 국제 정세를 감안한다면 모용선비慕容鮮卑·전연前燕과의 군사적 충돌을 계기로 도입하였을 가능성 그리고 후조後趙와의 군사·외교적 교섭을 통해 도입하였을 가능성이 있다.[93]

고구려 중장기병의 계통을 유추하는 데 있어 우산하992호분에서 출토된 마주를 주목해보고자 한다. 고구려의 중장기병과 관련한 최고最古의 유물이기도 하고, 마주가 시간적 혹은 지역에 따라 그 형태의 차이를 명확하게 보여주고 있기 때문이다. 동북아시아에서 마주는 우산하992호분을 제외하고 한국에서 18점, 중국에서 2점, 일본에서 2점이 출토되었다.

한국에서 출토된 마주를 살펴보면 모두 영남지역에서 출토되었는데, 형태에 따라 크게 A형과 B형 두 유형이 있다. A형은 얼굴덮개부의 상판

선 아래 이루어진 고구려·段鮮卑·宇文鮮卑 연합의 對慕容鮮卑戰과 고구려-慕容鮮卑 전투(『晉書』卷108 載記8 慕容廆; 『資治通鑑』卷91 晉紀13 元帝 太興 2년 12월; 『三國史記』卷17 高句麗本紀5 美川王 20년 12월), 320년 고구려-慕容鮮卑 전투(『晉書』卷108 載記8 慕容廆; 『資治通鑑』卷91 晉紀13 元帝 太興 3년 12월; 『三國史記』卷17 高句麗本紀5 美川王 21년 12월) 등을 들 수 있다.

93 여호규, 「高句麗 中期의 武器體系와 兵種構成」, 63~64쪽. 319년 고구려·段鮮卑·宇文鮮卑 연합의 對慕容鮮卑戰을 계기로 고구려가 段鮮卑나 宇文鮮卑로부터 중장기병을 도입하였을 가능성도 있으나, 당시 연합은 일시적인 것이었고 고구려가 단선비나 우문선비와 화친을 도모했다는 정황이 보이지 않는다는 점에서 희박하다고 여겨진다.

이 분할되어 있고 측판은 곡절曲折되었다. 그리고 안공眼孔은 얼굴덮개부의 상판과 측판, 볼가리개에 걸쳐 있고, 볼가리개는 분할되어 있다(〈자료 5-20〉의 왼쪽). 반면 B형은 얼굴덮개부의 상판이 분할되어 있지 않고 측판은 별도로 제작하여 상판에 부착하였다. 그리고 안공은 얼굴덮개부 측판과 볼가리개에 걸쳐 있다(〈자료 5-20〉의 오른쪽).[94]

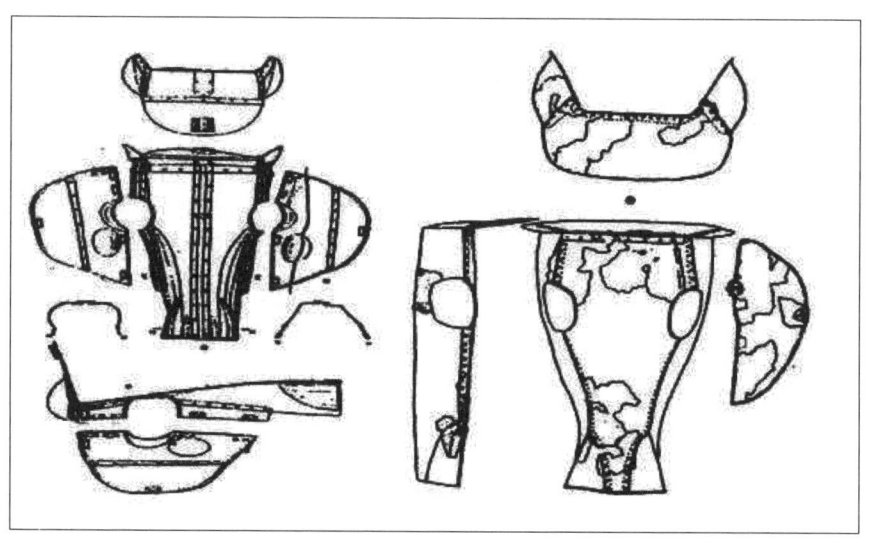

〈자료 5-20〉 영남지역에서 출토된 A형 마주(왼쪽 : 부산 복천동10호분)와 B형 마주(오른쪽 : 합천 옥전23호묘)
(부산대학교박물관, 『동래복천동고분군(Ⅱ)』, 1983, 도면 35 ; 경상대학교 박물관, 『합천옥전고분군 Ⅵ-23·28호분』, 1997, 64쪽)

우산하992호분에서 출토된 마주는 전술하였듯이 얼굴덮개부의 상판은 통철로 이루어져 있고 측판은 별도로 제작하여 얼굴덮개부의 상판에 부착하였다. 영남지역에서 출토된 마주와 비교해 본다면 B형 마주에 가깝다고 볼 수 있을 것이다.

---

94 이상률, 「가야의 馬胄」, 『가야의 대외교섭』, 제5회 가야사 학술회의, 1999.

한편 모용선비·전연의 유적인 랴오닝성遼寧省 차오양朝陽의 십이대향
전창88호분十二臺鄕塼廠88號墳과 베이파오北票의 라마동M17호분喇嘛洞M17號墳
에서도 마주가 출토되었다. 십이대향전창88호분에서 출토된 마주를 살
펴보면 얼굴덮개부 상판은 중앙의 철판을 중심으로 좌우에 각각 2장의
철판을 붙여 제작하였다(〈자료 5-21〉). 얼굴덮개부의 양측에는 반원형의 볼
가리개가 있는데, 상하 3단으로 철판을 이어 붙인 뒤 다시 테두리를 따라
반원형의 철판을 덧대어 제작하였다. 안공은 얼굴덮개부의 상판과 볼가
리개에 형성되어 있다.[95]

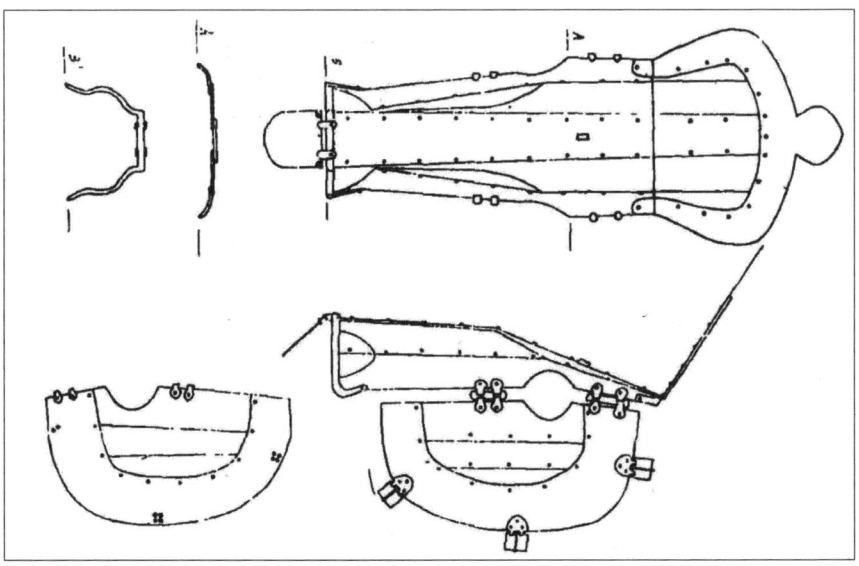

〈자료 5-21〉 랴오닝성 차오양 십이대향전창88호분에서 출토된 마주
    (遼寧省文物考古硏究所 朝陽市博物館,「朝陽十二臺鄕塼廠88M1發掘簡報」,『文物』1997-11, 1997, 24쪽,
    도면 10)

---

95 遼寧省文物考古硏究所·朝陽市博物館,「朝陽十二臺鄕塼廠88M1發掘簡報」,『文物』1997-11,
    1997, 22쪽 ; 이상률,「가야의 馬冑」.

십이대향전창88호분에서 출토된 마주는 얼굴덮개부의 상관이 분할되어 있고 안공이 얼굴덮개부 상관까지 형성되어 있으며 볼가리개가 분할되었다는 점에서 A형 마주에 가깝다고 볼 수 있다.[96] 라마동M17호분에서 출토된 마주는 아직 보고서가 나오지 않아 정확한 형태를 알 수 없다. 하지만 십이대향전창88호분에서 출토된 마주와 같은 유형이라고 한 것으로 보아[97] A형 마주에 가까울 것으로 추정된다.

즉, 우산하992호분과 모용선비·전연의 유적에서 출토된 마주를 비교해 보면 너무나 다른 유형을 보여주고 있는 것이다. 마주가 출토된 우산하992호분은 338년, 십이대향전창88호분은 4세기 중·후반[98]에 축조된 것으로 추정된다. 그렇다면 우산하992호분과 모용선비·전연의 유적에서 출토된 마주의 차이는 시기보다는 계통의 차이로 볼 수 있으므로 서로 간의 관련성은 별로 없다고 여겨진다.

주지하듯이 고구려와 모용선비·전연은 4세기 초반 요동遼東을 두고 319년[99]과 320년[100]에 전투를 벌이는 등 대립관계를 형성하였다. 이러한 양국 관계 속에서 무기·무장으로 국가 차원에서 관리하였을 것으로 추정되는 전마구가 모용선비·전연에서 고구려로 쉽게 유입될 수 있었을지 의문이다. 이상과 같이 우산하992호분과 모용선비·전연의 유적에서 출토된 마주의 유형적 차이 그리고 4세기 초반 고구려와 모용선비·전연의

---

96 이상률, 「가야의 馬冑」.
97 張克擧, 「前燕出土的馬冑及其源流」, 『靑果集』, 1998, 320쪽.
98 강현숙, 「고구려 고분에서 보이는 중국삼연요소의 전개과정에 대하여」, 『한국상고사학보』 51, 한국상고사학회, 127쪽.
99 『晉書』 卷108 載記8 慕容廆 ; 『資治通鑑』 卷91 晉紀13 元帝 太興 2년 12월 ; 『三國史記』 卷17 高句麗本紀5 美川王 20년 12월.
100 『晉書』 卷108 載記8 慕容廆 ; 『資治通鑑』 卷91 晉紀13 元帝 太興 3년 12월 ; 『三國史記』 卷17 高句麗本紀5 美川王 21년 12월.

관계 등을 감안할 때 고구려가 모용선비·전연으로부터 중장기병을 도입하였을 가능성[101]은 다소 희박하다고 여겨진다.[102]

그렇다면 상대적으로 후조로부터 중장기병을 도입하였을 가능성은 어느 정도일까? 일단 후조는 312년 단선비段鮮卑를 격파하면서 개마 5천 필을 얻었고[103] 316년 기담箕澹을 격파하면서 개마 1만 필을 노획하였다[104]는 기록 등을 감안하면 중장기병의 보유에 대해서는 의심의 여지가 없을 거 같다.

후조와 모용선비·전연의 관계를 살펴보면 323년 후조가 모용선비에 사신을 보내 화친을 도모하고자 하였지만 거절당하였고[105] 이후에는 325년[106]과 338년[107]에 전투를 벌이는 등 대립구도를 형성하였다. 반면 후조와 고구려는 330년 고구려가 석륵石勒의 황제 즉위에 맞추어 싸리나무로 만든 화살인 호시楛矢를 보냈고[108] 338년에 후조가 전연을 공격할 때에는 고구려가 후조를 지원하는[109] 등 우호관계를 형성하였다. 이와 같이 고구려와 후조는 '모용선비·전연 견제'라는 공동의 목적 속에서 우호관계를 형성하고 있었는데, 이러한 관계를 토대로 고구려가 4세기 초반 후조로부터 중장기병을 도입하였을 가능성이 모용선비·전연보다는 상대적으로 높다고 여겨진다.

---

101 遼寧省文物考古硏究所,『三燕文物精粹』, 遼寧人民出版社, 2002, 8쪽.
102 고구려와 前燕의 중장기병 관련 유물을 비교하였을 때 세부 기법 등에서 차이를 보이는 이유에 대해 양국이 거의 동시에 중장기병술을 받아들여 독자적으로 도입·발전시켰기 때문이라고 보면서 고구려가 慕容鮮卑·전연으로부터 중장기병술을 도입하였다는 견해를 반박하기도 한다 (전호태,「고구려와 모용선비 삼연의 고분문화」,『동북아역사논총』57, 동북아역사재단, 2017, 12쪽).
103 『資治通鑑』卷88 晉紀10 懷帝 永嘉 6년 12월.
104 『資治通鑑』卷89 晉紀11 愍帝 建興 4년 11월.
105 『資治通鑑』卷92 晉紀14 明帝 太寧 원년 3월.
106 『資治通鑑』卷92 晉紀14 明帝 太寧 3년 2월.
107 『資治通鑑』卷96 晉紀18 成帝 咸康 4년 5월.
108 『三國史記』卷17 高句麗本紀5 美川王 31년.
109 『資治通鑑』卷96 晉紀18 成帝 咸康 4년 5월.

한편 안악3호분의 행렬도에 보이는 중장기병의 마주를 자세히 살펴보면 안공이 볼가리개까지 형성되어 있고, 챙과 볼가리개는 가장자리를 따라 테두리가 둘려져 있는 것처럼 보이는데, 이는 십이대향전창88호분에서 출토된 마주와 상당히 유사하다.[110] 즉, 4세기 중반에는 모용선비・전연 계통의 전마구가 고구려로 유입되었을 가능성이 높은 것이다.[111]

그렇다면 어떠한 계기로 모용선비・전연 계통의 전마구가 고구려로 유입되었을까? 먼저 336년 모용황慕容皝(재위 337~348년)에 반발하여 모용인慕容仁이 일으킨 난에 가담하였다가 고구려로 도망 온 곽충郭充과 동수冬壽[112] 그리고 338년 후조가 전연을 공격할 때 후조와 내통하다가 고구려로 도망 온 봉추封抽와 송황宋晃[113] 등 전연계 인물들의 망명을 들 수 있다. 4세기 중반 전연의 내분 속에서 고구려로 망명한 전연계 인물들이 고위 관리이거나 군대 소속이었던 만큼 전마구 도입에도 직・간접적으로 영향을 미쳤을 가능성이 높다는 것이다.

다음으로 342년 고구려와 전연의 전쟁을 들 수 있다.[114] 전쟁 중에 지식・기술의 습득 측면에서 이루어지는 인적 약탈을 통해[115] 전연의 전마구가 도입되었을 가능성이 있다는 것이다. 이외에 355년 조공-책봉에 의

---

110 이상률, 「가야의 馬冑」.
111 안악3호분의 피장자에 대해서 대체로 前燕에서 고구려로 망명한 冬壽로 추정하고 있는데, 그렇다면 벽화의 내용이 전연의 양상을 보여주는 것인지 아니면 고구려가 전연의 문물을 수용한 양상이 반영되어 있는 것인지 논란의 여지가 있다. 다만 동수가 고구려와 전연의 관련 속에서 황해도 안악지역에 정착하였을 것이라는 점을 감안하면(김미경, 「高句麗의 樂浪・帶方地域 進出과 그 支配形態」, 『學林』 17, 연세사학연구회, 1996 ; 여호규, 「4세기 高句麗의 樂浪・帶方 경영과 中國系 亡命人의 정체성 인식」, 『한국고대사연구』 53, 한국고대사학회, 2009) 후자일 가능성이 높다고 여겨진다.
112 『資治通鑑』 卷95 晉紀17 成帝 咸康 2년 춘정월.
113 『資治通鑑』 卷96 晉紀18 成帝 咸康 4년 5월.
114 『晉書』 卷109 載記9 慕容皝 ; 『資治通鑑』 卷97 晉紀19 成帝 咸康 8년 10월 ; 『三國史記』 卷18 高句麗本紀6 故國原王 12년 11월.
115 전호태, 「고구려와 모용선비 삼연의 고분문화」, 19쪽.

한 양국의 우호적인 관계 속에서[116] 전연의 전마구가 고구려에 도입되었을 가능성도 있으나, 오랜 기간 대립관계에 있었던 만큼 군사와 관련한 기술의 유입은 여전히 제한적이었을 것이라고 여겨진다는 점에서[117] 그 가능성은 적다고 생각된다.

III. 중장기병의 시기별 모습과 변화

II장에서 고구려가 4세기 초반에 후조로부터 중장기병을 도입하였고 4세기 중반에는 모용선비·전연 계통의 전마구도 유입되었을 것으로 추정하였는데, 도입 이후 어떠한 특징과 변화를 보여주었을까? 현재로서는 중장기병이 그려져 있는 고분벽화를 참고할 수밖에 없는데, 본 장에서는 I장에서 검토한 고분벽화를 토대로 고구려 중장기병의 지역적·시기적 특징과 변화 양상을 살펴보고자 한다.[118]

1. 지역별 특징과 변화 양상

중장기병이 확인되는 벽화고분은 지역별로 크게 지린성 지안지역과 평양지역으로 나눌 수 있다. 지안지역에 위치한 벽화고분으로는 마선구

---

116 『晉書』卷109 載記9 慕容翰 ; 『資治通鑑』卷100 晉紀22 穆帝 永和 11년 12월 ; 『三國史記』卷18 高句麗本紀6 故國原王 25년 12월.
117 전호태, 「고구려와 모용선비 삼연의 고분문화」, 19쪽.
118 각 부분별로 정확하게 파악하기 어려운 중장기병의 경우 검토 대상에서 제외하였다.

1호분, 통구12호분, 삼실총, 장천1호분 등이 있다. 그리고 평양지역에 위치한 벽화고분으로는 안악3호분, 태성리1호분, 덕흥리벽화고분, 약수리벽화고분, 동암리벽화고분, 대안리1호분, 팔청리벽화고분, 쌍영총, 개마총 등이 있다.[119]

먼저 지안지역 고분벽화의 중장기병을 살펴보면 기사의 투구는 마선구1호분, 통구12호분, 삼실총 등이 소찰주이다. 그리고 관모형 복발에 간주가 없는 삼실총 2실의 서벽 무사를 제외하고 기본적으로 원형 복발, 간주, 뿔장식 등을 갖추었으며 볼가리개는 소찰들로 이루어져 있다. 기사의 갑옷은 통구12호분과 삼실총 등이 찰갑으로, 소찰의 형태는 통구12호분이 방형, 삼실총은 방형과 상방하원형이다. 그리고 경갑頸甲은 세방형의 철판들로 이루어져 있으며 그 아래로 수하식이 있다.

마주는 마선구1호분, 통구12호분, 삼실총 등이 삼엽형의 챙을 갖추었다. 마갑은 마선구1호분, 통구12호분, 삼실총 등이 찰갑으로, 소찰의 형태는 마선구1호분과 통구12호분이 상원하방형, 삼실총은 상방하원형이다. 그리고 통구12호분과 삼실총은 경갑頸甲·흉갑, 복갑, 고갑 등 세 부분으로 구성되어 있다.

지안지역 고분벽화의 중장기병을 종합해보면 기사의 투구는 모두 뿔장식을 갖춘 소찰주이고 볼가리개는 소찰들로 이루어져 있다. 갑옷은 방형 혹은 상방하원형의 소찰들로 이루어진 찰갑이고, 경갑頸甲은 세방형의 철판들로 이루어져 있다. 마주는 삼엽형의 챙을 갖추었다. 마갑은 상원하방형 혹은 상방하원형의 소찰들로 이루어진 찰갑으로 경갑頸甲·흉갑, 복갑, 고갑 등 세 부분으로 구성되어 있다. 전체적으로 지안지역 고분벽화의 중

---

119 안악의 안악2호분과 연탄 송죽리벽화고분의 벽화에 중장기병이 그려져 있을 가능성이 있으나, 좀 더 자세한 검토가 필요하므로 본고에서는 제외하였다.

장기병은 서로 간에 차이점보다는 공통점이 뚜렷하다고 볼 수 있다.

다음으로 평양지역 고분벽화의 중장기병을 살펴보면 기사의 투구는 안악3호분, 약수리벽화고분, 동암리벽화고분, 팔청리벽화고분, 쌍영총 등이 종장판주 혹은 만곡종장판주인데, 벽화가 박락되어 파악하기 어려운 팔청리벽화고분을 제외하고 모두 원형의 복발과 간주를 갖추었고, 동암리벽화고분과 쌍영총은 뿔장식도 갖추었다. 볼가리개는 안악3호분과 팔청리벽화고분이 소찰들로 이루어진 반면, 쌍영총은 세방형의 철판들로 이루어져 있다. 기사 갑옷의 경우 그 유형을 파악하기 어려운 덕흥리벽화고분을 제외하고 안악3호분, 대안리1호분, 팔청리벽화고분, 쌍영총 모두 찰갑이다. 소찰의 형태는 안악3호분이 상원하방형과 상방하원형, 대안리1호분과 팔청리벽화고분은 상방하원형, 쌍영총은 방형이다. 그리고 경갑頸甲은 안악3호분이 세방형의 철판들, 그리고 쌍영총은 방형의 소찰들로 이루어져 있다. 수하식의 경우 평양지역 고분벽화의 중장기병에서는 확인되지 않는다.

마주는 안악3호분과 약수리벽화고분이 반원형, 쌍영총과 개마총은 삼엽형의 챙을 갖추었고, 덕흥리벽화고분은 반원형과 삼엽형의 과도기적 챙을 갖추고 있다. 마갑은 안악3호분, 태성리1호분, 덕흥리벽화고분, 약수리벽화고분, 동암리벽화고분, 대안리1호분, 팔청리벽화고분, 쌍영총, 개마총 모두 찰갑이고, 안악3호분과 약수리벽화고분에서는 일부 혁갑이 보이기도 한다. 소찰의 형태는 안악3호분, 덕흥리벽화고분, 쌍영총, 개마총 등이 상원하방형이고 약수리벽화고분, 대안리1호분, 팔청리벽화고분 등은 상방하원형이다. 그리고 덕흥리벽화고분은 일체형, 안악3호분은 경갑頸甲·흉갑·복갑, 고갑 등 두 부분, 쌍영총은 경갑頸甲·흉갑, 복갑, 고갑의 두 부분 등 네 부분, 그리고 개마총은 경갑頸甲, 흉갑, 복갑, 고갑의 두 부분 등 다섯 부분으로 구성되어 있다.

평양지역 고분벽화의 중장기병을 종합해보면 기사의 투구는 종장판주나 만곡종장판주이고 일부는 뿔장식이 있다. 그리고 볼가리개는 소찰들 혹은 세방형 철판들로 이루어져 있다. 갑옷은 정확한 유형을 판별하기 어려운 사례를 제외하면 모두 찰갑이고, 소찰 형태로는 상원하방형, 상방하원형, 방형 등이 있다. 그리고 경갑頸甲은 세방형 철판들 혹은 방형의 소찰들로 이루어져 있다.

마주는 삼엽형 혹은 반원형의 챙을 갖추었다. 마갑은 상원하방형과 상방하원형의 소찰들로 이루어진 찰갑 이외에 혁갑도 보인다. 그리고 마갑 구성은 일체형, 경갑頸甲·흉갑·복갑, 고갑 등 두 부분, 경갑頸甲·흉갑, 복갑, 고갑의 두 부분 등 네 부분, 경갑頸甲, 흉갑, 복갑, 고갑의 두 부분 등 다섯 부분으로 다양하게 나타난다. 전체적으로 평양지역 고분벽화의 중장기병은 서로 간에 차이점을 보이면서 그 형태가 다양하게 나타난다.

지안지역과 평양지역 고분벽화의 중장기병을 비교해 보았을 때 명확한 차이를 보이고 있는 것은 투구이다. 지안지역에서는 소찰주만 보이는 반면, 평양지역은 종장판주나 만곡종장판주만 보이는 것이다. 그렇기 때문에 지안지역은 소찰주 위주, 평양지역은 종장판주 위주로 투구를 제작하였다는 지역적 차이가 제기되었다.[120] 하지만 지안지역에 위치한 마선구2100호분과 태왕릉[121] 그리고 우산하3319호분禹山下3319號墳[122]에서 "S"

---

120 송계현, 「우리나라 甲胄의 變化」, 『古代戰士특별전도록』, 부산복천박물관, 120쪽. 한편 集安 지역의 小札胄는 중국 戰國時代의 소찰주와 그 맥락이 닿아 제작된 것이고 평양지역의 縱長板胄나 彎曲縱長板胄는 漢代 이래 동북아시아에서 널리 유행하면서 제작된 것이라는 견해가 제시되기도 하였다(정용조, 「고구려의 갑주문화」, 87~89쪽).

121 송계현, 「환인과 집안의 고구려갑주」, 174~175쪽. 集安의 麻線溝2100號墳과 太王陵에서 출토된 彎曲縱長板胄 長札의 모습은 본서 3부의 〈자료 3-3〉을 참고하기 바란다.

122 吉林省文物考古研究所·集安市博物館, 「洞溝古墳群禹山墓區JYM3319號墓發掘報告」, 『吉林集安高句麗墓葬報告集』, 科學出版社, 2009, 264·267쪽.

자형을 이루며 하단부가 꺾여 있는 상원하방형의 만곡종장판주 장찰長札이 출토되었기 때문에 지역적인 차이를 지적하는 것은 무의미하다고 볼 수 있다.[123] 한편 수하식도 지안지역 고분벽화의 중장기병에서만 확인되지만 평양지역에 위치한 안악2호분의 널방에 그려져 있는 문지기에서 볼 수 있다는 점에서 지역적인 차이를 지적할 수 없다.

투구 이외에 또 다른 차이점들을 살펴보면, 기사 갑옷의 경우 지안지역은 방형이나 상방하원형의 소찰들로 이루어진 찰갑이 나타나지만 평양지역은 방형이나 상방하원형 이외에 상원하방형의 소찰들로 이루어진 찰갑도 확인된다. 그리고 마주에 있어 지안지역은 삼엽형의 챙만 나타나지단 평양지역은 삼엽형 이외에 반원형의 챙도 확인된다. 또한 마갑의 경우 지안지역은 세 부분으로 구성되어 있지만 평양지역은 일체형, 두 부분, 네 부분, 다섯 부분 등으로 구성되어 있다.

지안지역 고분벽화에 보이는 중장기병의 모습은 평양지역 고분벽화에서도 확인할 수 있다. 그리고 전술하였듯이 지안지역 고분벽화의 중장기병은 서로 간에 공통점이 많은 반면 평양지역 고분벽화의 중장기병은 서로 간에 많은 차이점이 있다. 이와 같은 특징을 보이는 이유는 지안지역의 벽화고분이 모두 5세기 대에 축조된 반면 평양지역의 벽화고분은 4~6세기에 걸쳐 축조되면서 보다 긴 시간대의 모습을 보여주고 있기 때문이라고 여겨진다. 그러므로 고구려 고분벽화에 보이는 중장기병의 차이에 대해서는 지역이 아닌 시간의 흐름이나 또 다른 가능성 속에서 보아야 할 것이다.

---

123 송계현, 「환인과 집안의 고구려갑주」, 178쪽.

2. 시기별 특징과 변화 양상

중장기병이 확인되는 벽화고분 가운데 357년에 축조된 안악3호분과 408년에 축조된 덕흥리벽화고분을 제외하면 그 축조시기에 대해 견해가 분분한데, 태성리1호분은 4세기 후반, 팔청리벽화고분, 동암리벽화고분, 약수리벽화고분 등은 5세기 초반, 마선구1호분, 통구12호분, 삼실총, 대안리1호분, 장천1호분 등은 5세기 중반, 쌍영총은 5세기 후반, 개마총은 6세기 초반으로 추정된다.[124] 위의 편년안을 토대로 고구려 중장기병의 시기별 특징과 변화 양상을 살펴보고자 한다.

1) 기사의 투구와 갑옷

먼저 투구의 유형을 살펴보면 안악3호분, 팔청리벽화고분, 약수리벽화고분 등에서는 종장판주가 확인된다. 그리고 마선구1호분, 통구12호분, 삼실총 등에서는 소찰주, 동암리벽화고분과 쌍영총에서는 만곡종장판주가 확인된다. 벽화상으로만 본다면 4세기 중반에 종장판주, 5세기 초반에 만곡종장판주, 5세기 중반에 소찰주가 등장하였다고 파악할 수 있다. 하지만 전술하였듯이 축조시기가 4세기 후반으로 추정되는 마선구2100호분과 태왕릉에서 만곡종장판주로 보이는 장찰이 출토되었다. 이를 감안하면 4세기 중·후반에 종장판주와 만곡종장판주, 그리고 5세기 중반에 소찰주가 등장한 것으로 추정된다.

한편 투구의 뿔장식은 안악3호분, 약수리벽화고분, 덕흥리벽화고분 등

---

124 벽화고분의 축조시기에 대해서는 전호태의 견해를 참고하였다(전호태, 『고구려고분벽화연구』, 417~419쪽).

에서는 확인되지만 동암리벽화고분, 마선구1호분, 통구12호분, 삼실총, 쌍영총 등에서는 보이지 않는다. 그래서 5세기 중반 이후 투구에 뿔장식이 부가되었다는 견해가 제시되었는데,[125] 동암리벽화고분에 보이는 만곡종장판주에서 뿔장식이 확인된다는 점을 감안하면 뿔장식은 5세기 초반경부터 투구에 부가되기 시작하였고 5세기 중반에 새로운 투구 유형인 소찰주가 등장한 후에도 계속 부가된 것으로 볼 수 있다.[126] 그리고 볼가리개는 세방형의 철판들로 이루어진 쌍영총을 제외하고 모두 소찰들로 이루어졌다.

다음으로 갑옷을 살펴보면 경갑頸甲의 변화 양상이 두드러지는데 안악3호분, 통구12호분, 삼실총 2실의 서벽 무사는 세방형의 철판들로 이루어진 반면 쌍영총은 방형의 소찰들로 이루어졌다. 갑옷의 유형은 덕흥리벽화고분을 제외하면 모두 찰갑으로 소찰의 형태는 안악3호분이 상방하원형과 상원하방형, 팔청리벽화고분, 대안리1호분, 삼실총 등은 상방하원형, 통구12호분, 삼실총, 쌍영총 등은 방형이다. 벽화상으로만 보면 4세기 중반에는 주로 상원하방형의 소찰이 보이다가, 5세기 중반에는 상방하원형의 소찰, 5세기 중·후반에는 방형의 소찰이 나타났다고 파악할 수 있다. 즉, 고구려에서 5세기 중반에 소찰의 변화가 있었다고 볼 수 있는 것이다.

한편 고구려시기에 제작된 소찰은 랴오닝성 환런桓仁 오녀산성五女山城과 고검지산성高儉地山城, 선양瀋陽 석대자산성石臺子山城, 푸순撫順 고이산성高爾山城과 철배산성鐵背山城, 가이저우蓋州 고려성산성高麗城山城, 덩타燈塔 백

---

125 송계현, 「환인과 집안의 고구려갑주」, 174~178쪽.
126 通溝12號墳과 三室塚 등에 보이는 투구의 뿔장식은 쭉 뻗어있는 형태인 반면 쌍영총에 보이는 투구의 뿔장식은 상대적으로 짧고 휘어져 있는데, 이로 볼 때 시간의 흐름에 따라 뿔장식도 변화를 겪었던 것으로 추정된다.

암성白巖城, 신빈新賓 하서촌고성河西村古城과 오룡산성五龍山城, 콴뎬寬甸 호산산성虎山山城, 지린성 류허柳河 나통산성羅通山城 그리고 남한에 위치한 보루 등의 성곽에서 출토되었다. 또한 지안 천추묘, 마선구2100호분, 만보정242호분萬寶汀242號墳, 산성하전창1호분山城下塼廠1號墳, 산성하전창145호분山城下塼廠145號墳, 산성하전창159호분山城下塼廠159號墳, 태왕릉, 우산하1041호분禹山下1041號墳, 우산하3319호분, 칠성산211호분七星山211號墳, 칠성산871호분七星山871號墳 등의 고분에서도 출토되었다.

이 가운데 축조시기를 추정할 수 있는 유적에서 출토된 소찰을 살펴보면[127] 축조시기가 4세기 이전으로 추정되는 산성하전창1호분(〈자료 5-22〉),[128] 산성하전창145호분(〈자료 5-23〉),[129] 산성하전창159호분(〈자료 5-24〉),[130] 만보정242호분[131] 등에서는 주로 상방하원형이 나타난다. 그리고 4세기대로 추정되는 우산하3319호분(〈자료 5-25〉),[132] 마선구2100호분(〈자료 5-26〉),[133] 천추묘(〈자료 5-27〉),[134] 태왕릉(〈자료 5-28〉)[135] 등에서도 주로 상방하원형이 나타난다.

---

127 七星山211號墳과 七星山871號墳은 축조시기를 추론할 수 있으나, 출토된 小札의 형태를 명확하게 파악할 수 없기 때문에 검토대상에서 제외하였다.
128 吉林省文物考古硏究所·集安市博物館, 「集安JSZM0001號墓淸理報告」, 『吉林集安高句麗墓葬報告集』, 科學出版社, 2009, 282~284쪽.
129 吉林省文物考古硏究所·集安市博物館, 「集安JSZM145號墓調査報告」, 『吉林集安高句麗墓葬報告集』, 科學出版社, 2009, 288~291쪽.
130 集安縣文物保管所, 「集安高句麗墓葬發掘簡報」, 『考古』 1983-4, 1983, 306쪽.
131 吉林集安縣文管所, 「集安萬寶汀墓區242號古墳淸理簡報」, 『考古與文物』 1982-6, 1982, 19쪽.
132 吉林省文物考古硏究所·集安市博物館, 「洞溝古墳群禹山墓區JYM3319號墓發掘報告」, 263~264쪽.
133 吉林省文物考古硏究所·集安市博物館, 『集安高句麗王陵』, 148~161쪽.
134 吉林省文物考古硏究所·集安市博物館, 『集安高句麗王陵』, 184쪽.
135 吉林省文物考古硏究所·集安市博物館, 『集安高句麗王陵』, 276~283쪽.

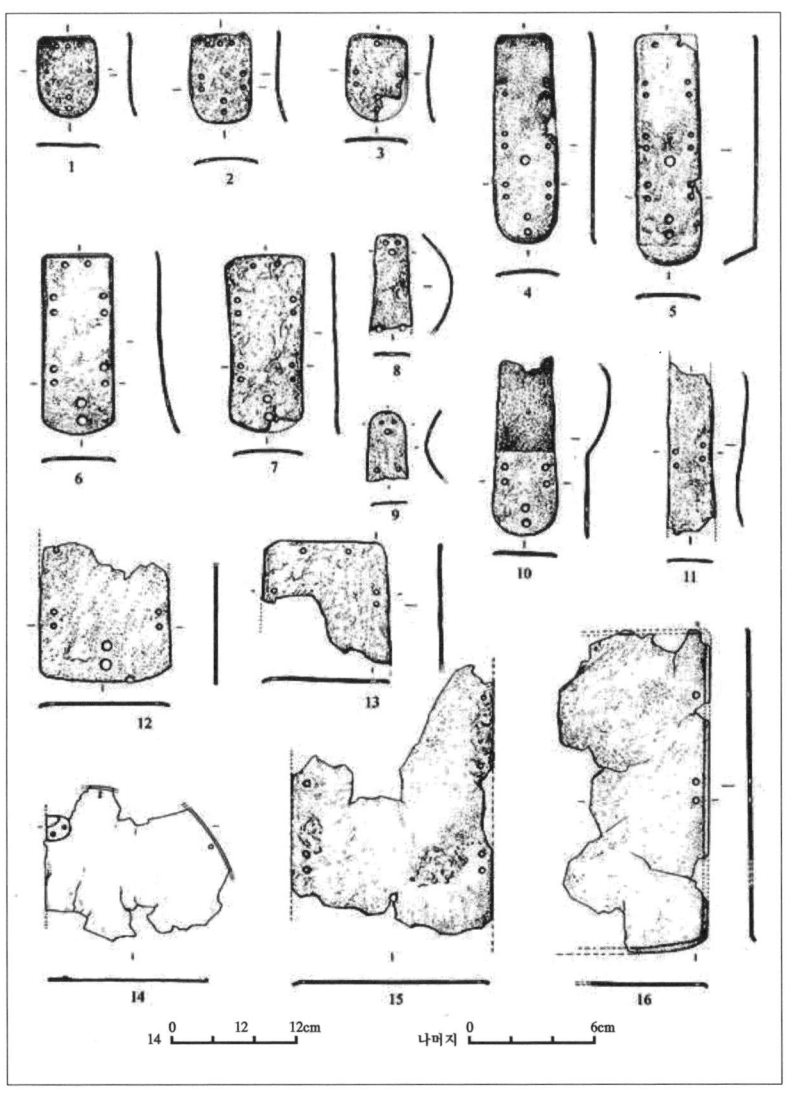

〈자료 5-22〉 지안 산성하전창1호분에서 출토된 소찰
(吉林省文物考古硏究所·集安市博物館,「集安JSZM0001號墓淸理報告」,『吉林集安高句麗 墓葬報告集』, 科學出版社, 2009, 283쪽, 도면 5)

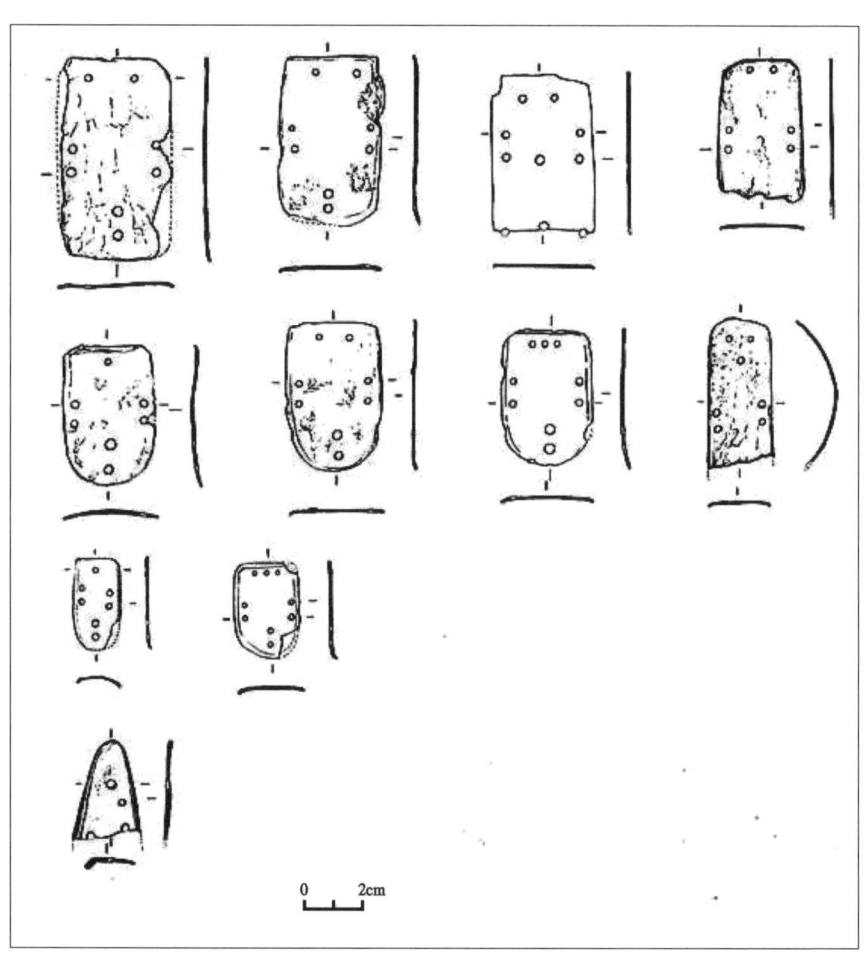

〈자료 5-23〉 지안 산성하전창145호분에서 출토된 소찰
(吉林省文物考古研究所·集安市博物館, 「集安JSZM145號墓調査報告」, 『吉林集安高句麗墓葬報告集』, 科學出版社, 2009, 290쪽, 도면 4)

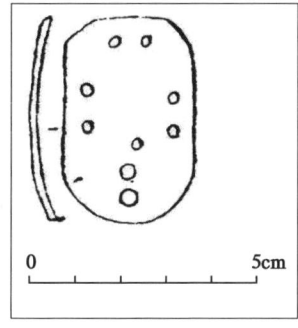

〈자료 5-24〉 지안 산성하전창159호분에서 출토된 소찰
(集安縣文物保管所, 「集安高句麗墓葬發掘簡報」, 『考古』 1983-4, 1983, 306쪽, 도면 9)

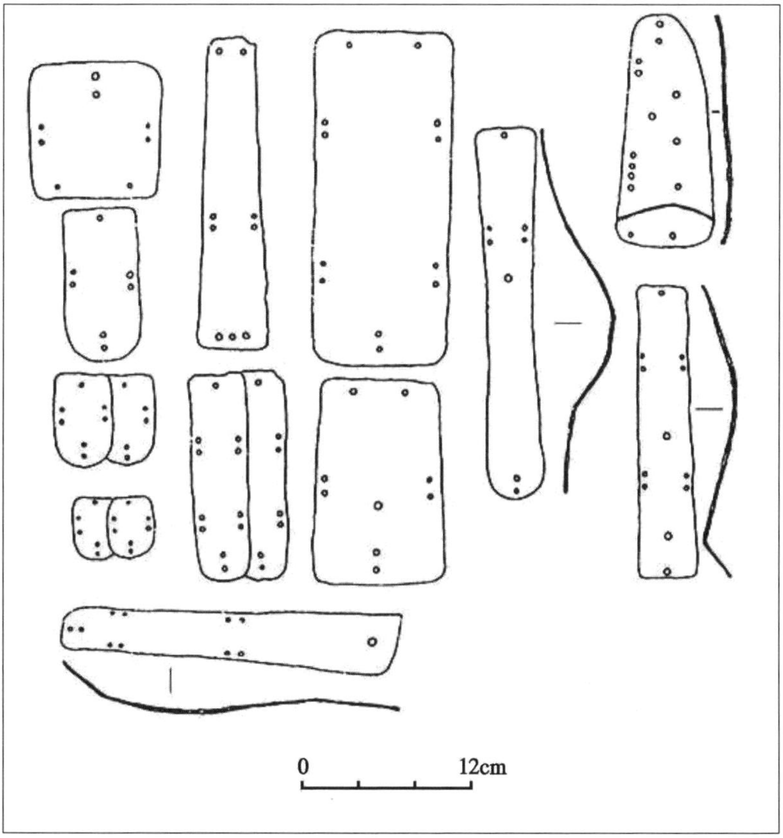

〈자료 5-25〉 지안 우산하3319호분에서 출토된 소찰
(吉林省文物考古研究所·集安市博物館, 「洞溝古墳群禹山墓區JYM3319號墓發掘報告」, 『吉林集安高句麗墓葬報告集』, 科學出版社, 2009, 264쪽, 도면 6)

보론 255

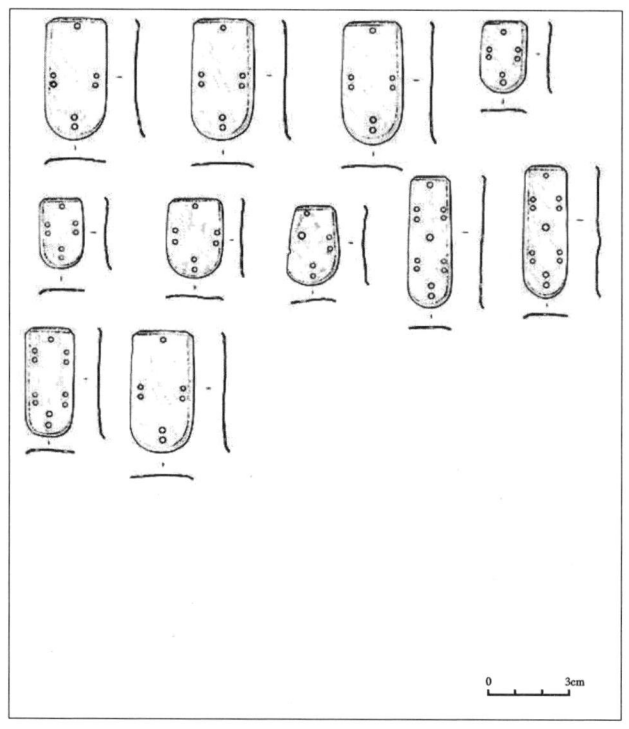

〈자료 5-26〉 지안 마선구2100호분에서 출토된 소찰
(吉林省文物考古硏究所·集安市博物館, 『集安高句麗王陵』, 文物出版社, 2004, 150쪽, 도면 120)

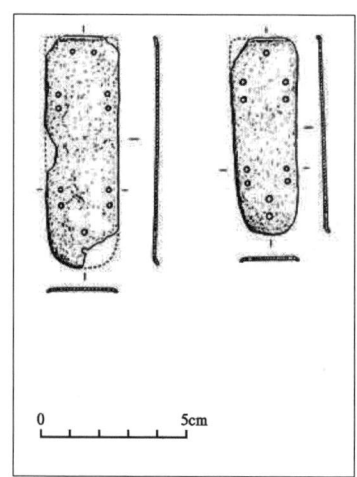

〈자료 5-27〉 지안 천추묘에서 출토된 소찰
(吉林省文物考古硏究所·集安市博物館, 『集安高句麗王陵』, 文物出版社, 2004, 185쪽, 도면 148)

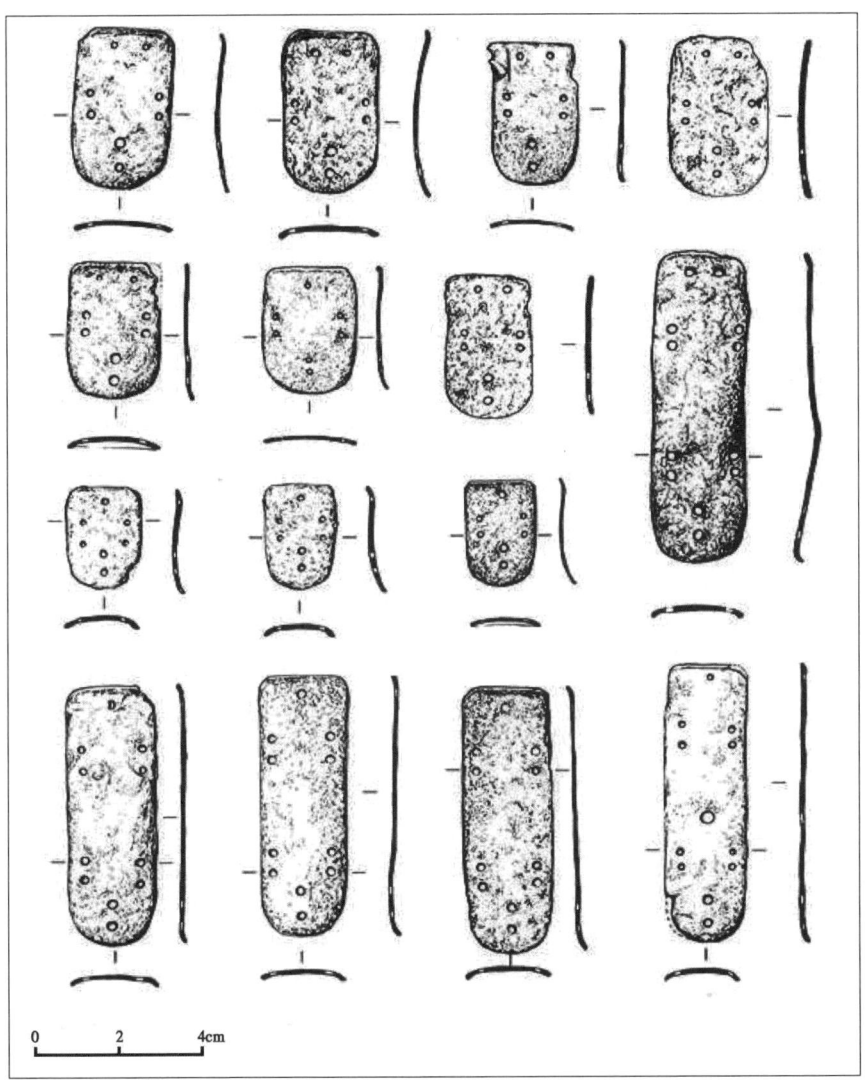

〈자료 5-28〉 지안 태왕릉에서 출토된 소찰
(吉林省文物考古研究所·集安市博物館, 『集安高句麗王陵』, 文物出版社, 2004, 280쪽, 도면 213)

보론 257

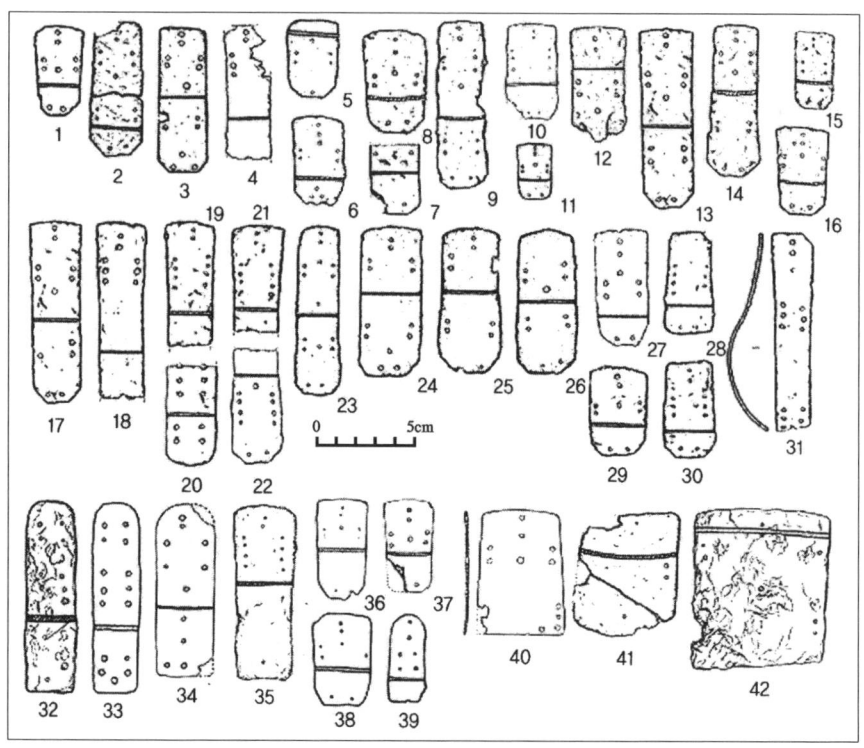

〈자료 5-29〉 환런 오녀산성에서 출토된 소찰
(송계현, 「환인과 집안의 고구려갑주」, 『북방사논총』 3, 고구려연구재단, 2005, 180쪽, 그림 7)

    그런데 오녀산성 4기 문화층에서는 상방하원형 이외에 상부직선형의 소찰도 확인된다(〈자료 5-29〉).[136] 오녀산성 4기 문화층의 편년에 대해서 발굴자는 4세기 말~5세기 초반으로 추정하고 있다.[137] 하지만 소찰과 함께 출토된 허리띠고리가 마선구1호분에서 출토된 것과 유사하다는 점을 감안하면[138] 5세기 중반까지 내려볼 여지가 있다. 또한 5세기 중반에 축조된

---

136 송계현, 「환인과 집안의 고구려갑주」, 180쪽.
137 遼寧省文物考古硏究所, 『五女山城-1996~1999, 2003年 桓仁五女山城調査發掘報告』, 文物出版社, 2004, 287~289쪽.
138 遼寧省文物考古硏究所, 『五女山城-1996~1999, 2003年 桓仁五女山城調査發掘報告』, 289쪽.

것으로 추정되는[139] 우산하1041호분에서 상단이 직선이고 모서리를 잘라내
거나 혹은 삼각형으로 재단한 소찰들이 출토되었다(〈자료 5-30〉).[140] 이와 같이
실제 출토된 소찰들을 참고해 보면 5세기 중반 경에 고구려에서 소찰의 변
화가 있었을 가능성은 더욱 높다고 하겠다.[141]

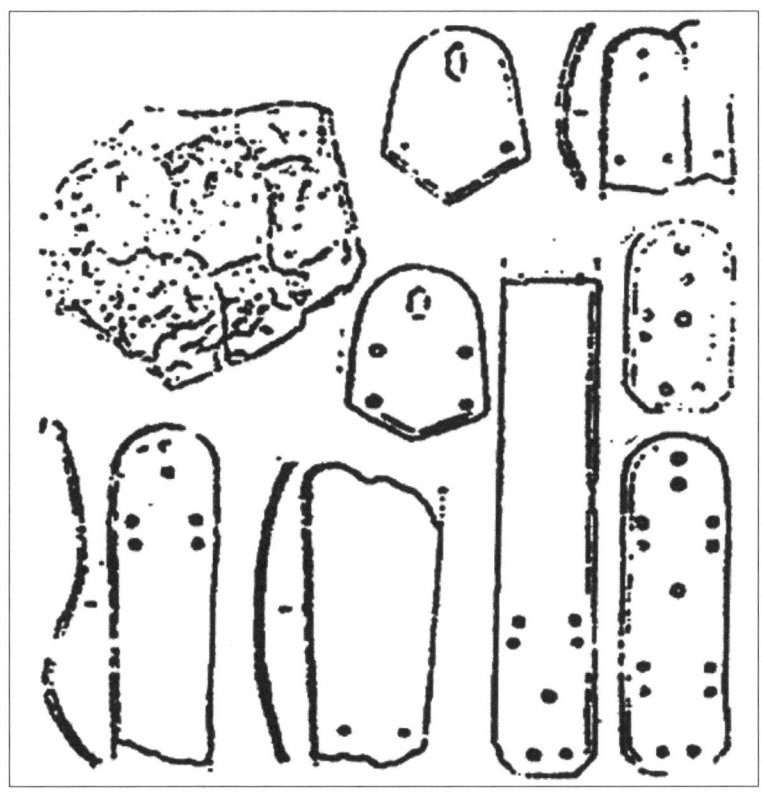

〈자료 5-30〉 지안 우산하1041호분에서 출토된 소찰
(吉林省博物館文物工作隊, 「吉林集安的兩座高句麗墓」, 『考古』 1977-2, 1977, 128쪽, 도면 10)

---

139 전호태, 『고구려고분벽화연구』, 417쪽.
140 吉林省博物館文物工作隊, 「吉林集安的兩座高句麗墓」, 『考古』 1977-2, 1977, 128~129쪽.
141 五女山城 4기 문화층의 편년을 6세기대로 비정하면서 5세기 후반에 小札의 변화가 있었다고
    보기도 한다(송계현, 「환인과 집안의 고구려갑주」, 179~180쪽).

보론 259

수하식은 통구12호분과 삼실총에서 확인할 수 있다는 점에서 5세기 중반에 등장하였던 것으로 추정된다.[142] 한편 행렬도 상에서 중장기병은 다수 등장하고 행렬의 주인공, 즉 피장자를 수행하는 역할을 맡고 있다. 반면 전투도, 공성도, 무사도 등에서는 대체로 1기만 확인되고 전투 장면 속에 등장하는 등 그 활약상이 두드러진다. 이로 볼 때 전투도, 공성도, 무사도 등에 보이는 중장기병은 피장자의 생전 모습일 가능성이 높다고 여겨지는데, 개마총에 보이는 "총주착개마지상"이라는 명문은 실제로 이를 시사한다. 그런데 수하식은 피장자의 생전 모습으로 보이는 공성도, 전투도, 무사도 등의 중장기병에서만 확인되고 피장자의 수행원으로 추정되는 행렬도의 중장기병에서는 확인되지 않는다. 이를 감안하면 수하식은 고위관의 지위와 위엄을 드러내는 기능을 하였고[143] 중장기병 내에서도 직급의 차이가 존재하고 있음을 추정할 수 있겠다.

2) 마주와 마갑

마주와 관련하여 주목되는 부분은 챙이다. 안악3호분과 약수리벽화고분에서는 반원형의 챙이 확인된다. 반면 마선구1호분, 통구12호분, 삼실총, 쌍영총, 개마총 등에서는 삼엽형의 챙이 확인된다. 벽화상으로만 본다면 4세기 중반에 반원형, 5세기 초반에 삼엽형의 챙이 등장하였다고 파악할 수 있다. 하지만 축조시기가 338년으로 추정되는 우산하992호분

---

142 축조시기가 5세기 초반으로 추정되는 연탄 송죽리벽화고분에 안악2호분의 문지기와 유사한 무사가 그려져 있는데, 垂下飾이 보이지 않는다. 이는 수하식이 5세기 중반에 등장하였음을 뒷받침하는 근거라고 볼 수 있다(조희승, 「황해북도 연탄군 송죽리 고구려벽화무덤의 력사지리적 환경과 피장자문제에 대하여」, 『북한의 최근 고구려사 연구』, 고구려연구재단, 2004, 245~263쪽).
143 전주농, 「고구려 시기의 무기와 무장(2)」, 14쪽. 반면 垂下飾이 갑옷의 着脫을 돕는 기능을 하였을 것으로 추정하는 견해도 있다(이강칠, 『한국의 갑주』, 문화공보부 문화재관리국, 1987, 13쪽).

에서 삼엽형의 챙을 갖춘 것으로 보이는 마주가 출토되었다. 그렇다면 반원형 챙과 삼엽형 챙 사이의 시간적 차이는 거의 없다고 여겨진다.

삼엽형의 챙은 우산하992호분 그리고 고분벽화 속에서는 전투도, 공성도, 무사도 등에서 확인된다. 반면 반원형의 챙은 행렬도에서만 확인된다. 전술하였듯이 우산하992호분의 피장자는 고위 귀족으로 추정된다. 그리고 전투도, 공성도, 무사도에 보이는 중장기병은 생전의 피장자, 행렬도에 보이는 중장기병은 피장자의 수행원일 가능성이 높다고 여겨지는데, 이를 감안하면 챙의 차이는 곧 기사의 지위 및 직급 차이였다고 볼 수 있다. 즉, 삼엽형의 챙을 갖추고 있는 중장기병이 반원형의 챙을 갖추고 있는 중장기병보다 상대적으로 지위 및 직급이 높다고 여겨지는 것이다.[144]

다음으로 마갑을 살펴보면 중장기병이 그려져 있는 모든 고분벽화에서 찰갑이 확인된다. 다만 안악3호분과 약수리벽화고분의 행렬도에서 찰갑과 함께 혁갑이 확인되는데, 그 수의 비율은 1:1이다. 혁갑은 축조 시기가 5세기 초반으로 비정되는[145] 평안남도 용강의 감신총에 그려져 있는 문지기에서도 확인된다.[146] 그런데 5세기 중반 이후에 축조된 것으로 추정되는 벽화고분에서는 보이지 않는다. 이를 감안하면 5세기 초반까지는 찰갑과 혁갑 모두 활용하였다가 5세기 중반 이후에는 혁갑을 거의 활용하지 않았다고 볼 수 있다.

---

144 반원형 챙과 三葉形 챙의 차이에 대해 장식적인 측면에서 접근하기도 한다(손수호, 「고구려의 개마에 대하여」, 22쪽). 또한 삼엽형 챙의 등장을 4세기 후반~5세기 전반에 중장기병이 호위병적 성격에서 벗어나 기마전사단으로 변화한 것과 관련 짓기도 한다(송계현, 「환인과 집안의 고구려갑주」, 169쪽). 그러나 기마전사단의 성격을 가지지 못했던 시기의 유적인 禹山下992號墳에서 삼엽형의 챙이 출토되었고 기마전사단으로 변모하였을 것으로 추정되는 시기의 유적인 약수리벽화고분에서 반원형의 챙이 확인된다는 점에서 받아들이기 어렵다.
145 전호태, 『고구려고분벽화연구』, 418쪽.
146 關野貞, 「平壤附近に於ける高句麗時代の墳墓及繪畵」, 382~388쪽.

〈표 5-1〉 고구려 고분벽화에 보이는 중장기병의 기사 갑주 형태

벽화고분	축조시기	소재지	벽화제재	투구 유형	뿔	볼가리개	갑옷 유형	경갑(頸甲)	수하식
안악3호분	357	황남 안악	행렬도	종장판주	무	소찰	찰갑 (상원하방형, 상방하원형 소찰)	세방형 철판	무
태성리1호분	4C후	평남 남포	행렬도						
덕흥리벽화고분	408	평남 남포	행렬도	미상	무	미상	혁갑	미상	무
약수리벽화고분	5C초	평남 남포	행렬도	종장판주	무	미상			무
동암리벽화고분	5C초	평남 순천	행렬도	만곡종장판주	유				
팔청리벽화고분	5C초	평남 대동	행렬도	종장판주	무	소찰	찰갑 (상방하원형 소찰)		무
대안리1호분	5C중	평남 남포	행렬도	미상	무	미상	찰갑 (상방하원형 소찰)	미상	무
마선구1호분	5C중	중국 지안	무사도	소찰주	유	미상		미상	
통구12호분 (왼쪽기병)	5C중	중국 지안	전투도	소찰주	유	소찰	찰갑 (방형 소찰)	세방형 철판	유
통구12호분 (오른쪽기병)	5C중	중국 지안	전투도	소찰주	유	소찰	찰갑 (방형 소찰)	세방형 철판	유
삼실총 (1실 공성도 왼쪽기병)	5C중	중국 지안	공성도	미상	무	미상	찰갑 (방형 소찰)	미상	유
삼실총 (1실 공성도 오른쪽기병)	5C중	중국 지안	공성도	미상	유	미상	찰갑 (상방하원형 소찰)	미상	유
삼실총 (2실 서벽무사)	5C중	중국 지안	무사도	소찰주	유	소찰	찰갑 (상방하원형, 상원하방형 소찰)	세방형 철판	유
장천1호분	5C중	중국 지안	무사도						
쌍영총	5C후	평남 남포	행렬도	만곡종장판주	유	방형 철판	찰갑 (방형소찰)	소찰 (방형)	무
개마총	6C초	평양	무사도						

〈표 5-2〉 고구려 고분벽화에 보이는 중장기병의 마주와 마갑 형태

벽화고분	축조시기	소재지	벽화제재	마주의 챙	마갑 유형	마갑 조립 구성
안악3호분	357	황남 안악	행렬도	반원형	혁갑, 찰갑 (상원하방형 소찰)	2부분
태성리1호분	4C후	평남 남포	행렬도		찰갑	
덕흥리벽화고분	408	평남 남포	행렬도	마름모모양의 판 3개가 붙여진 형태	찰갑 (상원하방형 소찰)	일체형
약수리벽화고분	5C초	평남 남포	행렬도	반원형	혁갑, 찰갑 (상방하원형 소찰)	
동암리벽화고분	5C초	평남 순천	행렬도		찰갑	
팔청리벽화고분	5C초	평남 대동	행렬도		찰갑 (상방하원형 소찰)	
대안리1호분	5C중	평남 남포	행렬도		찰갑 (상방하원형 소찰)	
마선구1호분	5C중	중국 지안	무사도	삼엽형	찰갑 (상원하방형 소찰)	
통구12호분 왼쪽 기병	5C중	중국 지안	전투도	삼엽형		
통구12호분 오른쪽 기병	5C중	중국 지안	전투도	삼엽형	찰갑 (상원하방형 소찰)	3부분
삼실총 (1실 공성도 왼쪽기병)	5C중	중국 지안	공성도	삼엽형	찰갑 (방형 소찰)	3부분
삼실총 (1실 공성도 오른쪽기병)	5C중	중국 지안	공성도	삼엽형	찰갑 (상방하원형 소찰)	3부분
장천1호분	5C중	중국 지안	무사도			
쌍영총	5C후	평남 남포	행렬도	삼엽형	찰갑 (상원하방형 소찰)	4부분
개마총	6C초	평양	무사도	삼엽형	찰갑 (상원하방형 소찰)	5부분

마갑의 조립 구성을 보면 안악3호분은 두 부분, 덕흥리벽화고분은 일체형, 통구12호분과 삼실총은 세 부분, 쌍영총은 네 부분, 개마총은 다섯 부분으로 이루어져 있는데, 덕흥리벽화고분을 제외하면 시간이 흐를수록 마갑이 점점 세분화되고 있음을 알 수 있다. 이와 같은 마갑 구성의 세분화는 전투 상황에 따라 경輕·중重 무장을 자유로이 선택하여 적을 맞이하였음을 보여주는 것으로 기동성 확보나 전투력 증대와 연관시킬 수 있는데, 고구려가 중장기병을 이용한 전술을 탄력적으로 운용하였음을 알 수 있다.

Ⅳ. 중장기병의 운용과 전술 변화

1. 중장기병 도입 초기의 운용

전술하였듯이 고구려의 중장기병에 대한 문헌 기록은 전무하다고 볼 수 있다. 그렇기 때문에 문헌 기록을 토대로 중장기병의 운용 양상을 규명하기 어렵다. 하지만 중장기병이 확인되는 고분벽화, 특히 고구려군의 병종 배치가 반영되어 있었을 것으로 추정되는 행렬도를 면밀히 검토한다면 미약하나마 어느 정도 규명이 가능할 것으로 여겨지는데, 본고에서는 안악3호분과 약수리벽화고분의 행렬도를 주목해보고자 한다.

먼저 안악3호분의 행렬도에 보이는 병종 배치를 통해 중장기병의 도입 초기 운용 양상을 살펴보고자 한다. 행렬도에 보이는 병종 배치를 보면 행렬 전배 좌우에는 각각 창수 7명 그리고 그 뒤로 중장기병 4기가 있다(〈자료 5-31〉). 중장기병의 안쪽 좌우에는 환도수環刀手 2명이 있고 그 뒤로 부월수斧鉞手 5명이 있다. 그리고 가장 안쪽, 즉 주인공 수레 좌우에는 각각 궁수弓手 4명이 있고, 수레의 뒷편에는 갑옷을 착용하지 않은 기승자騎乘者 18명이 있다.

〈자료 5-31〉 안악군 안악3호분의 행렬도
(황욱, 「안악제3호분 발굴보고」(과학원고고학 및 민속학연구소, 『유적발굴보고』 3), 과학원출판사, 1958. 도판 XXVII)

중장기병은 투구와 경갑頸甲, 복갑, 상갑, 상박갑, 대퇴갑, 경갑脛甲 등을 갖추었다. 창수는 투구와 복갑, 상갑, 상박갑 등을 갖추었으며, 환도수는 투구 없이 복갑과 상갑만 갖추었다. 그리고 부월수와 궁수는 아무런 무장을 하지 않았다. 이와 같이 행렬도에 보이는 각 병종은 전투 시 그 역할에 맞추어 갑옷을 갖추었는데,[147] 이를 감안하면 전술하였듯이 행

---

147 여호규, 「高句麗 中期의 武器體系와 兵種構成」, 26~27쪽.

렬도상에 실제 전투 시의 병종 배치 상황이 반영되어 있다고 볼 수 있겠다.

전체적으로 병종의 배치 상황을 살펴보면 행렬 전배 좌우에는 창을 든 중장보병 그리고 그 뒤로 환두대도를 든 중장보병이 있다. 중배의 좌우에는 삭槊을 든 중장기병이 있고, 그 가운데의 주인공이 탄 수레 좌우에는 궁수가 있다. 그리고 후배에는 경장기병이 있다.[148] 안악3호분의 행렬도에 보이는 병종 배치에서 가장 주목되는 것은 중장보병이 전면에 있고 그 뒤로 중장기병이 좌우 측면에 배치되어 있다는 점이다.

안악3호분이 축조되었던 4세기 중반은 고구려가 요동을 두고 전연과 각축전을 벌였던 시기였다. 고구려는 4세기 초반부터 요동으로의 진출을 끊임없이 모색하였지만 번번이 모용선비·전연에게 패하면서 성과를 거두지 못하였고,[149] 342년에는 전연에게 환도성丸都城이 함락되는 수모를 당하기도 하였다.[150] 한편 당시 전연의 주력 병종은 기병 및 중장기병이었다고 여겨지는데,[151] 이와 같은 상황들을 감안한다면 안악3호분의 행렬도에 보이는 병종 배치는 고구려가 주로 전연의 기병 및 중장기병에 대응하는 과정에서 형성된 것으로 추정된다.

중장기병의 역할에 대해서는 대체로 전투 대열의 제1선에서 적진을 돌파하는 돌격대로서 적의 대형을 파괴하거나 전면에서 적의 공격을 좌절시키는 것으로 알려져 있다.[152] 중장기병은 보병보다 높고 빠르다. 그

---

148 안악3호분의 행렬도에 보이는 斧鉞手는 실제 전투병력이기보다는 儀仗의 성격이 강하다고 여겨지므로 병종 배치의 검토 대상에서 제외하였다.
149 『晉書』卷108 載記8 慕容廆 ; 『資治通鑑』卷91 晉紀13 元帝 太興 2년 12월·3년 12월 ; 『三國史記』卷17 高句麗本紀5 美川王 20년 12월·21년 12월.
150 『晉書』卷109 載記9 咸康 7년 ; 『資治通鑑』卷97 晉紀19 成帝 咸康 8년 11월 ; 『三國史記』卷18 高句麗本紀6 故國原王 12년 11월.
151 여호규, 「高句麗 中期의 武器體系와 兵種構成」, 60쪽.
152 이인철, 「4~5세기 高句麗의 南進經營과 重裝騎兵」, 12쪽 ; 「4~5세기 고구려의 무기·무장과 중장기병」, 287쪽 ; 손수호, 「고구려의 개마에 대하여」, 25쪽.

렇기 때문에 보병이 돌진하는 중장기병에 맞서 자신의 위치를 고수하고 대열을 유지하기 위해서는 엄청난 용기가 필요했다.[153] 이러한 중장기병의 역할과 강력한 이미지 때문에 안악3호분의 행렬도를 토대로 고구려군의 전술을 규명하고자 할 때 중장기병이 중장보병 뒤에 배치되어 있음에도 불구하고 전투가 시작되면 맨 먼저 전면에 나서서 활약하였을 것으로 추정하기도 하였다.[154]

그러나 위의 추정대로 전투가 벌어졌을 때 중장기병이 맨 먼저 전면에 나서서 활약하였다면 군이 중장보병 뒤에 배치할 이유는 없다고 여겨진다. 전술하였듯이 안악3호분의 행렬도에 보이는 병종 배치는 기병이나 중장기병을 대응하는 과정에서 형성되었다고 여겨지는데, 혹 돌격하는 기병이나 중장기병을 막는 임무가 중장보병에게 부여되었기 때문에 전면에 배치되었던 것은 아닐까? 중장보병이 들고 있는 무기가 말을 탄 기사를 끌어내리는 데에도 사용했던 극戟이라는 점에서 그 가능성은 더욱 높다고 여겨진다.

적이 이끌고 온 중장기병에 대해 고구려가 중장기병으로써 대응하고자 한다면 적보다 많거나 대등한 수를 확보하고 있어야 한다. 하지만 안악3호분이 축조된 4세기 중반은 중장기병을 도입한 지 얼마 되지 않은 시기였기 때문에 그 활용도나 보유 수는 전연 등 북중국 국가와 비해 다소 떨어졌다고 여겨진다. 즉, 고구려로서는 적의 중장기병에 대해 적은 수의 중장기병으로 대응하기보다 밀집 중장보병을 전면에 앞세워 상대하는 전술이 더 효과적이라고 생각할 수 있다는 것이다.

---

153 서영교, 「高句麗 壁畵에 보이는 高句麗의 戰術과 武器」, 350쪽.
154 이인철, 「4~5세기 高句麗의 南進經營과 重裝騎兵」, 12쪽 ; 「4~5세기 고구려의 무기·무장과 중장기병」, 297쪽 ; 손수호, 「고구려의 개마에 대하여」, 25쪽.

밀집한 중장보병이 구축한 방진方陣은 아무리 중장기병이라고 할지라도 쉽게 돌파하기 어렵다. 그리고 밀집 대형은 중장기병의 돌진에 대한 보병의 두려움도 감소시킬 수 있다. 아마 이러한 점들을 감안하면서 고구려는 적의 기병이나 중장기병에 맞서 중장보병을 전면에 배치한 것으로 추정된다.[155] 이와 같이 중장보병이 전면에 배치되어 적의 기병이나 중장기병을 상대하였다면 중배 좌우에 배치된 중장기병은 아마도 적의 측면이나 후면을 공격하면서 압박하거나 포위하는 역할을 하지 않았을까 싶다.[156]

안악3호분의 행렬도에 보이는 병종 배치를 바탕으로 고구려군의 전술을 재현해보면 다음과 같다. 적과 마주친 고구려군은 먼저 원사무기, 즉 화살 공격을 감행한다. 그 후 전면에 배치되었던 중장보병이 대열을 맞추어 적을 향해 나아가 접전을 펼친다. 이때 좌우 측면에 배치된 중장기병은 적진의 측면과 후면을 둘러싸면서 압박한다. 그리고 어느 정도 승패가 결정되면 후면에 배치되었던 경장기병이 후퇴하는 적을 추격·섬멸함으로써 전투를 마무리한다.[157]

2. 중장기병의 전투편대 구성과 전술 변화

다음으로 약수리벽화고분의 행렬도에 보이는 병종 배치를 통해 5세기

---

155 西魏대에 축조된 敦煌 莫高窟285號의 벽화와 北周대에 축조된 敦煌 莫高窟 296號의 벽화를 보면 보병이 중장기병을 상대하고 있는 모습을 확인할 수 있다.
156 페르시아군의 기본 공격대형을 보면 가운데에는 보병, 좌·우 양쪽에는 기병을 배치하였는데, 기병은 적군의 측면과 후면에 대응하였다고 한다(아더 훼릴, 이춘근 역, 『전쟁의 기원』, 인간사랑, 1990, 110쪽).
157 기병은 정찰 그리고 적군의 측면 또는 후면을 공격하는 역할 등을 맡기도 하였지만, 가장 효율적인 기능은 궤멸되어 도주하는 적을 추격하는 것이었다(아더 훼릴, 『전쟁의 기원』, 109~110쪽).

초 고구려의 중장기병 운용 양상을 살펴보고자 한다(〈자료 5-32〉). 먼저 행렬의 전배 중앙에는 고취악사 3명, 기승자 2명, 궁수 1명이 연이어 있고 그 뒤로 마부가 말을 끌며 가고 있다. 그리고 전배 좌우에는 각각 6명과 5명의 기승자가 있다. 중배 중앙에는 주인공의 수레 이외에 수레 1기와 고취악사 3명이 있고, 주인공의 수레 곁에는 시종 6명이 있다. 그리고 중배 좌측에는 부월수 5명과 기승자 6명, 중배 우측에는 부월수 5명과 기승자 4명이 연이어 있다. 후배 중앙에는 시녀 4명이 있다. 그리고 후배 우측으로 횡대로 진군하고 있는 중장기병 13기가 있고 그 뒤로는 각각 칼과 창을 든 기병 2기가 있다.

〈자료 5-32〉 남포 약수리벽화고분의 행렬도
(주영헌, 「약수리벽화무덤발굴보고」, 「각지유적정리보고」(과학원고고학 및 민속학연구소, 「고고학자료집」 3), 1963, 도판 LXXI)

약수리벽화고분의 행렬도에서 주목되는 것은 안악3호분과 비교하여 피장자의 지위가 낮을 것으로 추정됨에도 불구하고 더 많은 중장기병이 확인된다는 점과 중장기병이 밀집되어 독립된 병력 편대를 이루고 있다는 점이다. 한편 대안리1호분의 행렬도에서도 밀집된 중장기병을 확인할 수 있는데(〈자료 5-12〉), 이들 벽화고분의 축조시기를 감안하면 고구려가 5세기 초·중반에 많은 수의 중장기병을 확보하는 데 성공하였고 이를

바탕으로 중장기병으로 이루어진 독립 편대를 조직하였던 것으로 추정된다.[158]

그렇다면 고구려는 5세기 초·중반에 어떻게 많은 수의 중장기병을 확보하면서 독립 편대를 조직할 수 있었을까? 그 배경과 관련하여 대표적인 마구馬具 가운데 하나인 등자를 주목해보고자 한다. 고구려시기에 제작된 등자는 환런의 오녀산성 4기 문화층, 지안의 칠성산1096호분七星山1096號墳, 태왕릉, 만보정1078호분萬寶汀1078號墳, 우산하1041호분, 장천4호분長川4號墳, 푸순의 고이산성, 평양의 지경동1호분과 2호분, 서울의 아차산4보루 등에서 출토되었다. 또한 지안의 통구12호분, 장천1호분, 무용총舞踊塚, 남포의 쌍영총, 평양의 개마총 등의 고분벽화에서도 확인된다.

등자가 확인되는 유적 가운데 전술하였듯이 오녀산성 4기 문화층은 4세기 말~5세기 중반에 해당하고, 태왕릉은 4세기 후반, 통구12호분과 장천1호분은 5세기 중반, 무용총은 5세기 후반, 쌍영총은 6세기 초반에 축조된 것으로 추정된다. 그리고 칠성산1096호분은 4세기 후반~5세기 초,[159] 만보정1078호분은 5세기 초반,[160] 우산하1041호분,[161] 장천4호분,[162] 지경동1호분[163] 등은 5세기 중반, 아차산4보루는 5세기 후반~6세기 중반에

---

158 이난영·김두철,『韓國의 馬具』, 226~229쪽.
159 齊東方,「中國初期馬鐙의 有關問題」,『文物』1993-4, 1993, 75쪽 ; 王巍,「以出土馬具看三之六世紀東亞諸國的交流」,『考古』1997-12, 1997, 69쪽 ; 강현숙,「古墳出土 甲冑와 馬具로 본 4, 5세기의 新羅, 伽倻와 高句麗」,『신라문화』32, 동국대학교 신라문화연구소, 2008, 149쪽.
160 齊東方,「中國初期馬鐙의 有關問題」, 75쪽 ; 王巍,「以出土馬具看三之六世紀東亞諸國的交流」, 69쪽 ; 강현숙,「古墳出土 甲冑와 馬具로 본 4, 5세기의 新羅, 伽倻와 高句麗」, 149쪽.
161 吉林省博物館文物工作隊,「吉林集安의 兩座高句麗墓」, 130쪽 ; 齊東方,「中國初期馬鐙의 有關問題」, 75쪽 ; 董高,「公元 3 至 6世紀 慕容鮮卑, 高句麗, 朝鮮, 日本馬具之比較硏究」,『文物』1995-1, 1995, 38쪽 ; 王巍,「以出土馬具看三之六世紀東亞諸國的交流」, 69쪽.
162 전호태,『고구려고분벽화연구』, 417쪽.
163 강현숙,「古墳出土 甲冑와 馬具로 본 4, 5세기의 新羅, 伽倻와 高句麗」, 149쪽.

축조된 것으로 추정되고 있다.

등자가 확인되는 유적의 축조시기를 감안하면 고구려는 4세기 후반에 등자를 도입하였고 5세기 초·중반에는 널리 보급되었던 것으로 추정된다. 한편 고구려에서 등자가 널리 보급된 시기는 중장기병의 수가 크게 늘어남에 따라 독립 편대를 조직했던 시기와 일치한다. 그렇다면 중장기병의 보유 수 확대에 따른 독립 편대 조직과 등자 보급은 밀접한 관련이 있다고 볼 수 있다.

등자는 사람이 말을 타고 앉았을 때 두 발을 디딜 수 있게 하여 몸의 흔들림을 최소화하도록 도와주는 장구로서 전투 중의 무기 활용성을 극대화시키고 낙마의 위험을 크게 줄여주었다.[164] 그리고 기마술을 익히는 시간을 크게 단축시켜 주었는데, 아마도 이러한 등자의 기능으로 인해 고구려가 많은 기병을 확보하였고 이에 따라 독립된 전투 편대를 조직할 수 있었던 것으로 추정된다.

한편 등자는 말을 탄 사람에게 안정성과 평형성을 주는 기능을 하기도 한다. 이를 감안하면 고구려는 5세기 초·중반에 등자 보급을 계기로 중장기병을 전면에 밀집 배치시키면서 적의 정면을 향해 돌진하는 충돌작전을 구사하였던 것으로 보이는데,[165] 이는 아래의 기사를 통해서도 확인할 수 있지 않을까 싶다.

> B (장수왕) 24년(436) 여름 4월에 (북)위魏가 (북)연燕의 백랑성白狼城을 공격하여 이겼다. (장수)왕은 장수 갈로맹광葛盧孟光을 보내 무리 수만 명을 거느리고 양이陽伊를 따라 화룡和龍으로 가서 (북)연왕을 맞이하게 하였

---

164 서영교, 「高句麗 壁畵에 보이는 高句麗의 戰術과 武器」, 45쪽.
165 이난영·김두철, 『韓國의 馬具』, 228쪽.

다. (…중략…) 5월에 (북)연왕은 용성龍城에 거주하는 가호家戶를 거느리고 동쪽으로 옮기면서 궁전을 불태웠는데, 불은 열흘이 되도록 꺼지지 않았다. 부인들은 갑옷을 입고 가운데에 있게 하였으며, 양이 등은 정예병을 통솔하고 바깥에 서게 하였으며, 갈로맹광은 기병을 거느리고 대열의 맨 뒤에 섰다. (그들은) 벌린 대열을 하고 나아갔는데 앞뒤로 80여 리나 되었다. (북)위의 왕은 이 소식을 듣고 산기상시散騎常侍 봉발封撥을 보내 (북)연왕을 압송하라고 하였다. (장수)왕은 사신을 (북)위에 보내 표를 올리면서 마땅히 (북연왕인) 풍홍馮弘과 함께 왕의 가르침을 받들 것이라고 칭하였다. (북)위의 왕은 (장수)왕이 명령을 어겼다고 여겨 공격할 것을 논의하여 농우隴右의 기병을 보내려고 하였는데, 류혈劉絜과 낙평왕樂平王 비丕 등이 간하자 그만두었다.[166]

『삼국사기』 권18 고구려본기6 장수왕 24년 4~5월

기사 B는 북위北魏가 북연北燕에 대한 토벌을 시도하자 북연의 왕인 풍홍馮弘(재위 430~436년)이 고구려에 도움을 요청하고, 이에 고구려가 북연의 수도 용성龍城[167]에 수만의 군대를 보내 풍홍 집단을 이송해 오는 내용을 담고 있다. 기사에 따르면 고구려군은 풍홍 집단을 이송할 때 대열의 가운데에는 갑옷을 입힌 부인들, 바깥에는 북연의 군사, 그리고 맨 뒤에는 자국의 기병대를 배치하였다고 한다.

위와 같은 대열 배치는 고구려의 풍홍 집단 이송에 반발했던 북위의 추격을 대비하면서 이루어진 것이라고 볼 수 있는데, 만약에 북위가 군

---

[166] 『三國史記』卷18 高句麗本紀6 長壽王 24년 4~5월, "夏四月, 魏攻燕白狼城, 克之. 王遣將葛盧孟光, 將衆數萬, 隨陽伊至和龍, 迎燕王. (…中略…) 五月, 燕王率龍城見戶東徙, 焚宮殿, 火一旬不滅. 合婦人被甲居中, 陽伊等勒精兵居外, 葛盧孟光帥騎殿後. 方軌而進, 前後八十餘里. 魏主聞之, 遣散騎常侍封撥來, 令送燕王. 王遣使入魏奉表, 稱當興馮弘, 俱奉王化. 魏主以王違詔, 議擊之, 將發隴右騎卒, 劉絜樂平王丕等諫之, 乃止."

[167] 현재 중국 遼寧省의 朝陽으로 前燕, 後燕, 北燕의 도성이었다.

대를 보내 대열을 추격하였다면 고구려의 기병대가 전면에서 북위의 군대를 상대하는 셈이 된다. 북위는 기사에서도 확인할 수 있듯이 대열이 이미 고구려로 향하고 있음을 알고 기병을 보내 추격할 계획을 세우고 있었다. 그리고 이러한 북위의 계획을 고구려군이 예상하지 못했을 리가 없다고 여겨진다. 즉, 고구려군은 북위의 기병대를 맞아 기병으로써 막을 수 있다는 자신감을 바탕으로 기병대를 전면에 배치하여 상대할 계획을 세우고 있었던 것이다.

이상의 고고 자료와 문헌 사료를 감안해볼 때 고구려는 5세기 초·중반 등자 보급을 계기로 중장기병을 운용하는 데 있어, 대열 측면에 배치하면서 적의 측면이나 후면을 공격하여 압박·포위하는 기존의 방식을 벗어나, 중장기병으로 이루어진 독립된 전투 편대를 조직하였고 대열 전면에 배치하면서 적의 정면을 향한 강력한 충돌작전을 구사하였던 것으로 추정된다.

V. 맺음말

고구려는 4세기 초반에 '전연 견제'를 매개로 우호관계를 맺었던 후조로부터 중장기병을 처음 도입하였고, 4세기 중반에는 전연계 전마구도 수용하였던 것으로 보인다. 중장기병이 처음 도입되었던 4세기 초·중반에는 그 보유 수가 적었고 운용에도 미숙하였기 때문에 대열의 측면에 배치하면서 적의 측면이나 후면을 공격하여 압박·포위하는 역할이나 호위병을 맡았던 것으로 보인다. 하지만 5세기 초·중반에는 등자 보급을 통해 많은 수의 중장기병 확보에 성공함으로써 중장기병으로 이루어진 독립된 전투 편대를 조직하였고 대열 전면에 배치하면서 적의 정면을 향한 강력한 충돌작전을 구사하였던 것으로 추정된다.

한편 5세기 초·중반에는 무기·무장의 변화도 있었다. 투구에서는 기존의 종장판주와 만곡종장판주 그리고 소찰들로 이루어진 볼가리개 이외에 소찰주와 세방형 철판들로 이루어진 볼가리개가 새로이 등장하였다. 갑옷에 있어서는 기존의 세방형 철판들을 이어붙인 경갑頸甲과 상원하방형 소찰들로 이루어진 찰갑 이외에 방형 소찰들로 이루어진 경갑頸甲과 상부직선형 소찰들로 이루어진 찰갑이 등장하여 유행하였다. 그리고 마갑 구성은 점차 세분화되었으며, 창의 기능 분화가 이루어짐으로써 창 중심의 무기체계로 변화하였다.[168] 이 외에도 군사 지휘관의 위엄이나 권위를 상징하는 투구의 뿔장식, 수하식, 삼엽형 챙을 갖춘 마주가 등장하였다.

위와 같은 5세기 초·중반의 무기·무장의 변화는 중장기병의 기능 확대와 밀접한 관계가 있다고 여겨진다. 즉, 중장기병이 보편화되면서 무기·무장의 기술적인 진보를 이루었고 군사조직도 보다 체계화되었던 것이다.

---

168 여호규, 「高句麗 中期의 武器體系와 兵種構成」, 66~67쪽 ; 김길식, 「고구려의 무기체계의 변화」, 『한국 고대의 Global Pride-고구려』, 고려대학교 박물관, 2005, 234~237쪽.

〈별첨〉 중국 랴오닝성 선양 석대자산성 출토 철제화살촉 속성 일람표(단위 : cm)
(遼寧省文物考古研究所·潘陽市文物考古研究所, 『石臺子山城(上)』, 文物出版社, 2012)

화살촉번호	출토지	형태	촉두			촉신			경부			전체 길이
			길이	너비	두께	길이	너비	두께	길이	너비	두께	
97QTG1③ : 12	북벽 97QTG1	규형	1.5	1	0.2	7.5	0.6	0.3	2.7			11.7
97QTG1③ : 13	북벽 97QTG1	규형	1.8	0.8	0.3	3.7	0.6	0.3	4.2			9.7
97QTG1③ : 14	북벽 97QTG1	규형	0.5	0.9		10.5	0.6	0.4	0.8 (잔존)			11.8
06T5 : 2	동벽 2호암거	규형	1.2	0.6	0.3	6	0.5		0.9 (잔존)			8.1
06T5 : 3	동벽 2호암거	규형										8.3
06T5 : 1	동벽 2호암거	추형	4.6 (잔존)	0.7					0.8 (잔존)			5.4
SBM④ : 13	북문지	엽형	4.2	1.8	0.3				4.9			9.1
SBMT1④ : 6	북문지	추형	2.8	0.7					2.2			5
SBMT1④ : 5	북문지	추형	3.6	0.8					3.6			7.2
SXMT1② : 3	서문지	규형	5	0.8	0.3							
SXMT1② : 6	서문지	규형	2	0.9		6	0.6	0.5				8
SXMT1① : 1	서문지	규형	1.8	0.9		10.2	0.5	0.3	1.2 (잔존)			13.2
SXMT1② : 4	서문지	추형	3.5	1					4.5 (잔존)			8
SDM③ : 7	동문지	규형	1.4	0.7	0.3	12	0.6		2.5			15.9
SDM③ : 8	동문지	규형	1.4	0.9	0.3							6.4
SDM③ : 10	동문지	모형	2.5	1	0.5	6.5	0.7					9.3
SDM③ : 9	동문지	규형	3	0.8					4.5	0.3		7.5
SDMH2 : 6	동문지	규형	1.5	0.7		10.8	0.7		4.8			17.1
SDMSG1① : 19	동문 배수시설	규형	1.2	0.8	0.3	10	0.5					12.4
SDMSG1① : 31	동문 배수시설	모형	4.5	0.7	0.6		0.6					10.5
SDMSG1① : 30	동문 배수시설	모형	2.3	0.9	0.6		0.6		1 (잔존)			7.1

화살촉번호	출토지	촉두				촉신			경부			전체 길이
		형태	길이	너비	두께	길이	너비	두께	길이	너비	두께	
SDMSG1① : 28	동문 배수시설	모형	3.5	0.9	0.6		0.7					7.7
SDMSG1① : 29	동문 배수시설	모형	2.3	0.9	0.7		0.5		0.6 (잔존)			7
SDMSG1① : 27	동문 배수시설	모형	3	1.1	0.9	3.6	0.9					12.5
SDMSG1① : 21	동문 배수시설	규형				3.8	0.7					6.8
SDMSG1① : 20	동문 배수시설	규형	1.2	0.7								9.3
SDMSG1① : 24	동문 배수시설	추형	2.1	0.7						0.3		5.3
SDMSG1① : 22	동문 배수시설	추형	4.5	0.7						0.4		9.3
SDMSG1① : 23	동문 배수시설	추형	2.2 (잔존)	0.8						0.3		6
SDMSG1① : 26	동문 배수시설	엽형	5.7 (잔존)	1.5	0.2							
SDMSG1① : 25	동문 배수시설	삼익형	2.3	1								6.5
SDMSG1② : 25	동문 배수시설	규형	1.7		0.2		0.6	0.4				13
SDMSG1③ : 5	동문 배수시설	규형	1.4	0.8	0.2	10.6	0.5		0.8	0.3		12.8
SDMSG1④ : 10	동문 배수시설	규형	1.9	1	0.3	7.8	0.7					9.7
SDMSG1④ : 9	동문 배수시설	규형	1.5	0.9		10.7	0.6					12.2
SDMSG1④ : 11	동문 배수시설	규형										10.2
SDMSG1④ : 12	동문 배수시설	추형	2	0.8								6
SDMSG1④ : 14	동문 배수시설	모형	4	0.7		6	0.5					11
SDMSG1④ : 13	동문 배수시설	모형	2	1			0.9					6.3
SDMSG1⑤ : 13	동문 배수시설	모형	2	1.1	1		0.7					5.1
SDMSG1⑤ : 9	동문 배수시설	규형	1.4	0.8		3.5 (잔존)	0.6					5
SDMSG1⑤ : 8	동문 배수시설	규형	1.3	0.8		6.3	0.6					8.7
SDMSG1⑤ : 7	동문 배수시설	규형	1.9	0.8			0.5					12.5
SDMSG1⑤ : 10	동문 배수시설	추형	3.1	0.7						0.3		5.3
SDMSG1⑤ : 12	동문 배수시설	추형	3.1	0.8						0.4		4.7

화살촉번호	출토지	형태	촉두			촉신			경부			전체 길이
			길이	너비	두께	길이	너비	두께	길이	너비	두께	
SDMSG1⑤ : 11	동문 배수시설	추형	2.7	0.9						0.3		5.2
SⅠT201① : 9	SⅠ구역 제①층	규형	1.3	0.6	0.1	10.6	0.7	0.5	1.9			13.8
SⅠT201① : 4	SⅠ구역 제①층	규형	2.4	0.6	0.2	11.4	0.5	0.4	8.4			22.2
SⅠT201① : 16	SⅠ구역 제①층	엽형	5.1	2.5	0.2				5.7	0.3		10.8
SⅠT105① : 5	SⅠ구역 제①층	규형	1.6	0.7	0.3		0.5	0.4				
SⅠT201① : 10	SⅠ구역 제①층	엽형	2.3	2 (잔존)	0.3	2.5	0.7	0.3	7	0.3		11.8
SⅠT302① : 16	SⅠ구역 제①층	모형	4.7	0.9	0.4	6.3			12.1			23.1
SⅠT105① : 1	SⅠ구역 제①층	엽형	3.5	1.2	0.4				2	0.3		
SⅠT302① : 12	SⅠ구역 제①층	모형	5.1	0.9	0.45	7.2			2 (잔존)			14.3
SⅠT302① : 14	SⅠ구역 제①층	모형	4.8	0.9	0.5	6.2			2.1 (잔존)			13.1
SⅠT302① : 13	SⅠ구역 제①층	모형	4.7	0.9	0.5	7.1			3.1 (잔존)			14.9
SⅠT201① : 3	SⅠ구역 제①층	모형	4.6	0.7	0.6				1.4	0.5		6
SⅠT201① : 6	SⅠ구역 제①층	모형	4 (잔존)	1	0.6				4	0.3		8
SⅠT302① : 15	SⅠ구역 제①층	모형	5	1	0.9	3.3			1.7 (잔존)			10
SⅠT101① : 56	SⅠ구역 제①층	규형				8.5	0.6	0.4	5.7			14.7
SⅠT001① : 33	SⅠ구역 제①층	추형	3	0.7					3.3	0.3		6
SⅠT001① : 117	SⅠ구역 제①층	추형	3.5	0.8					3	0.3		6.5
SⅠT102② : 91	SⅠ구역 제②층	규형		0.7	0.1	7.6	0.5	0.3	1.7			9.3
SⅠT102西擴② : 114	SⅠ구역 제②층	규형	1.3	0.6	0.2	10.5	0.7	0.4	1.2	0.3		13
SⅠT102② : 121	SⅠ구역 제②층	규형	1.3	0.7	0.2	8.4	0.5		1			10.7
SⅠT302② : 3	SⅠ구역 제②층	규형	1.4	0.7	0.2	12.1	0.5	0.3	2.6			16.1
SⅠT105北擴② : 42	SⅠ구역 제②층	규형	1.6	0.8	0.2	7.4	0.6	0.3	3.5	0.3		12.5

화살촉번호	출토지	촉두				촉신			경부			전체 길이
		형태	길이	너비	두께	길이	너비	두께	길이	너비	두께	
ＳⅠT105北擴②：43	ＳⅠ구역 제②층	규형	1.3	0.8	0.2	10.8	0.7	0.4	1.1	0.5		13.6
ＳⅠT105北擴②：45	ＳⅠ구역 제②층	규형	1.3	0.8	0.2	10.2	0.7	0.4	1.1	0.6		13
ＳⅠT105北擴②：32	ＳⅠ구역 제②층	규형	1.2	0.9	0.2	9	0.6	0.4	3.3	0.4		13.5
ＳⅠT104②：60	ＳⅠ구역 제②층	규형	2.1	0.9	0.2	10.9	0.7		1.1 (잔존)			
ＳⅠT102②：25	ＳⅠ구역 제②층	규형	2	1	0.2	7.3	0.7	0.5	1.2			10.5
ＳⅠT303②：6	ＳⅠ구역 제②층	규형	1.2	0.65	0.3	10.9	0.6	0.5	1.7 (잔존)	0.4		13.8
ＳⅠT103②：130	ＳⅠ구역 제②층	규형	1.5	0.7	0.3	5.1	0.4	0.3	2.8	0.3		9.4
ＳⅠT001②：118	ＳⅠ구역 제②층	규형	1.7	0.8	0.3	10.8	0.6	0.3	3.5	0.3		16
ＳⅠT102②：26	ＳⅠ구역 제②층	규형	2	1	0.3	8	0.7	0.5	4.6			14.6
ＳⅠT202②：3	ＳⅠ구역 제②층	규형	1.9	0.9	0.4	8.8	0.8	0.5	4.4	0.4		15.1
ＳⅠT302②：18	ＳⅠ구역 제②층	규형	10.5	1	0.4				4	0.3		
ＳⅠT102西擴②：134	ＳⅠ구역 제②층	규형	9	1	2.4							
ＳⅠT001②：120	ＳⅠ구역 제②층	규형										5.3
ＳⅠT302②：124	ＳⅠ구역 제②층	규형					0.5	0.4	1 (잔존)			7.1
ＳⅠT103②：77	ＳⅠ구역 제②층	규형										9
ＳⅠT103②：128	ＳⅠ구역 제②층	규형	10.5	0.7					0.6			11.1
ＳⅠT201②：1	ＳⅠ구역 제②층	규형				11	0.4		0.6 (잔존)			11.6
ＳⅠT103②：78	ＳⅠ구역 제②층	규형										17
ＳⅠT104②：248	ＳⅠ구역 제②층	규형										5 (잔존)
ＳⅠT104②：125	ＳⅠ구역 제②층	규형										6 (잔존)
ＳⅠT201②：6	ＳⅠ구역 제②층	추형	1.5 (잔존)	0.6					4.7	0.3		6.2
ＳⅠT104②：111	ＳⅠ구역 제②층	추형	1.2	0.6					4.2	0.3		

화살촉번호	출토지	형태	촉두 길이	촉두 너비	촉두 두께	촉신 길이	촉신 너비	촉신 두께	경부 길이	경부 너비	경부 두께	전체 길이
ＳⅠT105②：10	ＳⅠ구역 제②층	추형	2.4	0.7					1.8	0.3		4.2
ＳⅠT105②：9	ＳⅠ구역 제②층	추형	2.6	0.7					5.2	0.3		7.8
ＳⅠT103②：122	ＳⅠ구역 제②층	추형	3.1	0.8					4.8	0.4		7.9
ＳⅠT302②：1	ＳⅠ구역 제②층	추형	3	0.9					2	0.4		5
ＳⅠT203②：3	ＳⅠ구역 제②층	추형	3	1					3.5	0.3		6.5
ＳⅠT001②：240	ＳⅠ구역 제②층	엽형	3.8	1.5	0.15				1.8	0.3		
ＳⅠT102②：127	ＳⅠ구역 제②층	삼익형	5.9	1	0.2				2.4	0.3		8.3
ＳⅠT104②：123	ＳⅠ구역 제②층	산형	1.7	1	0.2	6.5	0.6	0.3	2.1			
ＳⅠT102②：29	ＳⅠ구역 제②층	엽형	3.7	1.4	0.3				3.1	0.3		6.8
ＳⅠT103②：137	ＳⅠ구역 제②층	엽형	4	1.6	0.3				2	0.35		6
ＳⅠT102②：129	ＳⅠ구역 제②층	모형	5	0.7	0.4	5	0.6		4	0.3		14
ＳⅠT105②：24	ＳⅠ구역 제②층	모형	4	0.8	0.4				2	0.5		6
ＳⅠT101②：70	ＳⅠ구역 제②층	모형	5	0.8	0.4	5.5	0.6		1.5	0.3		12
ＳⅠT302②：2	ＳⅠ구역 제②층	엽형	3.1	1.1	0.4				2.2	0.3		5.3
ＳⅠT103②：23	ＳⅠ구역 제②층	엽형	3	1.2	0.4				4	0.35		7
ＳⅠT103②：132	ＳⅠ구역 제②층	엽형	4	1.3	0.4					0.35		8
ＳⅠT102②：130	ＳⅠ구역 제②층	엽형	4.5	2	0.4	0.7	0.6		3.7	0.5		8.9
ＳⅠT001②：119	ＳⅠ구역 제②층	모형	5	0.8	0.5	6		0.6	1	0.3		12
ＳⅠT105北擴②：31	ＳⅠ구역 제②층	산형	4.3	1	0.5				3.2	0.4		7.5
ＳⅠT201②：2	ＳⅠ구역 제②층	모형	2.1	1.1	0.6	4.2	0.7		9.9			16.2
ＳⅠT104②：112	ＳⅠ구역 제②층	모형	2.1	1.1	0.6	3.8	0.6		4.3	0.4		
ＳⅠT102②：49	ＳⅠ구역 제②층	모형	2.5	1	0.7	4	0.6					6.5
ＳⅠT102②：136	ＳⅠ구역 제②층	모형	2.5	1	0.7	4	0.6		1.4	0.3		7.9
ＳⅠT101②：29	ＳⅠ구역 제②층	모형	3.1	1	0.8				5	0.4		8.1
ＳⅠT105②：13	ＳⅠ구역 제②층	모형	2.3	1	0.8	3.7	0.7		10.1	0.3		16.1
ＳⅠT302②：2	ＳⅠ구역 제②층	모형	3	1.1	0.9	3.5	0.6					6.5

화살촉번호	출토지		촉두			촉신			경부			전체 길이
		형태	길이	너비	두께	길이	너비	두께	길이	너비	두께	
SⅠT105北擴②:30	SⅠ구역 제②층	산형										8.5
SⅡTG①:19	SⅡ구역 제①층	모형	3.5	0.6	0.4	3.5			1.6 (잔존)			8.6
SⅡTG①:20	SⅡ구역 제①층	엽형	3.4	1.1	0.5				9.5			12.9
SⅡTG①:22	SⅡ구역 제①층	엽형	5.3	3.9	0.5				1.9 (잔존)			7.2
SⅡTG①:13	SⅡ구역 제①층	규형	1.2			6.2						7.4
SⅡTG①:12	SⅡ구역 제①층	규형	1.7			6						7.7
SⅡTG①:14	SⅡ구역 제①층	규형	11						0.4 (잔존)			11.4
SⅡTG①:15	SⅡ구역 제①층	추형	2.4	0.8					6.2			8.6
SⅡTG①:18	SⅡ구역 제①층	모형	5.9	0.8					13.6			19.5
SⅡTG①:16	SⅡ구역 제①층	모형	5.8	0.9					2.5 (잔존)			8.3
SⅡTG①:17	SⅡ구역 제①층	모형	2.9	1		3.8 (잔존)						6.7
SⅡTG①:21	SⅡ구역 제①층	엽형	4.6	1.4					5.4			10
SⅡTG①:23	SⅡ구역 제①층	엽형	3.5 (잔존)						5.1 (잔존)			8.6
SⅡTG①:24	SⅡ구역 제①층	삼익형	4	1					4.4			8.4
SⅡTG①:25	SⅡ구역 제①층	산형	1.6	0.6					5.1			6.7
SⅡTG①:27	SⅡ구역 제①층	산형	3.2	0.8					6.2 (잔존)			9.4
SⅡTG①:26	SⅡ구역 제①층	산형	5	1					2 (잔존)			7
SⅢXT102北擴②:59	SⅢX구역 제②층	추형				6.6			0.5			
SⅢXT202②:2	SⅢX구역 제②층	모형	1.5	0.8		6.4			2.6			9
SⅢ05DT03①:25	SⅢD구역 제①층	규형	1.6	0.8	0.3					0.5		14.3
SⅢ05DT03①:24	SⅢD구역 제①층	모형	4.1	0.8	0.4	6.4	0.6					11.5

화살촉번호	출토지	촉두 형태	촉두 길이	촉두 너비	촉두 두께	촉신 길이	촉신 너비	촉신 두께	경부 길이	경부 너비	경부 두께	전체 길이
SⅢ05DT08① : 6	SⅢD구역 제①층	모형	3.7	0.8	0.5	7	0.6					12.4
SⅢ05DT01① : 2	SⅢD구역 제①층	규형								0.6		10.2
SⅢ05DT04① : 2	SⅢD구역 제①층	규형								0.6		10.5 (잔존)
SⅢ02DT1① : 3	SⅢD구역 제①층	규형	5.5									8.5 (잔존)
SⅢ05DT10① : 2	SⅢD구역 제①층	규형								0.7		9.3 (잔존)
SⅢ05DT12① : 1	SⅢD구역 제①층	추형	2.4	0.8						0.3		4.1
SⅢ05DT06① : 1	SⅢD구역 제①층	추형	3.8	0.9					4.2	0.3		8
SⅢ04DT202② : 2	SⅢD구역 제②층	규형	1.7	1	0.3	6.3	0.5	0.4				13.5
SⅢ04DT202② : 15	SⅢD구역 제②층	규형	2.3	1.2	0.3	5	0.6	0.4				7.3
SⅢ02DT3② : 5	SⅢD구역 제②층	모형	4.6	0.9	0.6	5.7			1.6 (잔존)			11.9
SⅢ04DT102② : 1	SⅢD구역 제②층	규형	9	0.8								14
SⅢ02DT1② : 3	SⅢD구역 제②층	규형	5.5									11
SⅢ04DT103② : 1	SⅢD구역 제②층	규형	2									14 (잔존)
SⅢ04DT105② : 7	SⅢD구역 제②층	추형	1.5	0.5								4.4 (잔존)
SⅢ04DT101② : 3	SⅢD구역 제②층	추형	2.6	0.7								7.6
SⅢ04DT105② : 4	SⅢD구역 제②층	추형	3.6	0.8								7.6 (잔존)
SⅢ04DT112② : 2	SⅢD구역 제②층	추형	3.6	0.8								7.6 (잔존)
SⅢ04DT202② : 1	SⅢD구역 제②층	추형	4	0.9								8.4 (잔존)
SⅢ04DT101② : 4	SⅢD구역 제②층	추형	3.5									6.3 (잔존)

화살촉번호	출토지	촉두				촉신			경부			전체 길이
		형태	길이	너비	두께	길이	너비	두께	길이	너비	두께	
SⅢ04DT204② : 4	SⅢD구역 제②층	모형	3.5	0.77		5.4	0.45		3.5 (잔존)			12.4
SⅢ02DT3② : 6	SⅢD구역 제②층	모형				12.2						12.5
SⅢ04DT105② : 7	SⅢD구역 제②층	모형				9	0.6					
SⅢ04DT104② : 5	SⅢD구역 제②층	모형				14.5	0.9					
SⅢ04DT203② : 3	SⅢD구역 제②층	엽형	4.2	2								8.2 (잔존)
SⅢ04DT101② : 6	SⅢD구역 제②층	엽형	3.3						2.2			
SⅢ04DT106② : 6	SⅢD구역 제②층	삼익형	2.2									5.7 (잔존)
SⅢ04DT603② : 1	SⅢD구역 제②층	삼익형	3.6 (잔존)	1								6.5 (잔존)
SⅢ04DT105③ : 1	SⅢD구역 제③층	규형	1.7	0.8	0.3	8.7			1.3			11.7 (잔존)
SⅢ04DT105③ : 2	SⅢD구역 제③층	모형	3	1.2	0.4				3.8 (잔존)	0.35		6.5 (잔존)
SⅢ04DT603③ : 3	SⅢD구역 제③층	규형										10
SⅢ02DT1③ : 1	SⅢD구역 제③층	규형										10
SⅢ04DT106③ : 1	SⅢD구역 제③층	규형										12.9 잔존
SⅢ02DT1③ : 2	SⅢD구역 제③층	추형	2.7	0.8								7.5
SⅢ04DT106③ : 7	SⅢD구역 제③층	엽형	5	2.5								12.5
SⅢ04DT106③ : 6	SⅢD구역 제③층	엽형	3									6.5 (잔존)
SⅢ02DT1③ : 13	SⅢD구역 제③층	삼익형	2.1 (잔존)	0.8								5.5 (잔존
SⅢ04DT203④ : 9	SⅢD구역 제④층	규형										11
SⅢ02DT1④ : 1	SⅢD구역 제④층	규형	1.5									11.2
SⅢ04DT105④ : 4	SⅢD구역 제④층	규형										12

화살촉번호	출토지	촉두 형태	촉두 길이	촉두 너비	촉두 두께	촉신 길이	촉신 너비	촉신 두께	경부 길이	경부 너비	경부 두께	전체 길이
SⅢ04DT203④ : 4	SⅢD구역 제④층	산형	1.4	0.7								7.7 (잔존)
SⅢ02DT1④ : 3	SⅢD구역 제④층	산형	1.5									9.5
SⅢ04DT203④ : 1	SⅢD구역 제④층	산형										6 (잔존)
SⅢ02DT1⑤ : 9	SⅢD구역 제⑤층	규형	2									9.5
SⅢ02DT1⑤ : 3	SⅢD구역 제⑤층	규형	1.5									9.5
SⅢ02DT1⑤ : 14	SⅢD구역 제⑤층	규형	1.5									15.5
SⅢ02DT1⑤ : 10	SⅢD구역 제⑤층	규형	2									16.5
SⅢ02DT3⑤ : 11	SⅢD구역 제⑤층	모형	2.3									8.2
SⅢ02DT1⑤ : 12	SⅢD구역 제⑤층	모형	2.8									10.8
SⅡX⑥ : 9	동문근처 2호건물지	규형										7.4
SⅡX⑥ : 8	동문근처 2호건물지	추형	2.3						6.2 (잔존)			8.5
SⅠF2 : 54	SⅠ구역 F2주거지	규형	7.4	0.7	0.3				7.6			15
SⅠF2 : 102	SⅠ구역 F2주거지	추형	3.5	0.65	0.5	7.7	0.6		1			12.2
SⅠF2 : 47	SⅠ구역 F2주거지	추형	2.2	0.7					3.7	0.3		5.9
SⅠF2 : 103	SⅠ구역 F2주거지	모형	3.5	0.8		7.7	0.6					12.2
SⅠF3 : 134	SⅠ구역 F3주거지	추형	2.2	0.6						0.3		
SⅠF13 : 11	SⅠ구역 F13주거지	엽형										5.8 (잔존)
SⅠF25 : 2	SⅠ구역 F25주거지	규형	1.5	0.8	0.2	9	0.5	0.4	5.5	0.4		16
SⅠF25 : 4	SⅠ구역 F25주거지	모형	2.3	1.1	0.7	3.6	0.6		1.7 (잔존)	0.4		7.6
SⅠF25 : 1	SⅠ구역 F25주거지	삼익형	5.3	1.4					3.9	0.3		9.2
SⅠF25 : 3	SⅠ구역 F25주거지	삼익형	5.3	1.5					5	0.3		10.3
SⅢXF3 : 14	SⅢX구역 F3주거지	산형										4.5
SⅢ04DF1 : 1	SⅢ04D구역 F1주거지	규형										15

화살촉번호	출토지	촉두				촉신			경부			전체 길이
		형태	길이	너비	두께	길이	너비	두께	길이	너비	두께	
SⅢ04DF2 : 4	SⅢ04D구역 F2주거지	모형										12
SⅢ05DF1 : 1	SⅢ05D구역 F1주거지	규형										13.4
SⅢ05DF4 : 2	SⅢ05D구역 F4주거지	규형				11	1	0.3				
SⅢ05DF4 : 5	SⅢ05D구역 F4주거지	산형										9.7
SⅢ06DBF5 : 13	SⅢ06DB구역 F5주거지	모형	2.3	1	0.5		0.5					6.4
SⅢ06DBF5 : 14	SⅢ06DB구역 F5주거지	규형	1.5									11.2
SⅠJ2 : 3	SⅠ구역 J2저장구덩이	규형	1.2	0.7	0.3	9.6	0.4		1.1 (잔존)			11.9
SⅠJ2 : 5	SⅠ구역 J2저장구덩이	모형	4.2	0.7	0.4	5.6			1.3 (잔존)	0.4		11.1
SⅠJ2 : 4	SⅠ구역 J2저장구덩이	엽형	3.5	1.1	0.5				0.5 (잔존)	0.4		4
SⅠH8 : 1	SⅠ구역 H8재구덩이	규형	1.2	0.7	0.2	7.7	0.4		1	0.3		9.9
SⅠH9 : 98	SⅠ구역 H9재구덩이	모형	2.6	1	0.7				3.6	0.4		6.2
SⅠH9 : 96	SⅠ구역 H9재구덩이	모형	3	1.1	0.7				2.4	0.3		5.7
SⅠH25 : 2	SⅠ구역 H25재구덩이	규형	8.6	0.8	0.4				1.2			9.8
SⅠH26 : 3	SⅠ구역 H26재구덩이	미상										5
SⅠH34 : 8	SⅠ구역 H34재구덩이	삼익형							7			9
SⅠH43 : 1	SⅠ구역 H43재구덩이	규형	1.6	0.8	0.3	6.2	0.5		1.7			9.5
SⅠH61 : 8	SⅠ구역 H61재구덩이	모형	3.6	1	0.5	5	0.9		3	0.3		11.6
SⅠHG2 : 126	SⅠ구역 HG2재구덩이	규형	1.7	0.7	0.2	6.8	0.6		1.8 (잔존)			10.3
SⅠHG2 : 131	SⅠ구역 HG2재구덩이	추형	2.6	0.7					5.2		0.3	7.8
SⅠHG2 : 115	SⅠ구역 HG2재구덩이	추형	12	0.7					5		0.3	17
SⅠHG2 : 116	SⅠ구역 HG2재구덩이	모형	5.2	0.8		3.5	0.6		1			9.7
SⅢXH1 : 5	SⅢX구역 H1재구덩이	추형	2.5			5			4.5			12
SⅢXH4 : 4	SⅢX구역 H4재구덩이	규형	2			7						9
SⅢXH36 : 14	SⅢX구역 H36 재구덩이	산형	6.2						3.7			9.9

화살촉번호	출토지	촉두				촉신			경부			전체 길이
		형태	길이	너비	두께	길이	너비	두께	길이	너비	두께	
SIII04DH1 : 2	SIII04D구역 H1재구덩이	모형	2	1.1	0.7	4.25	0.7		4.5			10.75
SIII04DH3 : 2	SIII04D구역 H3재구덩이	규형	1.3	0.7		11.2			3			15.5
SIII04DH3 : 1	SIII04D구역 H3재구덩이	모형	4.2 (잔존)	0.9		8.3			3			15.6
SIII05DH4 : 2	SIII05D구역 H4재구덩이	모형	3.3	1	0.6							10.2 (잔존)
SIII05DH4 : 1	SIII05D구역 H4재구덩이	모형										12.4
SIII05DH6 : 3	SIII05D구역 H6재구덩이	규형										8.7 (잔존)
SIII05DH6 : 1	SIII05D구역 H6재구덩이	삼익형	5.3	1					2.1			7.4
SIII05DH6 : 2	SIII05D구역 H6재구덩이	산형		2						0.5		7.3
SIII05DH7 : 1	SIII05D구역 H7재구덩이	규형										10.4
SIII05DH9 : 1	SIII05D구역 H9재구덩이	규형										17.5
SIII05DH10 : 18	SIII05D구역 H10재구덩이	엽형	3.8	1.6	0.3				8.1	0.6		11.4
SIII05DH10 : 13	SIII05D구역 H10재구덩이	모형	3.4	1.6	0.4				6.7			10.1
SIII05DH10 : 14	SIII05D구역 H10재구덩이	규형	9.8	0.7								
SIII05DH10 : 11	SIII05D구역 H10재구덩이	규형										13.5
SIII05DH10 : 3	SIII05D구역 H10재구덩이	추형										7.8
SIII05DH11 : 3	SIII05D구역 H11재구덩이	모형	4.1	0.9	0.5	8.2	0.6		1.3			13.6
SIII05DH11 : 2	SIII05D구역 H11재구덩이	규형	1.3	0.7								5.5
SIII05DH13 : 2	SIII05D구역 H13재구덩이	모형	3.3	1.1	0.4							8.8
SIII05DH13 : 3	SIII05D구역 H13재구덩이	규형	1.3			11	0.5		1			13.3
SIII05DH13 : 1	SIII05D구역 H13재구덩이	규형										15.8
91S I H2 : 1	S I 구역 H2재구덩이	모형	4.5	0.8	0.4	4.5	0.5		0.5 (잔존)			
91S I H1 : 2	S I 구역 H1재구덩이	규형				11.3	0.5	0.4				12.7
90S I H3 : 7	S I 구역 H3재구덩이	추형	3.8	0.8					3.7	0.4		
91S I H4 : 2	S I 구역 H4재구덩이	규형	1.8	0.6		10.7	0.6	0.4	1			12.5

〈별첨〉 중국 랴오닝성 선양 석대자산성 출토 철제화살촉 속성 일람표

화살촉번호	출토지	촉두				촉신			경부			전체 길이
		형태	길이	너비	두께	길이	너비	두께	길이	너비	두께	
91SⅠH4 : 1	SⅠ구역 H4재구덩이	규형	1.7	0.6		11.8	0.6	0.4	5			18.5
91SⅠH4 : 6	SⅠ구역 H4재구덩이	모형	3	0.7		4	0.6		0.8 (잔존)			7.8
91SⅠH5 : 2	SⅠ구역 H5재구덩이	규형	1.6	0.7		7.1	0.6	0.3	4			13.5
91SⅠH5 : 1	SⅠ구역 H5재구덩이	추형	3	0.8					7.1			10.2
91SⅠH13 : 2	SⅠ구역 H13재구덩이	모형	4.3	0.8		4.8	0.5					15.6

참고문헌

1. 문헌사료 및 금석문

1) 국내사료
『三國史記』,『三國遺事』,『新增東國輿地勝覽』.

2) 외국사료
『漢書』,『後漢書』,『三國志』,『晉書』,『南齊書』,『梁書』,『魏書』,『周書』,『北史』,『隋書』,『舊唐書』,『新唐書』.
『太平寰宇記』,『資治通鑑』,『太平御覽』,『册府元龜』.
『孫子兵法』,『吳子兵法』,『司馬法』,『尉繚子』,『李衛公問對』,『三略』,『六韜』,『武經總要』,『三才圖會』.
『日本書紀』.

3) 금석문
「廣開土王陵碑文」,「冊丘儉紀功碑文」.
고구려연구재단,『중국소재 고구려관련 금석문자료집』, 2005.
한국학중앙연구원출판부 편집부,『중국 소재 한국 고대 금석문』, 한국학중앙연구원 출판부, 2015.

2. 고고학 보고서 및 도록

1) 국문
경상대학교 박물관,『합천옥전고분군VI-23 · 28호분』, 1997.
고구려연구재단,『증보판 평양일대 고구려유적』, 2005.
고려대학교 고고환경연구소 · 구리시,『아차산 제3보루-1차 발굴조사보고서』, 2007.
구의동보고서간행위원회,『한국유역의 고구려요새-구의동유적발굴조사종합보고서』, 도서출판 소화, 1997.
국립창원문화재연구소,『咸安 馬甲塚』, 2002.
박진욱 · 김종혁 · 주영헌 · 장상렬 · 정찬영,『덕흥리 고구려 벽화무덤』, 과학백과사전출판사, 1981.
부산대학교박물관,『동래복천동고분군(Ⅰ·Ⅱ)』, 1983.
서울대학교박물관 · 서울대학교인문학연구소 · 구리시 · 구리문화원,『아차산 시루봉 보루-발굴조사 종합보고서』, 2002.
서울대학교박물관 · 서울대학교인문학연구소 · 구리시 · 구리문화원,『아차산 제4보루』, 2000.
서울대학교박물관 · 서울특별시,『용마산 제2보루-발굴조사 종합보고서』, 2009.

서울대학교박물관·서울특별시,『홍련봉 제2보루-1차 발굴조사보고서』, 2007.
성균관대학교 박물관,『集安 高句麗 유적의 어제와 오늘』, 2006.
여호규·강현숙·백종오·김종은·이경미·정동민,『중국 소재 고구려 유적과 유물(Ⅸ·Ⅶ)』, 동북아역사재단, 2020.
조선유적유물도감편찬위원회,『조선유적유물도감(5·6)』, 1990.
채희국,「태성리고분군 발굴보고」(『유적발굴보고』5, 과학원고고학 및 민속학연구소), 과학원출판사, 1959.
황욱,『안악제3호분 발굴보고』(과학원고고학 및 민속학연구소,『유적발굴보고』3), 과학원출판사, 1958.
고고학 및 민속학연구소,「평안남도 순천군 룡봉리 요동성총 조사보고」,『고고학자료집』1, 1958.
과학원고고학 및 민속학연구소,「평안남도 룡강군 대안리 제1호묘 발굴보고」,『대동강 및 재령강 류역 고분 발굴보고』(『고고학자료집』2), 과학원출판사, 1958.
김용남,「새로 알려진 덕흥리 고구려 벽화무덤에 대하여」,『력사과학』1979-3, 1979.
도유호,「안악에서 발굴된 고구려고분들」,『문화유물』1, 1949.
리창언,「동암리벽화무덤발굴보고」,『조선고고연구』1988-2, 1988.
문화유산편집부,「학계소식 : 기양 관개지구에서 새로 발굴된 고구려벽화고분」,『문화유산』1958-4, 1958.
전주농,「대동군팔청리벽화무덤」,『각지유적정리보고』(과학원고고학 및 민속학연구소,『고고학자료집』3), 과학원출판사, 1963.
전주농,「태성리 저수지 건설장에서 발견된 유적 정리에 대한 개보(1·2)」,『문화유산』1958-2·3, 1958.
주영헌,「약수리벽화무덤발굴보고」,『각지유적정리보고』(과학원고고학 및 민속학연구소,『고고학자료집』3), 과학원출판사, 1963.

2) 중문
吉林省文物考古研究所·集安市博物館,『集安高句麗王陵』, 文物出版社, 2004.
吉林省文物考古研究所·集安市博物館·吉林省博物院,『集安出土高句麗文物集粹』, 科學出版社, 2010.
遼寧省文物考古研究所,『五女山城-1996~1999, 2003年 桓仁五女山城調査發掘報告』, 文物出版社, 2004.
遼寧省文物考古研究所·潘陽市文物考古研究所,『石臺子山城(上·下)』, 文物出版社, 2012.
吉林省文物考古研究所·集安市博物館,「洞溝古墳群禹山墓區JYM3319號墓發掘報告」,『吉林集安高句麗墓葬報告集』, 科學出版社, 2009.
吉林省文物考古研究所·集安市博物館,「集安JSZM0001號墓淸理報告」,『吉林集安高句麗墓葬報告集』, 科學出版社, 2009.
吉林省文物考古研究所·集安市博物館,「集安JSZM145號墓調査報告」,『吉林集安高句麗墓葬報告集』, 科學出版社, 2009.
吉林省文物工作隊·集安縣文物保管所,「集安長川一號壁畵墓」,『東北考古與歷史』1, 1982.
吉林省博物館文物工作隊,「吉林集安的兩座高句麗墓」,『考古』1977-2, 1977.

吉林省博物館輯安考古隊, 「吉林輯安麻線溝一號壁畵墓」, 『考古』 1964-10, 1964.
吉林集安縣文管所, 「集安萬寶汀墓區242號古墳淸理簡報」, 『考古與文物』 1982-6, 1982.
佟達, 「撫順後金界藩城和薩爾滸城調査」, 『遼海文物學刊』 1988-1, 1988.
撫順市文物工作隊, 「遼寧撫順高爾山古城祉調査簡報」, 『考古』 1964-12, 1964.
徐家國・孫力, 「遼寧撫順高爾山城發掘簡報」, 『遼海文物學刊』 1987-2, 1987.
蘇鵬力・于懷石・任秀芬, 「燈塔市燕州山山城」, 『中國考古學年鑒』, 文物出版社, 2014.
安徽省文物工作隊, 「安徽六安東三十鋪隋畵象磚墓」, 『考古』 1977-5, 1977.
王承禮・韓淑華, 「吉林輯安通溝十二號高句麗墓」, 『考古』 1964-2, 1964.
王禹浪・王海波, 「營口市靑石嶺鎭高句麗山城考察報告」, 『民族歷史』 2009-5, 2009.
遼寧省文物考古硏究所, 「2008-2009年遼寧桓仁縣高儉地高句麗山城發掘簡報」, 『東北史地』 2012-3, 2012.
遼寧省文物考古硏究所, 「遼寧北票喇嘛洞墓地1998年發掘報告」, 『考古學報』 2004-2, 2004.
遼寧省文物考古硏究所・瀋陽市文物考古工作隊, 「遼寧瀋陽市石臺子高句麗山城第一次發掘間報」, 『考古』 1998-10, 1998.
遼寧省文物考古硏究所・朝陽市博物館, 「朝陽十二・臺鄕塼廠88M1發掘簡報」, 『文物』 1997-11, 1997.
李東, 「羅通山城考古調査與試掘」, 『中國考古學年鑑』, 文物出版社, 2010.
李殿福, 「集安通溝三室墓壁畵補正」, 『考古與文物』 1981-3, 1981.
李曉鍾・劉長江・佡俊岩, 「瀋陽石臺子高句麗山城試掘報告」, 『遼海文物學刊』 1993-1, 1993.
鄭辰, 「撫順市高爾山山城在調査發掘中」, 『遼寧文物』 1984-3, 1984.
集安縣文物管理所・吉林省文物工作隊, 「吉林集安通溝三室墓淸理記」, 『考古與文物』 1981-3, 1981.
集安縣文物保管所, 「集安高句麗墓葬發掘簡報」, 『考古』 1983-4, 1983.
集安縣文物保管所, 「集安縣兩座高句麗積石墓的淸理」, 『考古』 1979-1, 1979.

3) 일문

三上次男・田村晃一, 『北關山城』, 中央公論美術出版, 1993.
朝鮮總督府, 『朝鮮古蹟圖譜(2)』, 名著出版社, 1915.
池內宏・梅原末治, 『通溝(下)』, 日滿文化協會, 1940.
谷井濟一, 「高句麗時代 雙楹塚-口繪解說」, 『考古學雜誌』 4-10, 1914.
關野貞, 「滿洲輯安縣及ひ平壤附近に於ける高句麗時代の遺蹟」, 『考古學雜誌』 5-3, 1914.
關野貞, 「朝鮮平壤附近の樂浪高句麗及ひ支那輯安縣附近の高句麗遺蹟」, 『朝鮮及滿洲』 78, 1914.
關野貞, 「平壤附近に於ける高句麗時代の墳墓」, 『建築雜誌』 326, 1914.
關野貞, 「平壤附近における高句麗時代の墳墓及繪畵」, 『朝鮮の建築と藝術』, 岩波書店, 1941.
三上次男, 「撫順北關山城」, 『高句麗と渤海』, 吉川弘文館, 1990.
池內宏・梅原末治, 「滿洲國通化省輯安縣に於ける高句麗の壁畵墳」, 『考古學雜誌』 30-9, 1940.

3. 연구 저서

1) 국문

강현숙, 『고구려 고분 연구』, 진인진, 2013.
계동혁, 『역사를 바꾼 신무기』, 플래닛미디어, 2009.
공석구, 『高句麗 領域擴張史 硏究』, 서경문화사, 1998.
국사편찬위원회, 『나라를 지켜낸 우리 무기와 무예』, 두산동아, 2007.
권오중, 『요동왕국과 동아시아』, 영남대학교 출판부, 2012.
권중달, 『자치통감(19)』, 삼화, 2008.
김성남, 『전쟁으로 보는 한국사』, 수막새, 2005.
김택민 주편, 『譯註 唐六典(上·中·下)』, 신서원, 2005.
노태돈, 『고구려사연구』, 사계절, 1999.
서영교, 『고구려, 전쟁의 나라』, 글항아리, 2007.
서인한, 『高句麗 對隋·唐戰爭史』, 국방부 군사편찬위원회, 1991.
서인한, 『동북아의 왕자를 꿈꾸다』, 플래닛미디어, 2009.
서인한, 『한국고대 군사전략』, 국방부 군사편찬연구소, 2005.
서인한, 『韓民族戰爭通史(1)』, 국방군사연구소, 1994.
손영종, 『고구려사(2)』, 과학백과사전출판사, 1997.
신채호, 『조선상고사(단재신채호전집 제1권 역사)』, 독립기념관 한국독립운동사연구소, 2007.
신형식, 『고구려사』, 이화여자대학교 출판부, 2003.
양주동, 『高歌硏究』, 1942.
여호규, 『고구려성(2)』, 국방군사연구소, 1999.
온창일, 『한민족전쟁사』, 집문당, 2001.
육군군사연구소, 『한국군사사(2)』, 육군본부, 2012.
윤병모, 『高句麗의 遼西進出 硏究』, 경인문화사, 2011.
이강칠, 『한국의 갑주』, 문화공보부 문화재관리국, 1987.
이난영·김두철, 『韓國의 馬具』, 한국마사회 마사박물관, 1999.
이병도, 『국역 삼국사기(상·하)』, 을유문화사, 2005.
이병도, 『韓國古代史硏究(수정판)』, 박영사, 1985.
이성제, 『高句麗의 西方政策 硏究』, 국학자료원, 2005.
이정빈, 『고구려-수 전쟁 : 변경 요서에서 시작된 동아시아 大戰』, 주류성, 2018.
이종학, 『한국군사사연구』, 충남대학교 출판부, 2010.
임기환, 『고구려 정치사 연구』, 한나래, 2004.
임용한, 『전쟁과 역사-삼국편』, 혜안, 2001.
임용한, 『한국고대전쟁사(2)』, 혜안, 2012.
장창은, 『고구려 남방 진출사』, 경인문화사, 2014.

전준현,『조선인민의 반침략투쟁사(고조선-발해편)』, 과학백과사전종합출판사, 1988.
전호태,『고구려고분벽화연구』, 사계절, 2000.
전호태,『고구려에서 만난 우리 역사』, 한림출판사, 2015.
정구복·노중국·신동하·김태식·권덕영,『역주 삼국사기(3)-주석편(상)』, 한국학중앙연구원 출판부, 2014.
정재훈,『돌궐유목제국사』, 사계절, 2016.
耿鐵華, 박창배 역,『중국인이 쓴 고구려사(上·下)』, 고구려연구재단, 2004.
金毓黻, 동북아역사재단 역,『東北通史(上·下)』, 동북아역사재단, 2007.
範文瀾, 박종일 역,『中國通史』, 인간사랑, 2009.
王綿厚·李健才, 동아시아교통사연구회 역,『고대 동북아시아 교통사』, 주류성, 2020.
李殿福, 차용걸·김인경 역,『中國內의 高句麗遺蹟』, 學研文化社, 1994.
李殿福·孫玉良, 강인구·김영수 공역,『중국 학자가 쓴 고구려사』, 學研文化社, 1994.
宮崎市定, 임준혁·박선희 역,『중국중세사』, 신서원, 1996.
水野大樹, 이재경 역,『도해 고대병기』, AK triva book, 2012.
市川定春, 이규원 역,『환상의 전사들』, 들녘, 2007.
篠田耕一, 신동기 역,『무기와 방어구(중국편)』, 들녘, 2001.
아더 훼릴, 이춘근 역,『전쟁의 기원』, 인간사랑, 1990.
크리스 피어스, 황보종우 역,『전쟁으로 보는 중국사』, 수막새, 2005.
토마스 바필드, 윤영인 역,『위태로운 변경-기원전 221년에서 기원후 1757년까지의 유목제국과 중원』, 동북아역사재단, 2009.

2) 중문

譚其驤 主編,『中國歷史地圖集(5)』, 地圖出版社, 1982.
籃永蔚·黃朴民·劉慶·鍾小異,『鼓角爭鳴』, 華東師範大學出版社, 2006.
劉永華,『中國古代車輿馬具』, 上海辭書出版社, 2002.
劉展,『中國古代軍制史』, 軍事科學出版社, 1992.
劉秋霖·劉健·王亞新·關琦,『中國古代兵器圖說』, 天津古籍出版社, 2003.
成東·鐘少異,『中國古代兵器圖集』, 解放軍出版社, 1990.
孫繼民,『唐代行軍制度研究』, 文津出版社, 1995.
孫進己·馮永謙,『東北歷史地理(2)』, 黑龍江人民出版社, 1989.
楊秀祖,『高句麗軍隊與戰爭研究』, 吉林大學出版社, 2010.
楊泓,『中國古兵器論叢』, 文物出版社, 1985.
楊泓,『中國古兵器論叢-增訂本』, 中國社會科學出版社, 2007.
楊泓·于炳文·李力,『中國古代兵器與兵書』, 新華出版社, 1983.
寧志新,『隋唐使職制度研究』, 中華書局, 2005.
王小甫 主編,『盛唐時代與東北亞政局』, 上海辭書出版社, 2003.

遼寧省文物考古硏究所,『三燕文物精粹』, 遼寧人民出版社, 2002.
魏存成,『高句麗考古』, 吉林大學出版社, 2002.

3) 일문
堀敏一,『中國と古代東アジア-中華的世界と諸民族』, 岩波書店, 1993.
宮崎市定,『隋の煬帝』, 中央公論社, 1987.
金子修一,『隋唐の國際秩序と東アジア』, 名著刊行會, 2001.

4. 연구 논문

1) 국문
강선, 「4~6세기 동아시아 정세와 고구려의 대외정책」,『軍史』54, 국방부 군사편찬연구소, 2005.
강인욱, 「고구려 鐙子의 發生과 유라시아 초원지대로의 전파에 대하여」,『北方史論叢』12, 고구려연구재단, 2006.
강현숙, 「고구려 고분에서 보이는 중국삼연요소의 전개과정에 대하여」,『한국상고사학보』51, 한국상고사학회, 2006.
강현숙, 「고구려고분연구」, 서울대학교 박사논문, 2000.
강현숙, 「古墳出土 甲冑와 馬具로 본 4, 5세기의 新羅, 伽倻와 高句麗」,『신라문화』32, 동국대학교 신라문화연구소, 2008.
김길식, 「고구려의 무기체계의 변화」,『한국 고대의 Global Pride-고구려』, 고려대학교 박물관, 2005.
김두철, 「三國時代의 戰鬪構成과 戰鬪形態」,『古代의 戰爭과 武器』, 부산복천박물관, 2001.
김미경, 「高句麗의 樂浪·帶方地域 進出과 그 支配形態」,『學林』17, 연세사학연구회, 1996.
김보람, 「고구려 철촉 연구」, 고려대학교 석사논문, 2013.
김복순, 「고구려 대수·당 항쟁전략 고찰」,『軍史』12, 국방부 군사편찬연구소, 1986.
김선민, 「高句麗의 隋唐關係硏究-靺鞨을 中心으로」,『백제연구』26, 충남대학교 백제연구소, 1985.
김선민, 「隋 煬帝의 軍制改革과 高句麗遠征」,『東方學志』119, 연세대학교 국학연구원, 2003.
김성태, 「高句麗의 武器(1~3)」,『文化財』26~28, 문화재관리국, 1993~1995.
김수태, 「삼국의 외교적 협력과 경쟁-7세기 신라와 백제의 외교전을 중심으로」,『신라문화』46, 동국대학교 신라문화연구소, 2004.
김영수, 「612년 여·수 전쟁과 고구려의 첩보전」,『민족문화』30, 한국고전번역원, 2007.
김영하, 「高句麗의 發展과 戰爭」,『大東文化硏究』32, 대동문화연구소, 1997.
김원룡, 「乙支文德의 出自에 대한 疑論」,『全海宗博士華甲紀念史學論叢』, 일조각, 1979.
김재우, 「영남지방의 마주에 대하여-김해대성동고분출토마주를 소재로」,『영남고고학』35, 영남고고학회, 2004.
김종완, 「高句麗의 朝貢과 冊封의 性格」,『고구려발해연구』18, 고구려발해학회, 2004.
김주성, 「7세기 삼국 고대 전투모습의 재현」,『軍史』81, 국방부 군사편찬연구소, 2011.

김지영, 「7세기 고구려의 대외관계 연구」, 숙명여자대학교 박사논문, 2014.
김진한, 「고구려 후기 대외관계사 연구」, 한국학중앙연구원 박사논문, 2010.
김진한, 「평원왕대 고구려의 대외관계-요해지역의 동향을 중심으로」, 『국학연구』 11, 한국국학진흥원, 2007.
김창석, 「고구려-수 전쟁의 배경과 전개」, 『동북아역사논총』 15, 동북아역사재단, 2007.
김택민, 「麗·隋 力學關係와 戰爭의 樣相」, 『東洋史學硏究』 127, 동양사학회, 2014.
노태돈, 「고구려 초기 천도에 관한 약간의 논의」, 『한국고대사연구』 68, 한국고대사학회, 2012.
노태돈, 「高句麗의 漢江流域喪失의 原因에 대하여」, 『한국사연구』 13, 한국사연구회, 1976.
리순진, 「강원도 철령유적에서 발굴된 고구려기마모형에 대하여」, 『조선고고연구』 1994-4, 사회과학출판사, 1994.
민철희, 「高句麗 陽原王·平原王代의 政局變化」, 『사학지』 35, 단국사학회, 2002.
박성현, 「한국 고대의 국경과 변경」, 『역사와 현실』 82, 한국역사연구회, 2011.
박원길, 「고구려와 柔然·突厥의 關係」, 『고구려연구』 14, 고구려연구회, 2002.
박진욱, 「3국 시기의 갑옷과 투구」, 『고고민속』 1965-2, 1965.
박진욱, 「3국무기의 특성과 그것을 통하여 본 병종 및 전투형식」, 『고고민속논문집』, 1970.
박한제, 「七世紀 隋唐 兩朝의 韓半島 進出 經緯에 대한 一考」, 『東洋史學硏究』 43, 동양사학회, 1993.
변희룡, 「第1次 高隋戰爭(臨渝關 戰捷)에서의 장마」, 『대기』 9, 한국기상학회, 1999.
사회과학원, 「무기와 무장」, 『고구려문화사』, 논장출판사, 1988.
서영교, 「고구려 기병과 鐙子-고구려 고분벽화 분석을 중심으로」, 『歷史學報』 181, 역사학회, 2004.
서영교, 「高句麗 壁畵에 보이는 高句麗의 戰術과 武器」, 『高句麗硏究』 17. 고구려연구회, 2004.
서영교, 「高句麗 重裝騎兵에 관한 諸問題」, 『學藝誌』 13, 육군사관학교 박물관, 2006.
서영일, 「6~7世紀 高句麗 南境 考察」, 『고구려연구』 11, 고구려연구회, 2001.
성정용, 「고구려의 갑주문화」, 『고고자료에서 찾은 고구려인의 삶과 문화』, 고구려연구재단, 2006.
손수호, 「고구려의 개마에 대하여」, 『조선고고연구』 104, 1997.
송계현, 「삼국시대 철제갑주의 연구」, 경북대학교 석사논문, 1989.
송계현, 「우리나라 甲冑의 變化」, 『古代戰士특별전도록』, 부산복천박물관, 1999.
송계현, 「韓國 古代의 甲冑」, 『한국고대의 갑옷과 투구』, 국립김해박물관, 2002.
송계현, 「환인과 집안의 고구려갑주」, 『북방사논총』 3, 고구려연구재단, 2005.
송태호, 「우리나라에서 등자의 발생과 보급에 대하여」, 『조선고고연구』 120, 2001.
양시은, 「고구려성 연구」, 서울대학교 박사논문, 2013.
여호규, 「3세기 전반~4세기 전반 고구려의 교통로와 지방통치조직」, 『한국사연구』 91, 한국사연구회, 1995.
여호규, 「4세기 高句麗의 樂浪·帶方 경영과 中國系 亡命人의 정체성 인식」, 『한국고대사연구』 53, 한국고대사학회, 2009.
여호규, 「6세기말~7세기 초 동아시아 국제질서와 고구려 대외정책의 변화」, 『역사와 현실』 46, 한국역사연구회, 2002.
여호규, 「高句麗 中期의 武器體系와 兵種構成」, 『韓國軍事史硏究』 2, 국방군사연구소, 1999.
여호규, 「고구려 초기 對中戰爭의 전개과정과 그 성격」, 『동북아역사논총』 15, 동북아역사재단, 2007.
여호규, 「高句麗 後期의 軍事防禦體系와 軍事戰略」, 『韓國軍事史硏究』 3, 국방군사연구소, 1999.
여호규, 「고구려의 기원과 문화 기반」, 『고구려의 정치와 사회』, 동북아역사재단, 2007.
여호규, 「고구려의 성과 방어체계」, 『고구려의 문화와 사상』, 동북아역사재단, 2007.
여호규, 「國內城期 高句麗의 軍事防禦體系」, 『한국군사사연구』, 국방군사연구소, 1998.
여호규, 「集安地域 고구려 超大型積石墓의 전개과정과 被葬者 문제」, 『한국고대사연구』 41, 한국고대사학회, 2006.
윤병모, 「高句麗의 對隋戰爭과 遼西攻略」, 『軍史』 72, 국방부 군사편찬연구소, 2009.
윤성호, 「아차산성 출토 명문기와를 통해 본 新羅 下代의 北漢山城」, 『韓國史學報』 74, 고려사학회, 2019.
윤용구, 「隋唐의 對外政策과 高句麗 遠征-裵矩의 郡縣回復論을 중심으로」, 『북방사논총』 5, 고구려연구재단, 2005.
윤휘탁, 「만주는 동아시아에서 어떤 곳일까」, 『만주-그땅, 사람, 그리고 역사』, 고구려연구재단, 2005.
이기동, 「高句麗의 勢力圈 遼東에 對한 地政學的 考察」, 『고구려연구』 21, 고구려연구회, 2005.
이동준, 「隋煬帝의 高句麗 원정과 군사전략」, 『學林』 30, 연세사학연구회, 2009.
이상률, 「'동북지방과 고구려 문물의 비교연구'에 대하여」, 『고구려고고학의 제문제』, 제27회 한국고고학전국대회 발표자료집, 2003.
이상률, 「가야의 馬胄」, 『가야의 대외교섭』, 제5회 가야사 학술회의 자료집, 1999.
이성제, 「高句麗와 契丹의 關係」, 『북방사논총』 5, 고구려연구재단, 2005.
이성제, 「高句麗와 遼西橫斷路」, 『한국사연구』 178, 한국사연구회, 2017.
이성제, 「高句麗와 투르크계 北方勢力의 관계-이해의 방향과 연구방법에 대한 모색」, 『고구려발해연구』 52, 고구려발해학회, 2015.
이성제, 「高句麗의 西部 國境線과 武厲邏」, 『大丘史學』 113, 대구사학회, 2013.
이용범, 「高句麗의 遼西 進出 企圖와 突厥」, 『사학연구』 4, 한국사학회, 1959.
이인철, 「4~5세기 高句麗의 南進經營과 重裝騎兵」, 『軍史』 33, 국방부 군사편찬연구소, 1996.
이인철, 「4~5세기 고구려의 무기·무장과 중장기병」, 『고조선·고구려·발해 발표논문집』, 고구려연구재단, 2005.
이재성, 「6세기 후반 突厥의 南進과 高句麗와의 충돌」, 『북방사논총』 5, 고구려연구재단, 2005.
이정빈, 「570년대 후반~580년대 전반 요서지역의 정세와 고구려의 대외관계」, 『동북아역사논총』 44, 동북아역사재단, 2014.
이정빈, 「6~7세기 고구려의 쇠뇌 운용과 군사적 변화」, 『軍史』 77, 국방부 군사편찬연구소, 2010.
이정빈, 「6세기 후반~7세기 초반 고구려의 서방 변경지대와 그 변화-요서 고구려의 邏와 수의 鎭·戍를 중심으로」, 『역사와 현실』 82, 한국역사연구회, 2011.
이정빈, 「고구려-수 전쟁의 배경연구」, 경희대학교 박사학위 논문, 2013.

이정빈, 「고구려와 수당의 전쟁, 무엇을 바꾸었나?」, 『역사비평』 126, 역사비평사, 2019.
이홍두, 「고구려 전기의 기마전」, 『역사와 실학』 44, 역사실학회, 2011.
임기환, 「7세기 동북아 전쟁에 대한 연구동향과 과제-고구려와 수, 당의 전쟁을 중심으로」, 『역사문화논총』 8, 신구문화사, 2014.
임기환, 「7세기 동북아시아 국제질서의 변동과 전쟁」, 『전쟁과 동북아의 국제질서』, 일조각, 2006.
임기환, 「국제질서의 변동과 수·당과의 전쟁」, 『고구려의 정치와 사회』, 동북아역사재단, 2007.
임기환, 「귀족 연립 체제의 성립」, 『고구려의 정치와 사회』, 동북아역사재단, 2007.
장경숙, 「고구려 고분벽화에 묘사된 갑주」, 『慶州文化硏究』 6, 경주대학교 경주문화연구소, 2003.
장경숙, 「영남지역 출토 종장판주에 대한 연구」, 『영남고고학』 25, 영남고고학회, 1999.
전주농, 「고구려 시기의 무기와 무장(1~2)」, 『문화유산』 1958-5·1959-1, 1958·1959.
전호태, 「고구려와 모용선비 삼연의 고분문화」, 『동북아역사논총』 57, 동북아역사재단, 2017.
정동민, 「598년 高句麗-隋 전쟁의 배경과 충돌 양상-접경공간인 遼西地域을 중심으로」, 『역사문화연구』 67, 한국외국어대학교 역사문화연구소, 2018.
정동민, 「613·614년 高句麗-隋 전쟁에 보이는 遼西 상황과 隋軍의 전략」, 『서강인문논총』 55, 서강대학교 인문과학연구소, 2019.
정동민, 「고구려 騎乘用 馬具의 출토 양상과 계통」, 『역사문화연구』 64, 한국외국어대학교 역사문화연구소, 2017.
정동민, 「고구려 원정 隋軍의 편성과 兵種 구성」, 『한국고대사연구』 82, 한국고대사학회, 2016.
정동민, 「고구려 전쟁사」, 『동북공정 이후 중국의 고구려사 연구 동향-분석과 비판 2007~2015』, 역사공간, 2017.
정동민, 「高句麗 重裝騎兵의 모습과 도입시점에 대한 小考」, 『전통문화연구』 6, 용인대학교 전통문화연구소, 2007.
정동민, 「高句麗 重裝騎兵의 特徵과 運用形態의 變化-古墳壁畵資料를 중심으로」, 『한국고대사연구』 52, 한국고대사학회, 2008.
정동민, 「고대 동아시아의 接境, 遼西-중국왕조, 유목세력, 고구려의 관계를 중심으로」, 『중앙사론』 50, 중앙대학교 중앙사학연구소, 2019.
정동민, 「遭遇와 衝突로 高句麗 後期를 이해하다」, 『선사와 고대』 65, 한국고대학회, 2021.
정동준, 「7세기 전반 백제의 대외정책」, 『역사와 현실』 46, 한국역사연구회, 2002.
조희승, 「황해북도 연탄군 송죽리 고구려벽화무덤의 력사지리적 환경과 피장자문제에 대하여」, 『북한의 최근 고구려사 연구』, 고구려연구재단, 2004.
최종택, 「아차산성에 대한 고고학적 조사 성과와 과제」, 『사총』 81, 고려대학교 역사연구소, 2014.
菊池英夫, 김선민 역, 「부병제도의 전개」, 『세미나 隋唐오대사』, 서경문화사, 2005.
金子修一, 「高句麗와 隋의 關係」, 『고구려발해연구』 14, 고구려발해학회, 2002.
松井等, 심호섭·이남일·이정빈 역, 「수·당 두 왕조의 고구려 원정의 지리」(「隋唐二朝高句麗遠征の地理」, 『滿洲歷史地理』 1, 南滿洲鐵道株式會社), 『한국고대사탐구』 14, 한국고대사탐구학회, 2013.

2) 중문

姜明勝,「隋唐與高句麗戰爭原因及影向探析」, 延邊大學 碩士學位論文, 2008.
季德源,「隋朝軍事機構與職官設置」,『軍事歷史』1987-6, 1987.
高鐵泰·高然,「≪豆盧實墓志≫與北朝隋唐豆盧氏家族」,『齊魯學刊』2015-3, 2015.
金金花,「試析隋朝與高句麗關系由"和"到"戰"變化的原因」,『黑龍江史志』2009-3, 2009.
董健,「試析隋朝首次東征高句麗之原因」,『通化師范學院學報』2015-11, 2015.
董健,「楊諒東征高句麗失敗原因探析」,『東北史地』2015-4, 2015.
董高,「公元 3至6世紀 慕容鮮卑, 高句麗, 朝鮮, 日本馬具之比較硏究」,『文物』1995-1, 1995.
劉軍,「地緣政治視野下的隋唐征高句麗之戰」,『黑龍江史志』2009-2, 2009.
劉心銘,「隋煬帝·唐太宗征高麗論略」,『解放軍外國語學院學報』2000-2, 2000.
劉向東,「隋唐東征相關地理問題考辨」,『軍事歷史硏究』2015-6, 2015.
苗威,「試論隋與高句麗戰爭」,『延邊大學學報』2000-3, 2000.
孫煒冉,「乙支文德考」,『通化師範學院學報』2015-7, 2015.
楊秀祖,「隋煬帝征高句麗的几个問題」,『通化學院學報』1996-1, 1996.
梁志龍,「"斬俘圖"小議」,『東北史地』2007-1, 2007.
呂蕾,「隋煬帝征伐高句麗失敗原因及其影響探析」,『蘭台世界』15, 2014.
寧志新·喬鳳岐,「隋煬帝首征高句麗軍隊人數考」,『河北師範大學學報』2004-1, 2004.
王綿厚,「唐"營州至安東"陸軍交通地理考實」,『遼海文物學刊』1986-1, 1986.
王綿厚,「鴨綠江右岸高句麗山城綜合硏究」,『遼海文物學刊』1994-2, 1994.
王綿厚,「高句麗古建築分期及其歷史背景」,『고구려 산성과 방어체계』, 제5회 고구려 국제학술회의 발표문, 1999.
王巍,「以出土馬具看三之六世紀東亞諸國的交流」,『考古』1997-12, 1997.
王春强,「隋唐五代時期幽州地區戰爭與軍事硏究」, 首都師範大學 碩士學位論文, 2007.
熊義民,「隋煬帝第一次東征高句麗兵力新探」,『暨南學報』2002-4, 2002.
袁剛,「隋代東北亞形勢和煬帝耀武三征高句麗」,『중앙사론』23, 중앙대학교 중앙사학연구소, 2006.
李曉鐘·劉煥民,「石臺子山城發現與硏究」,『東北地區三至十世紀古代文化學術討論會論文』, 2000.
林汀水,「遼東灣海岸線的變遷」,『中國歷史地理論叢』1991-2, 1991.
張克擧,「前燕出土的馬胄及其源流」,『靑果集』, 1998.
張艶,「朝貢關系下隋唐對高句麗戰爭的原因分析」,『周口師范學院學』2015-6, 2015.
齊東方,「中國初期馬鐙的有關問題」,『文物』1993-4, 1993.
趙文斌,「淺析隋文帝對高句麗以"和"爲主的政策」,『黑龍江史志』2009-11, 2009.
曹柳麗,「隋煬帝唐太宗征高句麗的軍事後勤建設比較硏究」, 江西師範大學 碩士學位論文, 2013.
趙曉剛·王海,「石臺子山城防禦體系探究」,『東北史地』2014-3, 2014.
趙曉剛·沈彤林,「隋遼東郡及通定鎭考略」,『沈陽考古文集』1, 科學出版社, 2007.
拯救夢想,「隋唐皇帝御駕親征爲何屢屢失敗」,『時代靑年』2013-9, 2013.
馮永謙,「武厲邏新考(上·下)」,『東北史地』2012-1·2, 2012.

韓昇, 「隋煬帝伐高麗之謎」, 『滾川師院學報』 1996-1, 1996.
侯波, 「隋煬帝攻伐高句麗」, 『世界博覽』 2008-10, 2008.

3) 일문

末松保和, 「高句麗攻守の形勢」, 『靑丘學叢』 5, 1931.
山崎宏, 「隋朝官僚性格」, 『東京敎育大學敎文學部紀要』 6, 東京大學出版部, 1965.
松井等, 「隋唐二朝高句麗遠征の地理」, 『朝鮮歷史地理(1)』, 南滿洲鐵道株式會社, 1913.
田村晃一, 「高句麗のについて」, 『百濟文化』 18, 1988.
津田左右吉, 「三國史記高句麗本紀の批判」, 『滿鮮地理歷史報告書』 9, 1922.
淺見直一郞, 「煬帝の第一次高句麗遠征軍-その規模と兵種」, 『東洋史硏究』 44-1, 1985.
韓昇, 「隋と高句麗の國際政治關係をめぐって」, 『堀敏一先生古稀紀念中國古代の國家と民衆』, 汲古書院, 1995.

찾아보기

ㄱ

갈석도(군)碣石道(軍) 76~81, 85, 88, 139, 140, 158, 160, 162, 164
감군監軍 45, 47, 82, 86, 104, 107, 147
감신총 129, 219, 261
강이식姜以式 57
개마도(군)蓋馬道(軍) 75, 77~78
개마총 226, 228, 233, 246~247, 250, 260, 262~264, 270
개모도(군)蓋牟道(軍) 82~83, 86, 104, 147
거란契丹 29, 31~32, 34~36, 40
건안도(군)建安道(軍) 75, 77~78
건안성建安城 113
고검지산성高儉地山城 251
고경高熲 37, 42, 45~47, 52~55, 59, 107, 193, 194
고국양왕故國壤王 211~212
고국원왕故國原王 207, 211
고려성산성高麗城山城 113, 251
고보령高寶寧 26~27, 31
고이산성高爾山城 24~25, 84, 128, 182, 251, 270
곡사정斛斯政 182, 188
공손무달公孫武達 166~167
공손찬公孫瓚 236
공제恭帝 190, 198
과의랑장果毅郎將 165
곽영郭榮 41, 134, 163, 165, 180

곽충郭充 244
관구검毋丘儉 235~236, 238
관덕왕웅觀德王雄 41, 79, 102
광개토왕廣開土王 29, 31, 211~212
광개토왕릉비廣開土王陵碑 212
9시寺 76~77, 80
구의동보루 130
국내성國內城 84
군부軍副 82, 103, 145, 158, 161
군장軍將 83~84, 145, 157~158, 165, 171

ㄴ

나통산성羅通山城 252
낙랑도(군)樂浪道(軍) 75, 77~79, 81, 88, 105, 139~140, 142~144, 146
남성골산성 130
남소도(군)南蘇道(軍) 75, 77~78
내군內軍 76~78, 80
내호아來護兒 89~91, 152, 159~160, 163, 165, 169~172, 184
노룡도(군)盧龍道(軍) 82, 84~86, 103, 158, 160, 162, 164, 195
노수弩手 33~34, 69, 90~91, 100~101, 132, 134, 172, 195
노하진瀘河鎭 41, 69~70, 74, 86, 89, 102, 112, 121, 124, 139~140, 143, 148, 174, 177, 180, 196
농오리산성 150
누방도(군)鏤方道(軍) 75, 77~78

능한산성　150

ㄷ

다링허강大陵河　32, 48, 72, 74, 121, 140, 174, 176
단문진段文振　41, 78
단지현段志玄　166~167
답돈도(군)踏頓道(軍)　76~79, 85, 147, 159~160, 162, 164, 182, 184
당唐　49, 57, 104, 112, 190~191, 198
당고조唐高祖　190, 198
당직唐直　42~43
대돈大頓　119~120
대량갑촌大亮甲村유적지　73
대방도(군)帶方道(軍)　76~79, 88
대안리1호분　223, 246~247, 250~251, 262~263, 269
대장군大將軍　55, 102~104, 145, 161, 165, 169, 195
대장大將　78~79, 83, 86, 91~92, 103~107, 122, 163~165, 169~170
대흑산산성大黑山山城　187
덕흥리벽화고분　129, 135, 218, 246~247, 250~251, 262~264
독고황후獨孤皇后　52~53
돌궐突厥　13, 24, 26~27, 31~33, 39~40, 44, 57, 63, 65, 67~68, 88, 106, 136, 189~190, 192~194, 198~199
돌지계突地稽　39
동돌궐東突厥　27~28, 33, 38, 57
동래東萊　56, 69, 159, 171~172, 184
동삼십포묘東三十鋪墓　95~97
동수多壽　244

동암리벽화고분　221, 246~247, 250~251, 262~263
동위東魏　13
동이도(군)東暆道(軍)　76~79, 88, 105
동천왕東川王　235~236, 238
동호東湖　29
두로실豆盧實　70~72, 87, 103
두언杜彦　42~43
따싱안링산맥大興安嶺山脈　36

ㄹ

라灑　176
라마동M17호분喇嘛洞M17號墳　241~242
랴오양遼陽　70, 113, 116, 121
랴오중현遼中縣　70
랴오허강遼河　29, 31, 48, 72~73, 112~113, 116, 123, 140, 144, 174~176
류덕劉德　41
류사룡劉士龍　79, 105~106, 146

ㅁ

마갑총　208
마선구1호분麻線溝1號墳　226, 231, 245~246, 250, 258, 260, 262~263
마선구2100호분麻線溝2100號墳　128, 206, 209~210, 248, 250, 252, 256
막하불莫賀弗　31~32, 35
만보정1078호분萬寶汀1078號墳　270
만보정242호분萬寶汀242號墳　129, 252

만석萬碩　171
말갈靺鞨　29~32, 34~37, 39~40, 50, 148
망해돈望海頓　121
맥철장麥鐵杖　78
맹금차孟金叉　103
명광갑明光甲　92~95, 97
명해도(군)溟海道(軍)　72, 75, 77~78, 87~88
모용부慕容部　29
모용선비慕容鮮卑　239, 241~245, 266
모용인慕容仁　244
모용황慕容皝　244
모인募人　98, 195
무려라武厲邏　73, 112, 124, 153, 175~177, 197
무려성武厲城　71, 73
무분랑장武賁郎將　82, 102~104, 133, 158, 171, 195
무아랑장武牙郎將　102
무용총舞踊塚　270

(ㅂ)
바가카간莫何可汗　28
발야고拔野固　191
방언겸房彦謙　158, 160, 165
배구裵矩　67, 103
배찬(수)排鑽(手)　69, 90, 100~101, 172, 195
백산부白山部　39
백석산白石山　142, 151
백암성白巖城　24~26, 182, 251
백제　24, 35, 63~65, 192, 198

번자개樊子蓋　78, 189
범안귀范安貴　81, 83, 86
별동대　19, 80, 82, 123, 138, 140~152, 161~162, 164, 170, 178~179, 182, 184~185, 196~197
병주총관(부)幷州總管(府)　44~45, 53
복천동10호분　240
봉추封抽　244
봉황산성鳳凰山城　141~143, 182
부병府兵　98, 101, 165, 167, 177, 195
부병제府兵制　87~88, 98
부여도(군)扶餘道(軍)　75, 77~81, 85, 139~140, 144, 146, 157~158, 160, 162, 164, 185
부여성扶餘城　32
부장副將　103
부총관副總管　169
북연北燕　272
북위北魏　13, 24, 272~273
북제北齊　13~14, 24, 26~27
북주北周　13~14, 26~28, 42~45, 54~55, 87~88, 96, 98, 104, 136
북한산성北漢山城　64
비사성卑奢城　186~187
비청노費靑奴　103

(ㅅ)
사상史祥　79, 146~147
산성하전창145호분山城下塼廠145號墳　252, 254
산성하전창159호분山城下塼廠159號墳　252, 255
산성하전창1호분山城下塼廠1號墳

252~253
산융山戎 29
산해관山海關 49
살수薩水 142, 149~151, 186, 197
3대臺 76~77, 80, 105, 196
삼실총三室塚 226, 229, 246, 250~251, 260, 262~264
상서우승尙書右丞 79, 106
서갑犀甲 92~95
『서곽잡록西郭雜錄』 57
서대묘西大墓 210
서돌궐西突厥 27, 33, 57
서위西魏 13, 24, 87~88
석대자산성石臺子山城 125~128, 130~132, 136, 251
석두성石頭城 64
석륵石勒 243
선비鮮卑 29
설세웅薛世雄 79, 81, 83, 139, 142, 146, 151, 159~160, 163, 165, 182, 184
설연타薛延陀 191
소수림왕小獸林王 210
소우蕭瑀 189
속말말갈粟末靺鞨 32, 39~40, 193
송산성松山城 64
송죽리벽화고분 246, 260
송황宋晃 244
쇠뇌弓弩 133~136, 196, 200, 235
수문구장獸文具裝 92, 95
수문제隋文帝 14, 26~27, 33~34, 36~37, 42~47, 50~54, 59, 65~66, 68, 101, 134, 152, 193

수성도(군)遂城道(軍) 79, 81~82, 86, 139~140, 195
수수水手 69, 90~91, 101, 195
수항사자受降使者 79, 104~107, 122, 196
숙신도(군)肅愼道(軍) 76~79, 145~147
시랴오허강西遼河 36
시루봉보루 130
시피카간始畢可汗 189, 191
신라 24, 64~65, 192, 198
신성도(군)新城道(軍) 82~83, 86, 195
신성新城 24~26, 84, 157, 182, 185
신세웅辛世雄 79, 81, 139, 150
『신집新集』 64
실위室韋 30, 36
심광沈光 161, 165~167
12위衛 66, 76~77, 80, 88, 102, 106, 165, 169
십이대향전창88호분十二臺鄕塼廠88號墳 241~242, 244
싱안링산맥興安嶺山脈 31
쌍영총 224, 246~247, 250~251, 260, 262~264, 270
쑹화강松花江 32

◎

아바카간阿波可汗 27~28
아장亞將 92, 103~104, 107
아차산3보루 130
아차산4보루 130, 270
아차산성 64
안악2호분 246, 249, 260

찾아보기 301

안악3호분　208, 215, 244, 246~247, 250~251, 260~269
안원왕安原王　23
안장왕安藏王　23
압록수(강)鴨綠水(江)　13, 81, 84, 116, 140, 142~143, 145, 148, 150, 161, 182~184, 197, 235~236
약수리벽화고분　208, 220, 246~247, 250, 260~264, 268~269
양梁　13
양당갑裲襠甲　94, 97
양둔楊屯　151
양량楊諒　37~38, 42, 44~45, 47, 50~54, 56, 59, 66, 107, 193~194
양소楊素　43, 59
양수楊秀　53
양언광梁彦光　84, 103, 158, 160
양용楊勇　53, 65
양원왕陽原王　23
양의신楊義臣　79, 83, 145~146, 161, 182, 184
양준楊俊　43, 53
양평군襄平郡　175
양평도(군)襄平道(軍)　76~81, 139~140
양현감楊玄感　82, 145, 159, 161, 171~172, 183, 188, 198
어구라魚俱羅　158, 160, 165
어사대御史臺　105
어영노수御營弩手　100
염비閻毗　103, 133~134, 182
염수鹽水　31
영류왕榮留王　152, 191~192

영양왕嬰陽王　35~37, 39~40, 50, 191, 193
영제靈帝　237
영주營州　31~32, 35, 116, 176
영주입안동도營州入安東道　116
영주총관(부)營州總管(府)　35~37, 40
오골성烏骨城　141~143, 159, 182, 184
오녀산성五女山城　129, 251, 258, 270
오룡산성五龍山城　252
5성성　76~77, 80, 106, 196
오환烏桓　29, 49
옥저도(군)沃沮道(軍)　75, 77~81, 139, 140, 142, 146, 151
옥전23호묘　240
왕세적王世積　37~38, 42, 44~45, 51~52, 54~55, 59, 193~194
왕안王安　88
왕인공王仁恭　83, 124, 151, 157~158, 160, 182
왜倭　65, 134, 192, 198
외군外軍　76~78, 80
요동遼東　29, 49~51, 82, 133, 145, 158~159, 171, 175, 242, 266
요동군遼東郡　112, 153, 175~177
요동도(군)遼東道(軍)　75, 77~81, 102, 139~140
요동성遼東城　82, 113~114, 116~120, 122~124, 133~134, 140~141, 151, 160~162, 164, 168, 174, 179, 181, 184, 186, 196
요동성총　117
요동의 옛 성遼東古城　174~177
요서遼西　14, 18, 24, 26, 29~32, 35~

42, 48, 50, 59, 72~74, 121, 136, 153, 174, 176, 193~194
요서군遼西郡　176
요서주랑遼西走廊　49, 112
요수遼水　48, 50~52, 56, 73, 78, 99, 112~115, 121, 140, 153, 158, 163~164, 175~176, 181, 185, 194, 196
용마산2보루　130
우군右軍　76~78, 80
우명산성牛鳴山城　64
우문개宇文愷　113
우문부宇文部　29
우문술宇文述　79, 81~82, 139, 144~149, 161, 182, 184
우문씨宇文氏　91, 99~100, 163
우문태宇文泰　87
우문필宇文㢸　42~43
우문화급宇文化及　190
우산하1041호분禹山下1041號墳　252, 259, 270
우산하3319호분禹山下3319號墳　128, 248, 252, 255
우산하992호분禹山下992號墳　206~208, 210, 238~240, 242, 260
우중문于仲文　79, 81, 105, 138~139, 142~143, 146~148
원□지元□智　41
원경산元景山　45~46
원소袁紹　236~237
원수元壽　41, 88
원수장사元帥長史　42, 45~47, 107, 193
원포元褒　42~43, 52
위덕왕威德王　35, 63

위무사慰撫使　79, 105
위문승衛文昇　81, 86, 139
위충韋沖　36, 37, 40
위현衛玄　79, 86
유성(현)柳城(縣)　43, 48~52, 56, 112, 120~121, 176, 180, 194, 196
유연柔然　13, 24, 26, 31
유원遊元　83, 86, 104, 147
육고하六股河　49
육지명陸知命　79, 105
육합성六合城　134
으시바라카간沙鉢略可汗　27~28
을지문덕乙支文德　105, 145, 149
음세사陰世師　103
응양랑장鷹揚郎將　171
이경李敬　175
이경李景　42~43, 71, 73, 184
이민李敏　82~83, 86, 91, 163~164
이세민李世民　167
이세적李世勣　112
24군軍　78, 80~81, 83, 86~88, 91, 144, 195
이오伊吾　190
이우려산醫巫閭山　32, 48, 72~74, 174, 176
이자웅李子雄　159~160, 165
이혼李渾　91, 163~164
이회李懷　175
일릭카간頡利可汗　191
일릭퀸듸카간啓民可汗　33, 38, 67
임둔도(군)臨屯道(軍)　76~79, 88
임삭궁臨朔宮　69
임유관臨楡關, 臨渝關　48~51, 58, 112,

찾아보기　303

180, 185, 194, 196
임읍林邑 68
임해돈臨海頓 120~121, 173, 185, 196

ㅈ

장군將軍 102~104, 195
장근張瑾 79, 81, 139
장사長史 37, 102, 104, 195
장손람長孫覽 45~46
장수산성 215
장수왕長壽王 23, 271~272
장윤張奫 42~43
장잠도(군)長岑道(軍) 75, 77~78
장천1호분長川1號墳 232, 246, 250, 262~263, 270
장천4호분長川4號墳 270
전군前軍 76~78, 80
전사웅錢士雄 103
전연前燕 239, 241~245, 266~267, 273
전주田疇 49
절충랑장折冲郎將 165
점제도(군)黏蟬道(軍) 76~79, 88
정제靜帝 26
제해도(군)堤奚道(軍) 76~79, 88
조(효)재趙(孝)才 79, 81, 139, 158, 160
조선도(군)朝鮮道(軍) 75, 77~79, 85, 88, 159~160, 162, 164, 169, 184
조원숙趙元淑 180
조조曹操 49, 237
좌군左軍 76~78, 80
주라후周羅睺 37, 42, 193

주법상周法尙 90~91, 152, 159~160, 169~171, 184
주자사朱子奢 191
중장기병重裝騎兵 96, 129, 133, 135~136, 195, 200
증지도(군)增地道(軍) 79, 81, 83, 86, 139~140, 195
지경동1호분 270
지경동2호분 270
지두우地豆于 30~31
진陳 13~14, 27, 29, 33, 35, 45~47, 53, 57, 106, 136, 144
진선제陳宣帝 46
진숙보陳叔寶 47
쪽샘지구 고분 208

ㅊ

차오양朝陽 31, 35, 48, 116, 176, 241
찰갑札甲 94
창해도(군)滄海道(軍) 76, 85, 88~89, 159~160, 162, 164, 169, 171, 184, 195
채옹蔡邕 237
천금공주千金公主 26
천자天子 6군軍 76, 78, 80~81, 85~87, 91, 99~100, 144, 195
천추묘千秋墓 206~207, 209, 211, 252, 256
철구장鐵具裝 92, 95
철기鐵騎 235~238
철령유적 214
철륵鐵勒 24, 26
철배산성鐵背山城 251

철옹성 150
총관부總管府 35, 44, 66
최홍승崔弘昇 79, 81, 86, 139
출복出伏 32
치서시어사治書侍御史 79, 105
치중융거산병輜重戎車散兵 92, 97~98, 100~101, 142, 195
칠성산1096호분七星山1096號墳 270
칠성산211호분七星山211號墳 129, 252
칠성산871호분七星山871號墳 252

ⓔ
타르두쉬카간達頭可汗 27, 33, 38
타스파르카간他鉢可汗 26
탁군涿郡 41, 68~69, 85~86, 89, 111~112, 165~166, 172, 174, 180~181, 185, 196
탁발부拓拔部 29
태성리1호분 217, 246~247, 250, 262~263
태왕릉太王陵 128, 206~207, 209, 212~213, 248, 250, 252, 257, 270
토만서吐萬緒 78
토욕혼吐谷渾 27, 68, 71, 144
통구12호분通溝12號墳 226~227, 232, 246, 250~251, 260, 262~264, 270
통정진通定鎭 112, 153, 175~177
투란카간都藍可汗 33, 38

ⓟ
팔청리벽화고분 221, 246~247, 250~251, 262~263

패려稗麗 31
편의종사권便宜從事權 44, 173, 177, 197
편장偏將 92, 107
평양(성)平壤(城) 48, 56, 76~77, 80, 82, 89~90, 138, 140~141, 143, 145~146, 148~152, 159, 161~162, 170~172, 178, 182~183, 185, 194, 196~197
평원왕平原王 26, 33, 35, 125, 135
풍홍馮弘 272

ⓗ
하서촌고성河西村古城 252
하조何稠 114
한승수韓僧壽 42~43
함자도(군)含資道(軍) 76~79, 88
합비묘合非墓 94, 97
해奚 29, 36
해명도(군)海冥道(軍) 70, 72, 87, 103
행군원수行軍元帥 37, 42~47, 50~51, 53~54, 107, 193
행군총관行軍總管 42~44, 45, 52
험독도(군)險瀆道(軍) 81, 83, 86, 195
현도도(군)玄菟道(軍) 75, 77~81, 139, 150
현종玄縱 171
형원항荊元恒 79, 81, 102, 139
혜자惠慈 65
호로고루성 130
호분랑장虎賁郎將 103
호산산성虎山山城 252
호삼성胡三省 121, 174

혼미도(군)渾彌道(軍)　76~79, 88
홍련봉2보루　130
황보효해皇甫孝諧　54~55
회원진懷遠鎭　41, 69~70, 73~74, 86,
　　89, 112~113, 121, 124, 139~140,
　　143, 148, 174, 177, 180, 184~188,
　　196~197
회흘回紇　191

효과驍果　165~167, 169, 177, 197
후군後軍　76~78, 80
후성도(군)候城道(軍)　76~79
후연後燕　29
후조後趙　239, 243, 245, 273
후주後周　26
후한後漢　235

외대 역사문화 연구총서를 간행하며

한국외국어대학교 역사문화연구소는 세계 각 지역의 제도·사상·문화를 포함한 역사 전반을 비교·연구하기 위해 1984년 3월 1일 설립되었습니다. '사학연구소'로 발족한 본 연구소는 문화에 대한 사회적 관심 증가에 부응하고 연구 영역을 더욱 다양화하려는 취지에서 1996년 3월 '역사문화연구소'로 변경했습니다.

본 연구소는 설립 이래 지금까지 학술지 발간을 비롯해 국내외 학술회의 개최, 학술서적 출판 등을 통해 역사학과 인문학을 발전시키기 위해 많은 노력을 기울여왔습니다. 특히 본 연구소가 소속된 한국외국어대학교의 기반과 장점을 살려 한국사와 동·서양사의 비교 연구, 세계 각국의 생활문화 연구, 고려인과 조선족 등 재외한인 연구 등을 중점적으로 추진하여 많은 업적을 축적했습니다.

이러한 노력 덕분에 본 연구소에서 간행하는 '역사문화연구'가 2005년 한국연구재단의 등재학술지로 선정되었고, 콜로퀴움을 포함하여 150회가 넘는 학술회의를 개최했으며, 30여 종의 학술서를 출판했습니다. 다만 그동안 각종 단행본을 여러 출판사에 분산해 간행했기 때문에 연구소 업적을 체계적으로 축적하고 널리 확산하는 데 많은 어려움을 겪었습니다.

　이에 본 연구소는 (주)신서원과 함께 '외대 역사문화 연구총서'와 '외대 역사문화 교양총서'를 간행하기로 했습니다. 향후 연구총서는 연구소의 학문적 성과를 학계 및 전문 연구자와 공유하기 위해 학술서 중심으로 간행할 계획이며, 교양총서는 본 연구소뿐 아니라 학계의 연구 성과를 일반 대중에게 널리 보급하기 위해 다양한 교양서를 기획하여 출간하려고 합니다.

　이러한 '외대 역사문화 총서' 간행이 위기에 처한 한국 역사학과 인문학의 지평을 넓히고, 우리 역사와 문화에 대한 일반 대중의 관심을 더욱 높이는 계기가 되기를 희망해 봅니다.

　어려운 여건에도 본 연구소의 총서 간행 제의를 흔쾌히 수락해 주신 (주)신서원의 정용국 사장님과 직원 여러분께 감사드리며, 아울러 학계와 선학 제현의 아낌없는 성원을 부탁드리는 바입니다.

　　　　　　　　　　　　　　　　　　한국외국어대학교 역사문화연구소